O QUE É UMA SOCIEDADE INTERNACIONAL JUSTA?

O direito internacional entre o desenvolvimento e o reconhecimento

CONSELHO EDITORIAL

Alessandra Teixeira Primo – UFRGS
Álvaro Nunes Larangeira – UFES
André Lemos – UFBA
André Parente – UFRJ
Carla Rodrigues – UFRJ
Cíntia Sanmartin Fernandes – UERJ
Cristiane Finger – PUCRS
Cristiane Freitas Gutfreind – PUCRS
Erick Felinto – UERJ
Francisco Rüdiger – UFRGS
Giovana Scareli – UFSJ
Jaqueline Moll – UFRGS
João Freire Filho – UFRJ
Juremir Machado da Silva – PUCRS
Luiz Mauricio Azevedo – USP
Maria Immacolata Vassallo de Lopes – USP
Maura Penna – UFPB
Micael Herschmann – UFRJ
Michel Maffesoli – Paris V
Moisés de Lemos Martins – Universidade do Minho
Muniz Sodré – UFRJ
Philippe Joron – Montpellier III
Renato Janine Ribeiro – USP
Rose de Melo Rocha – ESPM
Simone Mainieri Paulon – UFRGS
Vicente Molina Neto – UFRGS

APOIO

O QUE É UMA SOCIEDADE INTERNACIONAL JUSTA?

O direito internacional entre o desenvolvimento e o reconhecimento

EMMANUELLE TOURME JOUANNET

Tradução e prefácio
Ademar Pozzatti

Editora Sulina

Copyright © Emmanuelle Tourme Jouannet, 2023

© Editora Meridional, 2023

Titulo orginal: *Qu'est ce q'une société internationale juste? Le droit international entre développement et reconnaissance*

Capa e projeto gráfico
Cintia Belloc

Revisão
Simone Ceré

Editor
Luis Antonio Paim Gomes

Bibliotecária responsável: Denise Mari de Andrade Souza CRB 10/960

T727q   Tourme Jouannet, Emmanuelle
        O que é uma sociedade internacional justa? O direito internacional entre o desenvolvimento e o reconhecimento / Emmanuelle Tourme Jouannet, traduzido por Ademar Pozzatti. – Porto Alegre: Sulina, 2023.
        320 p.; 16x23 cm.

        Título original: Qu'est ce qu'une société internationale juste? Le droit international entre développement et reconnaissance.
        ISBN: 978-65-5759-069-0

        1. Direito Internacional. 2. Ciências Sociais. 3. Direito. I. Título.

                                CDU: 341
                                CDD: 341

Todos os direitos desta edição reservados à
EDITORA MERIDIONAL LTDA.
Rua Leopoldo Bier, 644 – 4º andar
CEP: 90620-100 – Porto Alegre – RS
Tel.: (51) 3110-9801
sulina@editorasulina.com.br
www.editorasulina.com.br

Março/2023
Impresso no Brasil/*Printed in Brazil*

SUMÁRIO

PREFÁCIO: DIREITO INTERNACIONAL PARA A
JUSTIÇA GLOBAL | Ademar Pozzatti 9

INTRODUÇÃO 13

PARTE I – DIREITO INTERNACIONAL E DESENVOLVIMENTO:
UMA SOCIEDADE INTERNACIONAL EQUITATIVA? 19

CAPÍTULO 1: O CLÁSSICO DIREITO INTERNACIONAL
DO DESENVOLVIMENTO 23

1.1. O paradigma do desenvolvimento 23
    a) A era do desenvolvimento 24
    b) Desacordos sobre os meios do desenvolvimento: as teorias
    sobre o "subdesenvolvimento" 31

1.2. Surgimento e evolução do direito internacional
do desenvolvimento – a NOEI 35
    a) O clássico direito internacional do desenvolvimento 35
    b) O Terceiro Mundo: um projeto reformista para o mundo 38
    c) A Nova Ordem Econômica Internacional (NOEI) 43

1.3. Reação ultraliberal e o impacto da globalização econômica 50
    a) O abandono da NOEI e o fim do Terceiro Mundo como projeto:
    o triunfo do modelo neoliberal com a globalização pós-Guerra Fria 51
    b) A desvalorização do direito e o esquecimento dos fins humanos da economia 57

CAPÍTULO 2: O NOVO DIREITO INTERNACIONAL
DO DESENVOLVIMENTO 61

2.1. Os objetivos humanos do desenvolvimento 62
    a) O desenvolvimento humano 63
    b) Direitos humanos e desenvolvimento: dois objetivos que convergem 65
    c) A responsabilidade dos Estados pós-coloniais pelo fraco
    desenvolvimento de sua população 69
    d) O direito ao desenvolvimento 72
    e) O desenvolvimento social 75
    f) Boa governança: democracia e direitos humanos 78
    g) A dominação contemporânea do modelo liberal 81

2.2. O desenvolvimento sustentável 83
    a) Um novo paradigma de desenvolvimento? 83
    b) O direito relacionado ao desenvolvimento sustentável 87

2.3. A luta contra a pobreza 93

   a) A virada contemporânea em favor da luta contra a pobreza 93

   b) Contribuição e limites 94

CAPÍTULO 3: AVALIAÇÃO DO DIREITO INTERNACIONAL DO DESENVOLVIMENTO 99

3.1. Avaliação das práticas do clássico e do novo direito internacional
do desenvolvimento 100

   a) Avaliação do clássico direito internacional do desenvolvimento 101

   b) Avaliação do novo direito internacional do desenvolvimento 105

3.2. Avaliação da luta contra a pobreza 113

3.3. Avaliação geral: direito internacional do desenvolvimento
e direito internacional econômico 115

CAPÍTULO 4: PERSPECTIVAS E ALTERNATIVAS 119

4.1. As soluções relativas à ordem jurídico-econômica existente 120

   a) Primeira solução 120

   b) Segunda solução 123

   c) Terceira solução 125

4.2. A possível implementação de uma nova NOEI? 132

4.3. O princípio da igualdade em questão:
da igualdade formal à equidade 137

   CONCLUSÃO 143

PARTE II – DIREITO INTERNACIONAL E RECONHECIMENTO: UMA SOCIEDADE INTERNACIONAL DECENTE? 147

CAPÍTULO 5: EVOLUÇÃO DO RECONHECIMENTO NO PLANO INTERNACIONAL 151

5.1. Do direito internacional das nações civilizadas
ao direito internacional pós-colonial 152

   a) O direito internacional das nações civilizadas 152

   b) O direito internacional pós-colonial 159

   c) Os limites do processo de reconhecimento 160

5.2. Culturas e identidades durante e após a Guerra Fria 162

   a) Durante a Guerra Fria 163

   b) Após a Guerra Fria 167

5.3. Direito internacional e reconhecimento 170

   a) Um novo paradigma 170

   b) Um novo ramo do direito 173

CAPÍTULO 6: O DIREITO RELATIVO À DIVERSIDADE CULTURAL 177

6.1. Da exceção cultural à diversidade de expressões culturais 179
   a) O princípio da exceção cultural 179
   b) O princípio da diversidade de expressões culturais:
      Convenção da Unesco de 2005 180
6.2. Dificuldades e interrogações 189

CAPÍTULO 7: O RECONHECIMENTO ATRAVÉS DE DIREITOS 195

7.1. Direitos das minorias e direitos dos povos indígenas 196
   a) Direitos das minorias 197
   b) Direitos dos povos indígenas 208
7.2. Direitos culturais 213
7.3. Direitos humanos 223
   a) Evolução histórica 223
   b) Discussão e soluções 232
7.4. Direitos das mulheres 238
   a) Princípio de igualdade e luta contra as discriminações 239
   b) A evolução pós-Guerra Fria: as novas reivindicações relacionadas
      ao gênero e o caráter androcêntrico do direito internacional 248

CAPÍTULO 8: A REPARAÇÃO DOS DANOS HISTÓRICOS:
AS LIÇÕES DE DURBAN 255

8.1. As falhas, os avanços e as interrogações de Durban 256
   a) O contexto 256
   b) As interrogações relacionadas à reparação dos danos históricos 259
8.2. O paradigma do reconhecimento e os limites do uso do direito 266

CAPÍTULO 9: O DIREITO DO RECONHECIMENTO EM FACE AO
DIREITO INTERNACIONAL DO DESENVOLVIMENTO E AO
DIREITO INTERNACIONAL ECONÔMICO 275

9.1. Entrecruzamento das situações e das demandas 276
9.2. O direito do reconhecimento e o direito do desenvolvimento 280
9.3. O direito do reconhecimento e o direito internacional econômico 285

CONCLUSÃO: UMA SOCIEDADE INTERNACIONAL
JUSTA E DECENTE? 293

REFERÊNCIAS BIBLIOGRÁFICAS 299

PREFÁCIO:

Direito internacional
para a justiça global[1]

Ademar Pozzatti[2]

A desigualdade socioeconômica e a opressão da diversidade cultural e de identidade são escolhas políticas. E, como tais, não são um dado, mas um construído, de forma que, desnaturalizadas tais condições, abre-se espaço para pensar as mudanças que se pretende. Esse é o projeto crítico empreendido por Emmanuelle Tourme Jouannet em seu *O que é uma sociedade internacional justa?*, que agora apresentamos em português. Os dez anos que separam a publicação da obra original, de 2011, e da aparição desta tradução para o português confirmaram os seus pressupostos e a tendência regulatória que apresenta, ao mesmo tempo que embaralharam ainda mais os seus lados obscuros.

Os atentados ao hebdomadário satírico francês *Charlie Hebdo*, em janeiro de 2015, ilustram a importância visceral que as questões relacionadas à opressão da diversidade cultural e de identidade têm ganhado cada vez mais. Enquanto a imensa maioria, como *The Simpsons*, afirmava *Je suis Charlie* para evocar solidariedade às vítimas, arvorar a liberdade

---

[1] O tradutor agradece Jean-Richard Badette pelo apoio na tradução e a Escola de Direito da Sciences Po Paris pela acolhida como Professor Visitante em 2020/2021, o que possibilitou as condições necessárias para esta tradução.

[2] Ademar Pozzatti é professor de Direito Internacional do Programa de Pós-Graduação em Direito e do Programa de Pós-Graduação em Relações Internacionais da Universidade Federal de Santa Maria (UFSM). Possui mestrado e doutorado pelo Programa de Pós-Graduação em Direito da Universidade Federal de Santa Catarina (UFSC), com estágio de pesquisa na Escola de Direito da Sciences Po Paris.

de expressão e se opor aos atentados, um grupo bem menos expressivo também lembrava que os atentados em si eram em grande parte fruto de séculos de opressão ocidental em relação às identidades e culturas do resto do mundo, de forma que o *Je ne suis pas Charlie* não denunciava apenas as provocações islamofóbicas impregnadas na cultura midiática ocidental, mas também o racismo nosso de cada dia. Mas este é apenas um dos tantos exemplos no campo das lutas por reconhecimento, ao qual se pode acrescentar as sucessivas execuções de jornalistas televisionadas pelo Estado Islâmico, desde 2014; a endêmica violência policial contra afrodescendentes nos Estados Unidos, evidenciada com o caso George Floyd, em 2020; e a reversão dos direitos LGBT na Índia, nos EUA e em Bermuda. Esses exemplos chutam para *corner* os imaginários cosmopolitas de uma convivência harmônica entre diferenças, e nem chegam a desafiar os comentadores que enxergam atualmente uma sociedade "pós-raça", "pós-gênero" e "pós-gay".

Os pressupostos socioeconômicos da obra também foram agravados. Em seu relatório "Uma economia para o 1%", a Oxfam apontou que em 2015 o mundo atingiu a degradante equação em que 1% da população global detinha a mesma riqueza dos 99% restantes. E a situação não parou de se agravar: segundo o Relatório "Tempo de Cuidar", de 2020, a mesma organização afirma que 2.153 bilionários do mundo possuem uma riqueza maior do que 4,6 bilhões de pessoas, aproximadamente 60% da população global. Em tempos de multilateralismo contestado, a inércia da Organização Mundial do Comércio (OMC) representa a agonia de todo um sistema institucional econômico e financeiro que, paradoxalmente, nunca foi tão criticado e, ao mesmo tempo, nunca pagou tantos dividendos. Ainda, a imensurável crise econômica advinda a rebote da crise sanitária de 2020 radicaliza desigualdades de toda ordem.

A tendência regulatória reformista apontada por Tourme Jouannet também parece ter se confirmado. A Cúpula da Terra de 2012 (Rio + 20) reafirmou a necessidade da integração do crescimento econômico com progresso social e preservação ambiental, para que o *desenvolvimento* fosse sustentável. Através do Acordo do Clima de Paris, de 2015, 195 Estados concordaram em limitar o aquecimento global a 2° C, e, ainda, concentrar esforços para limitá-lo a 1,5° C, reconhecendo que países em desenvolvimento terão mais dificuldade para tanto. Se é verdade que ele renova o consenso em torno da crise climática, e até 2020 189 Estados se tornaram parte dele, também é verdade que o anúncio da saída (e posterior retorno) dos EUA do Acordo lembra os desafios e limites da governança global. Nesse ínterim, a Agenda de Desenvolvimento do Milênio, que havia estabelecido o prazo de 2015 para a consecução dos Objetivos do Milênio, foi considerada apenas parcialmente atingida, dissipando ainda mais algumas das esperanças despertadas acerca das taxas médias de crescimento anual anunciadas pelas Nações Unidas durante as famosas Décadas de Desenvolvimento. A partir de 2016, algumas dessas expectativas foram renovadas com o lançamento da audaciosa Agenda 2030, composta por 17 Objetivos do Desenvolvimento Sustentável.

Desde o seu lançamento, os lados obscuros que a obra original ressalta parecem estar ainda mais embaralhados. A ascensão de governos conservadores e autoritários ao redor do mundo, como nos Estados Unidos, em 2016, e no Brasil, em 2018, revigora a metáfora da "bola de bilhar" para ilustrar a ausência de transparência na formação da agenda externa dos países, evidenciando outro desafio intranacional às relações internacionais. Esses governos foram eleitos com aberta agenda ultraliberal na economia e repressora nos costumes, e exemplificam que muitos desafios da governança global passam por questões internas, de forma que parecem dar novo sentido ao prognóstico de Slaughter e Burke-White de que o futuro do direito internacional – e onde estão os seus maiores desafios – é doméstico. Ainda, no contexto sóciossanitário da Covid-19, inúmeras pesquisas realizadas em diferentes sociedades domésticas mostram que as populações mais afetadas – pelo coronavírus e também pelo vírus da indiferença – são as racializadas e pobres, o que, aliás, não raramente é um pleonasmo, e jogam luz às interseccionalidades de toda ordem entre as demandas por desenvolvimento e por reconhecimento. Esse entrecruzamento de pautas socioeconômicas e identitárias, em nível local e global, desafia as gramáticas do pertencimento político e da clausura democrática, e convida a repensar todo o edifício institucional contemporâneo.

INTRODUÇÃO

Este livro foi escrito para estudar a evolução do direito internacional liberal clássico e questionar sobre a extensão e o conteúdo das atualizações que ele vem conhecendo há várias décadas[3]. Propomo-nos estudar aqui, particularmente, a maneira pela qual o direito internacional evoluiu após a descolonização e o fim da Guerra Fria, dois grandes acontecimentos que impactaram na recomposição de alguns de seus ramos que estão intimamente relacionados aos paradigmas do desenvolvimento e do reconhecimento. Ao fazer isso, gostaríamos também de deixar claro como essa evolução está relacionada ao aumento das demandas por justiça dentro da sociedade internacional e como ela conduz a interrogações sobre o que pode ser uma sociedade internacional justa.

A sociedade global tornou-se hoje ao mesmo tempo pós-colonial e pós-Guerra Fria[4]. Essas duas circunstâncias explicam por que ela é confrontada por dois grandes tipos de injustiça que Nancy Fraser (2005) havia identificado nas sociedades domésticas. Por um lado, ela reconhece as disparidades econômicas e sociais entre os Estados que deram origem a reivindicações muito fortes na década de 1950, com as primeiras descolonizações. Essas desigualdades, das quais agora participam alguns dos principais Estados emergentes, permanecem gritantes hoje em dia e ressaltam o problema da lacuna entre a igualdade formal e igualdade material. Por outro lado, ela é cada vez mais confrontada com reivindicações de

---

[3.] Este livro continua a reflexão iniciada em um livro anterior que publicamos. Ver Jouannet (2011).

[4.] Ainda há uma lista de 17 "territórios não autônomos" estabelecidos pelas Nações Unidas que podem ser descolonizados, incluindo, por exemplo, o Saara Ocidental, a Nova Caledônia ou Gibraltar. Eles são supervisionados pelo Comitê Especial sobre Descolonização, das Nações Unidas. Não entramos nas discussões muito sofisticadas sobre os termos "colonialismo" e "pós-colonialismo", embora estejamos conscientes de todas as limitações e ambiguidades que podem afetar esses termos. Ver, sobre isso, McLeod (2000, p. 4) e Young (2008, p. 13). Sobre a introdução desses termos, pouco usados no mundo francófono, ver Smouts (2007, p. 25).

ordem cultural e identitária que, desta vez, estabelecem uma tensão entre igualdade e diferença[5]. Os Estados desfavorecidos, os quais se sentem estigmatizados, mas também os povos indígenas, grupos étnicos e minorias, aspiram hoje ao reconhecimento jurídico de sua igual dignidade, mas também à preservação de suas identidades e culturas, ou até mesmo, para alguns, à reparação das injustiças nascidas da violação de suas identidades e do confisco de seus bens e de suas terras. Esse fenômeno da demanda por reconhecimento, tão longamente analisado no contexto das sociedades domésticas, ainda não foi suficientemente investigado em nível internacional, embora nesse nível também assuma uma importância decisiva.

Para responder a esses dois tipos de reivindicações, os sujeitos da sociedade internacional elaboraram dois tipos de remédio, traduzidos em regras jurídicas: o desenvolvimento e o reconhecimento. As reivindicações ligadas às desigualdades socioeconômicas levaram à formulação de um direito internacional relacionado ao *desenvolvimento* – e não à redistribuição – como solução para essas desigualdades. Alain Pellet chamou em 1987 esse conjunto normativo de um "direito social das nações" (Pelet, 1987, p. 4). Esse direito vem evoluindo nos últimos anos, à medida que passou de um simples direito de desenvolvimento econômico para um direito de desenvolvimento muito mais complexo, que congrega o desenvolvimento humano, social e sustentável. O segundo tipo de reivindicação, de ordem cultural e identitária, atualmente dá origem ao surgimento do que chamaremos de um direito internacional de *reconhecimento*. Ele reúne um conjunto de práticas jurídicas de reconhecimento em nível internacional que até agora não foram teorizadas e nem mesmo agrupadas como tais. Isso é ilustrado, por exemplo, pela consagração convencional do princípio da diversidade de expressões culturais, em 2005, o reaparecimento dos direitos das minorias, o surgimento dos direitos dos povos indígenas, ou ainda as questões jurídicas relacionadas à Conferência de Durban (2001 e 2009), cuja missão era "refundar simbolicamente a comunidade internacional", pondo fim ao racismo como situação de humilhação por excelência.

Tal evolução reflete a semelhança das preocupações que surgem doméstica e internacionalmente, o que não pode de forma alguma surpreender, uma vez que o direito internacional sempre foi o produto dos valores e

---

[5.] Sobre essas distinções, ver Latour (2001, p. 6).

preocupações dominantes dentro das sociedades locais e, além disso, ele é levado a governar múltiplas situações internas aos Estados. Resta apenas que, quando transpostas para o nível internacional, as questões domésticas foram alvo de reestruturações pela sociedade internacional, em função das circunstâncias particulares de justiça relacionadas com as características da sociedade internacional contemporânea. No entanto, essa evolução não é autoevidente, porque não apenas não é óbvia, como podemos concordar facilmente, mas, além disso, pode parecer particularmente problemática quanto ao seu conteúdo e suas implicações. O direito internacional pode ser tanto um problema quanto uma possível solução para as desigualdades, porque ele mesmo gera as regras que criam as injustiças[6]. Além disso, as noções de reconhecimento e desenvolvimento estão longe de ser novas, elas são construções que se tornaram imprecisas à medida que o uso multiplicado feito delas as tornou problemáticas, e elas têm sido alvo de críticas muito fortes, às quais voltaremos durante este estudo, assim como àquelas que visam à ideia de um direito de desenvolvimento ou um direito de reconhecimento[7]. Assim, essa evolução requer uma exploração da realidade dos dados fáticos e jurídicos que nos levaram a formulá-los nesses termos, mas também uma discussão crítica das suposições nas quais se baseia, bem como de seus efeitos reais ou pressupostos. E é para realizar essa dupla investigação que estudamos sucessivamente os dois eixos principais da evolução anunciada, isto é, procurando identificar e questionar a maneira pela qual o direito internacional respondeu às aspirações de desenvolvimento (Parte I) e de reconhecimento (Parte II).

Deve ficar claro desde já que não nos colocamos no campo das teorias contemporâneas de justiça e das questões filosóficas levantadas pela tese anunciada, que retomam em nível internacional o problema proposto por Fraser. Nos últimos anos, foram realizados inúmeros trabalhos particularmente interessantes sobre essas questões, as quais propusemos abordar aqui de outra maneira, ou seja, privilegiando um ângulo de pesquisa interno à prática jurídica. Em vez de conduzir uma discussão sobre

---

[6.] Ver Kennedy (2009) e Koskenniemi (2007), e nossa apresentação crítica para este último, que esclarece a nossa posição a esse respeito, especialmente na p. 33.

[7.] Sobre o desenvolvimento, ver Latouche (2005) e Rist (2007); sobre o reconhecimento, ver Honneth (2006, p. 257).

os grandes princípios da justiça no plano internacional e sua fundamentação teórica final, cujas manifestações concretas então procuraríamos, nós de fato favorecemos uma abordagem baseada na prática jurídica existente, com o objetivo de conceituá-la e questioná-la. Não se trata de aderir a essa prática jurídica, mas adotar um ponto de vista que quer ser "externamente moderado" ao direito internacional, onde tentamos nos colocar entre a visão externa e o ponto de vista estritamente interno, de tal maneira que, através de uma exposição argumentativa do que ele representa de dentro, possa-se refletir sobre os princípios fundamentais subjacentes à ordem jurídica internacional contemporânea[8]. Ao fazer isso, se não procuramos capturar nenhuma definição *a priori* de justiça internacional, desejamos, através deste estudo da prática jurídica, identificar empiricamente os contornos do que poderia ser uma sociedade internacional justa hoje. Com isso, queremos alimentar um debate contemporâneo sobre justiça que às vezes parece ignorar completamente a prática internacional existente no plano normativo e institucional e, portanto, as condições precisas e reais em que o problema é colocado do ponto de vista empírico[9].

Mas também não era nossa intenção realizar uma análise detalhada das regras legais em questão nem um estudo de seu grau de obrigatoriedade, o que será necessário fazer posteriormente. Desejamos apenas começar identificando os princípios e práticas jurídicas relacionadas ao desenvolvimento e ao reconhecimento e esclarecendo as lutas jurídicas passadas e as questões éticas e econômicas fundamentais que as afetam. Note-se aqui que será essencial que os juristas realizem mais pesquisas técnicas sobre a natureza e o grau de juridicidade dos princípios, textos e práticas a serem aqui apresentados. É evidente que isso dependerá da concepção de cada um sobre o direito e a juridicidade em geral, sabendo que nenhuma concepção pode reivindicar definitivamente a verdade neste campo. Além disso, evocar a questão da justiça em uma obra dedicada ao direito internacional não tem o propósito de causar polêmica, como se pode pensar algumas vezes na disciplina internacionalista francófona. Eu

---

[8.] Retomamos aqui as distinções de ordem metodológica feitas por Van de Kerchove & Ost (1988, p. 9).

[9.] Intriga-nos a percepção que alguns autores têm da sociedade internacional. Ver, por exemplo, Rawls (1998), Pettit (2006) e Reidy (2007).

simplesmente quis mostrar como questões que não podem ser reduzidas a seus aspectos legais e técnicos são consideradas eticamente e como elas podem ser discutidas sem necessariamente cair na arbitrariedade da ideologia ou na moralização do direito (Boyer, 1995, p. 10).

Finalmente, eu ressalto que a perspectiva histórica foi privilegiada na medida em que põe em questão qualquer ideia de ruptura radical entre ontem e hoje e ajuda a entender a persistência atual de certas ambivalências e contradições passadas da sociedade internacional e do seu direito sobre essas questões. Fingir que o passado não tem mais relevância só pode levar à reprodução interminável de práticas e técnicas jurídicas que serão apenas repetições impensadas de um passado que foi esquecido ou que se tentou reprimir[10].

Por exemplo, para alguns comentadores, a mais recente globalização teria tornado obsoletos todos os quadros analíticos baseados em categorias como colonial/pós-colonial em benefício de categorias como transnacional e global. Parece-nos que isso atesta um mal-entendido curioso e singular sobre o que é a história e seus efeitos. É certo que a atual globalização renovou alguns dos termos do debate, um ponto sobre o qual voltaremos e que não deve ser subestimado, porque o mundo está mudando. No entanto, o direito internacional contemporâneo e a sociedade pós-colonial não podem facilmente ignorar um passado que muitas vezes os leva a reproduzir estruturas discursivas e práticas do legado colonial/pós-colonial, mesmo no que parece ser a mais emancipadora das técnicas jurídicas dos dias atuais (Berman, 2007, p. 137).

[10.] Ver, nesse sentido, as análises particularmente convincentes de Berman (2008) e Loomba (2005, p. 213).

O que é uma sociedade internacional justa? | 17

PARTE I

Direito internacional e desenvolvimento: uma sociedade internacional equitativa?

Desde o final da Segunda Guerra Mundial, o desenvolvimento tem sido visto como a solução global que permite aos Estados pobres recuperar o seu atraso em relação aos Estados ricos e, assim, resolver as desigualdades socioeconômicas entre eles. As regras do direito internacional foram elaboradas nesse sentido, várias "décadas" para o desenvolvimento foram proclamadas pela Organização das Nações Unidas (ONU), vários planos e estratégias foram adotados e muitas organizações internacionais e regionais foram estabelecidas para esse fim. Porém, mais de sessenta anos após os primeiros textos internacionais adotados, o resultado parece particularmente questionável[11].

Por um lado, a história parece estar se acelerando e o antigo Terceiro Mundo está passando por tantas transformações que hoje é necessário revisar alguns velhos padrões de análise. Estamos testemunhando o sucesso espetacular de grandes países emergentes, como Índia, Brasil, países do Sudeste Asiático e especialmente a China, que se tornou a segunda maior economia do mundo em 2010. A Organização para a Cooperação e Desenvolvimento Econômico (OCDE) prevê, assim, uma verdadeira "inversão da riqueza" em direção ao Sul nos próximos anos (OCDE, 2010).

[11.] A discussão sobre o desenvolvimento está sujeita a múltiplas controvérsias nas quais as inverdades são abundantes e alimentadas pela recorrente batalha de dados e instrumentos de medição. Sobre a estimativa da pobreza, os números diferem de acordo com as ferramentas de medição e as representações subjacentes. Ver Castel (2002, p. 25). O mesmo vale para as diferenças entre o Sul e o Norte. Ver Brasseul (2008, p. 11).

Ao fazer isso, o mundo não está apenas se tornando pós-ocidental, mas também o Terceiro Mundo entrou em erupção, se dividiu e se recompôs, com alguns Estados se separando dele definitivamente. Também é necessário falar agora de diversos Norte"s" e Sul"s" para designar conjuntos de Estados com elementos muito diferentes e que são bastante divididos, de forma que a tradicional análise comparativa limitada às relações Norte-Sul, hoje deve abarcar as relações Sul-Sul e Sul-Norte (Brunel, 1995, p. 245). Esse sucesso dos antigos Estados do Terceiro Mundo é um novo elemento que possibilita superar o abismo em relação ao Norte e, com isso, altera parcialmente o enfoque do problema, tal como alguns comentadores colocaram por décadas, porque agora o modelo de desenvolvimento econômico que vem do Norte parece realmente dar frutos no Sul. Ele restaurou certa igualdade material da situação entre Estados, elevando o padrão de vida de centenas de milhões de pessoas, e não reconhecê-lo é surpreendente por parte de alguns analistas que demonstram excessivo desprezo pelos fatos[12].

Mas, por outro lado, há pobreza, fome e desigualdades econômicas e sociais entre os Estados que permanecem em proporções inaceitáveis, o que impede pensar, como Robert Zoellick sugeriu recentemente, que o Terceiro Mundo teria desaparecido completamente[13]. Os números testemunham que ainda existe um Terceiro Mundo marcado pela fome, miséria e pobreza, e que é completamente dependente da ajuda internacional. O Relatório da Conferência das Nações Unidas sobre Comércio e Desenvolvimento (UNCTAD, na sigla em inglês) de 2010 sobre os países menos avançados (PMA) é particularmente sombrio e indica que tudo precisa ser revisado em termos de desenvolvimento (UNCTAD, 2010). Além disso, a fome no mundo atingiu o seu nível mais alto em 2009, para diminuir apenas um pouco em 2010, de forma que 925 milhões de pessoas ainda sofrem de fome crônica[14]. Embora tenha havido progresso nos

---

[12.] Fatos narrados no dossiê *Pays émergents: vers un nouvel équilibre mondial?*, apresentado na revista *Problèmes économiques*, de abril de 2010, n. 29.993. Para uma visão crítica, ver Rist (2007, p. 441).

[13.] Robert Zoellick era o diretor do Grupo Banco Mundial. Discurso proferido em Washington, em 14 de abril de 2010.

[14.] Segundo dados da FAO de 2010. Essas pessoas representavam 16% da população nos países em desenvolvimento e 30% nos países da África Subsaariana, mas também estão aumentando nos países desenvolvidos. Para os dados completos, ver o site da FAO: http://www.fao.org/home/en/

últimos anos, 64 milhões de pessoas adicionais caíram na pobreza em 2010 devido à crise no sistema econômico e financeiro global[15]. O fato é que a crise financeira de 2008 abalou ainda mais as esperanças de uma globalização inclusiva, porque mostrou o quão frágil é todo o sistema e é provável que, em intervalos repetidos, leve a tragédias sociais em larga escala, gerando desemprego, precariedade, fome e pobreza, tanto no Sul quanto no Norte.

Diante de uma evolução tão perturbadora, que é tão paradoxal quanto problemática, ficamos perguntando qual foi e qual é o papel do direito internacional do desenvolvimento nessa realidade. O direito do desenvolvimento ainda pode ser considerado como uma possível solução para os países pobres e as desigualdades no mundo? Ou ele apenas contribuiu para gerar o que Sophie Bessis (2003, p. 121) chamou de "grande ilusão pós-colonial"? Ou ainda: ele não seria apenas mais uma ferramenta jurídica que foi superestimada por todos, enquanto, de acordo com o credo ultraliberal, apenas as regras do direito internacional econômico são relevantes nesta temática?

De fato, a existência de um direito internacional especificamente dedicado ao desenvolvimento parece agora completamente esquecido pelas novas gerações de juristas e não é mais ensinado nas universidades, o que contrasta notavelmente com os debates apaixonados e as múltiplas pesquisas às quais ele esteve sujeito anteriormente. Por volta da década de 1970, o direito do desenvolvimento passou a representar uma disciplina relativamente autônoma nas faculdades de direito, mas agora se reintegrou em diferentes ramos jurídicos nos quais ele não goza de nenhum *status* particular, sendo apenas objeto de uma reflexão marginal e fragmentada. Tal evolução está ligada às revisões ideológicas que ocorreram após o colapso do marxismo, bem como à nova globalização que se impôs depois de 1989. Essas novas circunstâncias levaram a grandes reestruturações que devem ser medidas para questionar novamente a própria ideia de um direito específico de desenvolvimento, a exigência de equidade contida nele e as condições para a possibilidade de tal direito à luz do novo contexto globalizado pós-Guerra Fria.

---

[15]. Ou seja, vivendo com menos de USS 1,25 por dia. Ver os dados do Banco Mundial citados *in Le Monde*, 16/9/2010.

Para cumprir esse objetivo, nós nos propomos a estudar a evolução da prática jurídica para atualizar o contexto histórico em que nasce o direito do desenvolvimento, bem como as diversas configurações que ele adotou até hoje e que têm se alimentado do desejo de ir além do modelo veiculado pelo direito internacional econômico (Capítulos 1 e 2). Também será necessário questionar os seus lados obscuros e os impasses desse direito, fazendo uma avaliação geral, mostrando em particular a distância flagrante que existe entre os princípios jurídicos que ele exibe e sua fraca eficácia, e o fato de que ele serve ao mesmo tempo para desafiar e para legitimar o direito internacional econômico da globalização neoliberal que domina desde o final da Guerra Fria (Capítulo 3). Dessa forma, seremos levados a questionar as possíveis alternativas ao direito existente, reformulando os termos da equação justiça social/eficiência econômica (Capítulo 4).

CAPÍTULO 1

O clássico direito internacional do desenvolvimento

Após a Segunda Guerra Mundial, e especialmente após as descolonizações, um consenso global se formou em torno do valor atribuído ao desenvolvimento como um elemento-chave na reconstrução da sociedade pós-colonial, com a convicção compartilhada de que todos os Estados finalmente experimentariam prosperidade e bem-estar. Em uma época em que tudo ainda parecia possível, as "nações obscuras" (Prashad, 2009), finalmente expostas à luz, propuseram um projeto para o mundo cuja proclamação de uma Nova Ordem Econômica Internacional foi inquestionavelmente o ponto culminante. Ele reinseriu em uma reforma global da ordem internacional os princípios e práticas legais de um direito de desenvolvimento que alguns desejavam estabelecer para compensar os extremos desequilíbrios econômicos e sociais da sociedade pós-colonial. Mas esse impulso histórico quebrou-se por vários motivos internos e externos aos Estados descolonizados, dando lugar à predominância do modelo neoliberal do pós-Guerra Fria.

1.1. O paradigma do desenvolvimento

Como evidenciado pelas muitas declarações e práticas jurídicas internacionais do período pós-guerra até os dias atuais, o desenvolvimento corresponde a uma das mais importantes matrizes intelectuais e sociais da era contemporânea, traduzindo um imaginário que mergulha suas raízes na antiga crença ocidental no progresso e que se alimenta das diferentes

O que é uma sociedade internacional justa? | 23

teorias econômicas e sociais da época. Esse novo paradigma foi finalmente estabelecido em favor de um acordo amplamente compartilhado entre o Sul e o Norte após as independências, mas cujo projeto não conseguiu ser implementado completamente. Este era o paradoxo trágico do desenvolvimento dos anos da Guerra Fria: sempre anunciado e constantemente adiado. A reconciliação geral do mundo pós-colonial em torno do desenvolvimento foi de qualquer maneira superficial, na medida em que o debate crucial sobre as causas do subdesenvolvimento e os meios para superá-lo ocorreu logo após as independências, estabelecendo as bases para o que iria se tornar uma das oposições mais vívidas e tenazes entre o Norte e o Sul.

a) A era do desenvolvimento

Os Artigos 1, §3 e 55, "a" da Carta das Nações Unidas indicam claramente o desenvolvimento entre os objetivos da nova ordem jurídica internacional do pós-guerra; o Artigo 55, "a" usando literalmente o termo "desenvolvimento" (Pellet, 2005, p. 1453).

> Artigo 55, a. A fim de criar as condições de estabilidade e bem-estar necessárias para garantir relações pacíficas e amigáveis entre as nações [...], as Nações Unidas promoverão:
> (a) elevar os padrões de vida, o pleno emprego e as condições de progresso e desenvolvimento na ordem econômica e social.

A ideia de fazer do desenvolvimento um objetivo da ONU era controversa na época. A União Soviética se opôs fortemente a qualquer intervenção das Nações Unidas nas esferas econômica e social, provavelmente por medo de ser forçada a adotar um modelo específico, e, portanto, se manteve desfavorável a qualquer disposição que fosse além de meras questões de segurança. Foram, no entanto, as posições americana e britânica que prevaleceram, as quais eram favoráveis à intervenção nos campos econômico e social, com a ideia de construir as condições profundas da paz, ou seja, tornar o desenvolvimento um meio de garantir a paz. Essa subordinação do desenvolvimento à paz será criticada com base no fato de que seria a paz que deveria estar a serviço do desenvolvimento, mas o fato é que o princípio do desenvolvimento foi incorporado e desfrutaria de uma importância que os redatores da Carta certamente não haviam imaginado. Com a descolonização e a chegada em massa de novos Estados independentes à ONU, o Artigo 55, "a" se tornaria a base jurídica do que foi chamado de "ideologia do desenvolvimento" dos anos 1960-1970, bem como a força motriz por trás de considerável atividade da ONU.

Sendo assim, o princípio da ajuda específica ao desenvolvimento do Terceiro Mundo e o impulso decisivo nessa área nasceram verdadeiramente da política dos EUA do pós-guerra. Em 20 de janeiro de 1949, o então presidente Harry Truman anunciou ao mundo que este estava dividido em nações subdesenvolvidas e desenvolvidas, e que os EUA iriam fornecer assistência financeira, econômica e tecnológica a todos os Estados "subdesenvolvidos" do planeta (Nahavandi, 2009, p. 30):

> Precisamos nos engajar em um novo programa ousado e utilizar nosso avanço científico e conhecimento industrial para ajudar a melhorar as condições de vida e o crescimento econômico em regiões subdesenvolvidas[16].

O discurso de Truman teve uma influência decisiva, porque realmente inaugurou a era do desenvolvimento, a qual deveria romper com o antigo sistema do passado. Assim, em seu discurso de 1949, Truman esforçou-se para diferenciar claramente o novo objetivo global de desenvolvimento e ajuda às nações "subdesenvolvidas" do antigo sistema colonial e imperialista dos europeus. Truman disse em 1949:

> O velho imperialismo não tem nada a ver com as nossas intenções. O que nós consideramos é um programa de desenvolvimento baseado nos conceitos de negociação justa e democrática.

Com uma forte tradição anticolonial por causa de sua própria luta pela independência, em 1949 os Estados Unidos tinham todo o interesse no desmantelamento dos grandes impérios coloniais da Europa, porque

---

[16]. Discurso do Estado da União, 20 de janeiro de 1949, Declaração do Presidente Truman, Item IV. Em junho de 1950, o discurso de Truman levou à assinatura do Act for International Development (AID).

isso lhes permitiria ter acesso a novos mercados, mas também para evitar que os países pobres caíssem no campo comunista. Truman propôs, portanto, ao invés do antigo sistema imperialista, uma nova visão do planeta, onde todos os Estados fossem iguais e onde toda a humanidade estivesse incluída no novo paradigma do "desenvolvimento". Ao invés do colonialismo, que colocava os colonizados em uma relação hierárquica com o colonizador, ele propôs um mundo em que todas as nações da "era do desenvolvimento" estivessem colocadas em pé de igualdade e tivessem os mesmos direitos. Contra a restrição unilateral e o sistema colonial de exploração, ele propôs a ideia de uma cooperação internacional que permitisse provocar mudança na situação das nações "subdesenvolvidas" para fomentar a sua passagem para a situação desenvolvida. Além disso, esse desenvolvimento econômico e tecnológico foi apresentado como uma solução que tinha a vantagem de ir além das divisões ideológicas, porque seria avaliado com base em dados econômicos e científicos, que pretenderiam ser neutros e objetivos, e não de acordo com os valores subjetivos de qualquer civilização.

No entanto, a noção de desenvolvimento estava longe de ser neutra e trouxe, como sabemos, uma das crenças mais fundamentais do Ocidente (Rist, 2007). O desenvolvimento simplesmente perpetuaria de outra forma a velha ideia de progresso que foi largamente desacreditada após 1945 e restauraria a confiança em uma época que foi gravemente abalada pela Segunda Guerra Mundial. O próprio princípio do desenvolvimento econômico foi inventado no século XIX na Europa para comparar, em um primeiro momento, a situação dos diferentes Estados europeus entre si e avaliá-los em relação a uma prosperidade econômica ideal calculada de acordo com dados puramente econômicos e europeus. Ele foi depois generalizado, interpretado mais extensivamente e aplicado aos territórios colonizados. O Artigo 22 do Pacto da Liga das Nações, de 1919, que estabelecia o sistema de mandatos sobre os povos colonizados, declarava que "o bem-estar e o desenvolvimento desses povos formam uma missão sagrada da civilização" e que "o melhor método para alcançar esse princípio é confiar a tutela desses povos às nações desenvolvidas". Foi a primeira vez que um texto jurídico internacional usou o critério de desenvolvimento para classificar os Estados do mundo em uma escala de menos desenvolvido para mais desenvolvido.

O problema do desenvolvimento, portanto, não nasceu da descolonização, nasceu antes de tudo das preocupações dos Estados industrializados do século XIX, que anteriormente tinham colonizado metade do planeta. O desenvolvimento é originalmente uma preocupação dos países ricos e não dos países pobres, dos países colonizadores e não dos países colonizados ou descolonizados; e o desenvolvimento destes últimos é apreciado em vista da condição de desenvolvidos dos primeiros. É por isso que os Estados descolonizados serão imediatamente chamados de "subdesenvolvidos", e posteriormente por um termo mais diplomático, "país em desenvolvimento". Isso resulta em uma continuidade inevitável e singular entre os discursos e as práticas jurídicas internacionais anteriores a 1945 e as do direito internacional contemporâneo. Os Estados estão situados em uma escala de acordo com seu nível de desenvolvimento, e o relacionamento entre nações "subdesenvolvidas" e "desenvolvidas" mantém as relações Sul-Norte em uma dicotomia baseada na diferença de situação entre os dois, com a ideia persistente de uma possível passagem de quem está atrasado para a posição de quem está adiantado e serve de modelo para o primeiro (Greenberg, 1980, p. 129). Assim como a relação de colonização/civilização anterior, o desenvolvimento é apresentado como altamente positivo, desejável e necessário e justifica antecipadamente todas as regras jurídicas adotadas nesse sentido[17] (Kothari, 2005, p. 47). Em suma, o desenvolvimento é assim originalmente a continuação, de outra forma, da política de dominação ocidental colonial, e esse aspecto original o marcará até hoje com uma ambivalência intrínseca.

Além disso, o primeiro modelo de desenvolvimento que surge com os americanos reflete o apego a um modelo econômico de capitalismo liberal que eles queriam espalhar a todo o planeta. Ele era definido como um estado de abundância obtido através do crescimento da riqueza, enquanto o subdesenvolvimento era inversamente o da baixa produção. A esperança estava, então, em um aumento da riqueza global, a qual, por si só e pelo fato da multiplicação dos bens e da produção mundial, iria combater as

---

[17.] A maneira pela qual o passado colonial continua a assombrar o novo paradigma do desenvolvimento também é evidenciada pelo fato de os estudos de desenvolvimento estarem de acordo com aqueles que, pouco antes, eram dedicados ao direito colonial. Na França, por exemplo, o *Précis Dalloz de droit colonial* foi substituído pelo *Précis du droit d'outre-mer et de la coopération*, e depois pelo *Précis du droit international du développement*. Ver Daudet (2013).

desigualdades entre os Estados. Essa concepção de desenvolvimento pressupõe certos postulados econômicos que são os do direito internacional econômico que começou a ser estabelecido na mesma época através do Fundo Monetário Internacional (FMI) e do Banco Internacional para Reconstrução e Desenvolvimento (Bird), instituídos pelos Acordos de Bretton Woods, em 1944, e pelo Acordo Geral sobre Tarifas e Comércio (GATT, na sigla em inglês), adotado em Genebra em 1947. Esses postulados são: crescimento, aumento necessário da produção baseada em investimentos e ajuda externa, princípio do livre comércio e existência de um sistema multilateral de comércio e monetário, com o objetivo de alcançar os fins humanos do pleno emprego e a prosperidade para todos. Esses objetivos keynesianos, que são muitas vezes esquecidos hoje em dia, e que foram incluídos no preâmbulo do GATT, deixaram claro que o modelo econômico liberal e multilateral do pós-guerra, o livre comércio ou as políticas de crescimento, não era considerado na época como fim em si mesmo, mas como simples meio a serviço de objetivos sociais superiores. Por meio desses princípios foi instituído um direito internacional econômico do tipo liberal ocidental, mas em uma versão bastante keynesiana da economia, a qual difere claramente do modelo neoliberal hoje dominante (Jouannet, 2011, p. 285). De fato, mesmo que esses fins humanos fossem anunciados na época como essenciais para todos, as novas instituições econômicas e financeiras foram inicialmente projetadas para servir apenas aos interesses dos Estados ricos e foram fortemente denunciadas pelos Estados pobres nas conferências da Bretton Woods, Havana e nas conferências preparatórias em Genebra e Londres. Em particular, o GATT 1947 foi fortemente criticado por não prever tarifas preferenciais que poderiam ajudar o Terceiro Mundo e, com isso, manter o domínio do Ocidente. O desprezo demonstrado pelos economistas ocidentais para com os delegados do Terceiro Mundo presentes nas várias conferências da época era tão óbvio quanto desprezível, como o próprio Keynes afirmou, lamentando que países como Colômbia, Venezuela ou Libéria tenham sido convidados para as negociações de Bretton Woods porque apenas "impediriam a discussão" e transformaram a conferência na "mais monstruosa macaquice em anos"[18].

[18.] Fala de John Maynard Keynes à David Yales, em 30 maio de 1944. Disponível em Moggridge (1980, p. 42). Para mais detalhes, ver Prashad (2009, p. 94).

No que diz respeito ao desenvolvimento, a sua origem ocidental e a continuação através dele de uma política de dominação neocolonial não devem ofuscar a ampla adesão que teve de todos os Estados do planeta. Os países descolonizados ou anteriormente dominados, que se agruparam no Movimento dos Países Não Alinhados (MNA) e se reuniram nas emblemáticas conferências de Bandung, Belgrado e Cairo, também acreditavam fortemente no desenvolvimento econômico, de modo que, a partir do texto final da Conferência de Bandung, de 1955, o desenvolvimento passou a ser apresentado como um objetivo fundamental. Na época ninguém contradisse tal princípio e é só hoje em dia que vêm aparecendo teses (no Norte) defendendo o abandono de qualquer desenvolvimento. Mas ninguém se opôs a isso durante os anos 1950/1960. A maioria dos Estados do Terceiro Mundo é pobre ou muito pobre, e vivem na esperança de que possam sair mais cedo ou mais tarde dessa situação, graças ao desenvolvimento de sua economia e a qualquer coisa que possa promover seu crescimento econômico. Todos eles aspiram a se transformar em sociedades modernas e industriais, a fim de erradicar a miséria e obter um melhor padrão de vida para suas populações, mas também para poder competir em igualdade de condições com os países ricos, seus velhos "tutores". O desenvolvimento como elemento-chave na reconstrução da sociedade pós-colonial tornou-se, assim, um dos paradigmas internacionalistas mais importantes do discurso jurídico pós-Segunda Guerra Mundial e a matriz intelectual e social que guiou todos os comportamentos da época. O fato é que o contexto econômico era particularmente favorável e, portanto, o otimismo estava em alta. As preocupações chegaram até ao modo como os países desenvolvidos seriam capazes de lidar com o desenvolvimento acelerado dos subdesenvolvidos, como evidencia esta observação dos especialistas da Liga das Nações formulada em 1943:

> É possível que, após a guerra, dada a expansão das indústrias mecânicas e a simplificação dos processos de fabricação, o desenvolvimento industrial das regiões menos desenvolvidas seja tão rápido que torne extremamente difícil e dolorosa a adaptação de outros países a novas condições de concorrência (Friboulet, 2020, p. 13).

Não poderíamos ter nos enganado mais. De qualquer maneira, isso evidencia como, depois da guerra, a crença em um rápido desenvolvimento econômico estava positivamente subjacente a toda a representação do mundo. Esse otimismo se encontra nas Nações Unidas. A ONU se tornou o principal centro de ajuda para países subdesenvolvidos e, em 1949, implantou um primeiro plano de assistência técnica. Em 1951, ela publicou um relatório descrevendo as diferenças entre os Estados devido ao seu nível de renda nacional. Ela nomeou a década de 1960 como a Década do Desenvolvimento, sugerindo que os países do Terceiro Mundo seriam desenvolvidos em dez anos através das políticas e regras jurídico-econômicas do desenvolvimento[19]. As primeiras regras jurídicas de assistência técnica, de transferência de recursos e ajuda foram implementadas no âmbito de organizações internacionais e através de tratados bilaterais. Além disso, fora algumas situações altamente conflituosas ligadas a certas independências, as antigas nações coloniais se diziam prontas para ajudar os novos Estados, o que também fizeram as duas grandes potências do pós-guerra, que eram claramente anticoloniais.

A partir da década de 1950, os Estados do Norte proclamavam constantemente seu desejo de ajudar o desenvolvimento dos Estados do Sul. Embora se preocupassem principalmente com a salvaguarda de seus interesses, limitando as concessões feitas aos países pobres ao que consideravam aceitável, os países do Norte renovavam constantemente suas promessas ao longo do tempo e concediam certos regimes jurídicos derrogatórios ou compensatórios em favor do Sul. De fato, essa atitude era hegemônica e paternalista, porque, se o choque da descolonização gerou uma crise moral, política e econômica muito profunda no Norte, o Ocidente continuou a se considerar o centro da nova sociedade pós-colonial, e, portanto, deveria garantir o seu destino. A aspiração pelo desenvolvimento dos jovens Estados independentes fora ainda mais estimulada nesse primeiro momento, pois implicava a aceitação do modelo ocidental de desenvolvimento e, portanto, não punha em causa a supremacia do Ocidente. Além disso, na época, o inimigo certamente não era o Sul emergente, mas cada um dos dois blocos, e era apenas quando um país acabava se unindo completamente a um dos dois que o outro bloco o castigava e ostracizava.

[19.] Resolução 1.715 (XVI) da Assembleia Geral da ONU, de 19/12/1961, declarando o período 1961-1970 a Década das Nações Unidas para o Desenvolvimento.

Ao fazer isso, notamos que o aspecto político e humanista do desenvolvimento foi deixado de lado em favor da única questão do desenvolvimento econômico. A eventual disseminação da democracia e dos direitos humanos não era uma preocupação do Ocidente, mas o mero fato de serem aceitos era um certificado de boa conduta. O Sudeste Asiático, a Coreia do Sul e Taiwan eram particularmente bem-vistos e, portanto, consideravelmente mais ajudados do que outros. Quanto ao Oriente e à URSS, como se pode imaginar, eles não estavam preocupados com a democracia liberal pluralista e, quando eles defendiam a adesão aos princípios do socialismo planificador, era igualmente o alinhamento com o seu próprio campo o que importava acima de tudo. As duas grandes potências separaram, então, a dimensão econômica do desenvolvimento de sua dimensão política, o que atendeu às aspirações das jovens nações do Terceiro Mundo, as quais queriam acima de tudo preservar sua soberania interna, o que se tornaria uma das características do clássico direito internacional do desenvolvimento.

b) Desacordos sobre os meios do desenvolvimento: as teorias sobre o "subdesenvolvimento"

Se, por um lado, é incontestável que o desenvolvimento se tornou um novo paradigma, por outro lado, rapidamente surgiram divergências quanto à própria concepção de subdesenvolvimento e, portanto, às regras jurídico-econômicas que permitiriam sair dele. Os economistas, depois os políticos e os juristas, se opuseram para saber se o subdesenvolvimento deveria ser considerado como um simples atraso em comparação com o desenvolvimento dos países ricos, devido às deficiências econômicas, políticas e sociais endógenas dos Estados do Terceiro Mundo, ou, pelo contrário, como um produto desse desenvolvimento, como resultado de um sistema político e econômico mundial que fora estabelecido às custas do Terceiro Mundo.

O discurso dominante dos americanos e dos europeus do Ocidente era o do subdesenvolvimento definido como um atraso. Isso era defendido de forma sistemática pelo economista americano Walt W. Rostow. Um feroz oponente do comunismo e convencido da eficácia do capitalismo e do livre mercado, Rostow foi conselheiro especial para segurança nacional

O que é uma sociedade internacional justa? | 31

do presidente Johnson na década de 1960. Ele encarnou o que chamaremos de "teorias da modernização". Em seu livro publicado em 1958, intitulado *Os estágios do crescimento econômico: um manifesto não comunista*, Rostow (1963, p. 13) argumenta que o desenvolvimento de todos os países segue o mesmo padrão linear e que a situação dos países pobres subdesenvolvidos se explica por seu atraso estrutural no processo global de desenvolvimento econômico, o qual deveria ser conduzido para uma sociedade liberal de prosperidade e abundância, que não é outro senão o modelo dos Estados Unidos. Ele considera que o subdesenvolvimento se deve principalmente às condições naturais internas das sociedades subdesenvolvidas. Elas estão "atrasadas" por causa de sua demografia desenfreada, estruturas sociais e políticas arcaicas e falta de política econômica. Deveríamos, portanto, quebrar o "molde das culturas tradicionais" e aplicar a todos os mesmos padrões de desenvolvimento econômico dos Estados Unidos e da Europa. Na sua leitura, não era imputada nenhuma responsabilidade pela situação dos países pobres ao colonialismo e ao domínio ocidental do passado ou pelo sistema econômico internacional existente. O autor quase não falava em seu livro da antiga situação dos países subdesenvolvidos de colonização e dominação europeia. Rostow (1963, p. 166) dedica apenas seis páginas a ela e em nenhum momento ele considera que ela foi responsável, de alguma forma, mesmo que parcialmente, pela situação de pobreza das sociedades anteriormente colonizadas. As soluções preconizadas por ele eram a aplicação das regras do direito internacional econômico liberal existente com a integração dos novos Estados no mercado global governado pelo GATT, bem como a transformação interna desses Estados. Rostow chega ao ponto de sugerir que os países subdesenvolvidos deveriam ajudar os países desenvolvidos em caso de crise, e não o contrário, considerando que as famosas "consequências" econômicas seriam benéficas para todos:

> Em uma crise, a prioridade deve ser dada aos países ricos. É do interesse dos países subdesenvolvidos ajudá-los, porque seu próprio desenvolvimento é condicionado pelas consequências positivas do bem-estar dos países ricos. Os países subdesenvolvidos precisam saber esperar: essas consequências ocorrerão automaticamente (Bedjaoui, 2004, p. 394).

De acordo com o estado de espírito de cada um, isso pode fazer sorrir ou parecer realmente assustador, pois a obstinação do raciocínio leva a conclusões insuportáveis, tendo em vista a situação de extrema privação vivida na época em alguns países descolonizados. Além disso, a rejeição de toda responsabilidade era claramente inadmissível para muitos políticos e intelectuais do Terceiro Mundo, cujos países estavam saindo de dois séculos de dominação ocidental e, além disso, se encontravam sujeitos a um sistema jurídico-econômico que eles não desejaram e onde se viam novamente em posição de dominados. Eles iriam elaborar, portanto, uma verdadeira contrateoria do subdesenvolvimento.

Algumas das teorias produzidas foram descritas como "teorias da dependência", em oposição às "teorias da modernização"[20]. De inspiração marxista ou estruturalista, essas teorias analisam o subdesenvolvimento não como atraso ou um fracasso de seu desenvolvimento, mas como um produto do desenvolvimento econômico dos países ricos. O subdesenvolvimento não é resultado de fatores naturais endógenos dos Estados descolonizados, mas é principalmente o resultado do colonialismo passado, do imperialismo capitalista, da exploração dos países dominados e da troca desigual que os países ricos perpetuam através do novo direito internacional econômico. Para sustentar sua tese, os teóricos da dependência desenvolveram estudos históricos mostrando como a aceleração do crescimento econômico e o desenvolvimento tecnológico e militar dos europeus no século XIX os levaram a escravizar três quartos do planeta, rompendo assim com uma situação de quase homogeneidade entre todos os continentes no século XVIII. Essa dominação significava que os europeus podiam apropriar-se de terras e riquezas, estender sua liderança e manter os povos dominados e colonizados em um estado de dependência e de subdesenvolvimento que não poderia ser encoberto pelas medidas coloniais tomadas em infraestrutura, saúde ou educação. A subserviência de todos esses povos fez deles estruturalmente dependentes de um sistema colonial e imperial que os oprimiu por séculos. Como as nações ocidentais saquearam a riqueza dos países colonizados e os exploraram por vários séculos, os teóricos da dependência acreditam que eles deveriam assumir a responsabilidade pelos prejuízos infligidos e, assim, conceder

---

[20]. Para uma visão geral das muitas teorias da época, ver Meier & Seer (1984, p. 325).

compensação sob a forma de doações incondicionadas aos antigos povos colonizados. Da mesma forma, eles consideravam inaceitável que Estados recém-descolonizados continuassem a ser sacrificados em nome de uma concepção de desenvolvimento que perpetuasse sua dependência. Para os dependentistas, a circunstância de subdesenvolvimento é mantida após as descolonizações, visto que o sistema econômico continua a estabelecer uma dependência constante da periferia (países subdesenvolvidos) em favor do centro (países desenvolvidos), de forma que é o desenvolvimento de um que continua a produzir o subdesenvolvimento de outros. Portanto, a solução jurídica e econômica que eles recomendam para o subdesenvolvimento obviamente não é a mesma defendida pelo discurso político-jurídico dominante dos euro-americanos. Se é verdade que eles também desejam a transformação no Terceiro Mundo, eles demandam igualmente uma mudança não menos profunda nas estruturas do sistema econômico e político internacional.

Emblemático dos teóricos da dependência, o sul-americano Raul Prebisch (1962) publicou em 1949 um artigo intitulado "O desenvolvimento econômico da América Latina e seus principais problemas"[21]. Ele faz uma pergunta simples: como implementar estratégias de desenvolvimento que realmente beneficiem as populações do tão empobrecido Terceiro Mundo? Para responder, ele desenvolve sua própria concepção de uma "economia de desenvolvimento". Como o desenvolvimento do Norte se baseia no subdesenvolvimento do Sul, é necessário, em primeiro lugar, romper os vínculos de dependência entre países desenvolvidos e subdesenvolvidos e estabelecer um sistema econômico nacional que garanta sua independência. Em particular, as novas nações devem fazer investimentos nacionais e estabelecer legislação apropriada de importação/exportação que os proteja. Em 1964, Prebisch, que se tornou Secretário-Geral da UNCTAD, reiterou em seu relatório introdutório suas teses sobre subdesenvolvimento e propôs a concessão de um regime jurídico preferencial aos países em desenvolvimento para levar em conta sua situação de desigualdade em relação aos países desenvolvidos (Prebisch, 1964). Essa proposta estava em total contradição com os dois princípios fundamentais do GATT 47, que se baseia nos princípios da não discriminação e da reciprocidade entre os Estados

---

[21] Ver também os trabalhos de Singer (1950). Os dois deram origem à tese "Singer-Prebisch".

membros, e superava o princípio da igualdade formal do direito internacional clássico. Ao retomar as teses estruturalistas do subdesenvolvimento de Prebisch, a UNCTAD trabalharia para esse fim e, como tal, em breve seria considerada um anti-GATT. De fato, a divisão Norte-Sul da época encontrou uma tradução institucional direta através do jogo oposto dessas duas organizações[22].

1.2. Surgimento e evolução do direito internacional do desenvolvimento – a NOEI

Fazendo surgir demandas inéditas no plano internacional que são próprias da nova sociedade pós-colonial, as reivindicações de Prebisch e de vários países do Terceiro Mundo a favor de uma dualidade das normas que pudessem reformar a ordem econômica existente, denunciada como injusta, iriam acabar por ser parcialmente ouvidas e dar origem ao clássico direito internacional do desenvolvimento. A partir de então, a questão do desenvolvimento se deslocou para um terreno completamente diferente daquele da cooperação ou da ajuda, porque se tornara um requisito de justiça social por parte do Terceiro Mundo. O direito do desenvolvimento que surgiu é uma das suas traduções, e, por sua vez, desempenhou um papel crítico em relação ao direito internacional econômico existente.

a) O clássico direito internacional do desenvolvimento

O termo "direito internacional do desenvolvimento" é frequentemente considerado uma criação francófona, embora também tenha sido usado em outros lugares (Feuer, 1991). Nos anos seguintes à primeira sessão da UNCTAD, sob o impulso decisivo de André Philip e Michel Virally[23], vários

---

[22]. A UNCTAD defende uma ordem econômica baseada em relações equitativas entre países em desenvolvimento e países industrializados. Sendo totalmente independente do GATT, ela pode fazer muitas recomendações contrárias às regras liberais do GATT, mas que só podem se tornar efetivas se adotadas nas rodadas de negociação do GATT. Daí as tensões permanentes entre as duas organizações até o final da Guerra Fria.

[23]. O princípio de um direito internacional do desenvolvimento foi introduzido na França por

internacionalistas franceses se agruparam e sistematizaram as regras sobre essa noção, que era nova na época. Eles se esforçaram para mostrar o surgimento de um novo direito em benefício dos países em desenvolvimento e separá-lo dos quadros analíticos usuais aos quais as regras jurídicas estavam ligadas, como o direito da cooperação, da economia e do comércio ou o direito das organizações internacionais (Bennouna, 1983; Bettati, 1985; Flory, 1977; Jouve, 1986; Pellet, 1987; Feuer & Cassan, 1990; Lacharrière, 1964). Pretendeu-se também mostrar a emergência de uma dualidade de normas, em função da diferença concreta de situação entre Estados, algumas relacionadas às relações entre países desenvolvidos e outras às relações entre países desenvolvidos e países em desenvolvimento. Esse direito internacional do desenvolvimento foi desde o início sujeito a críticas dos dois lados opostos. Foi fortemente criticado pelos defensores da ortodoxia legal do tipo continental, que negaram sua especificidade ou legalidade e denunciaram sua ideologia subjacente[24]; e também foi denunciado por alguns representantes do Terceiro Mundo que consideravam que nem os seus interesses nem as suas visões foram levadas em consideração por esse direito, que apenas prolongou a hegemonia ocidental (Bedjaoui, 1979; Benchikh, 1983).

Não adentraremos diretamente nessas questões, hoje quase abandonadas, a fim de manter como ponto essencial apenas a figura renovada do direito que emergiu na época. Mesmo que, de fato, alguém possa criticar a coerência, a plena legalidade e a especificidade de algumas de suas normas, mesmo que também sejam discutidas suas ambivalências e os efeitos injustos que ela mesma pode implantar, o direito internacional do desenvolvimento emergiu como um conjunto de regras e práticas jurídicas projetadas para atender às aspirações de muitos países em desenvolvimento, resolver seus problemas de desenvolvimento e também tentar, no processo, remediar as enormes desigualdades socioeconômicas entre Estados após a descolonização. Não obstante as posições particulares de alguns juristas, e apesar de não constituir um conjunto formalizado de normas e suscitar

---

André Philip durante um simpósio realizado em Nice de 27 a 29 de maio de 1965 (Virally, 1965, p. 3).

[24]. Duas conferências da Sociedade Francesa de Direito Internacional foram realizadas sobre esse tema: *Le droit international économique* (Orléans, 1971) e *Pays en voie de développement et transformations du droit* (Aix, 1973).

suas próprias dificuldades, o direito internacional do desenvolvimento foi considerado uma possível solução jurídica para atenuar as desigualdades, compensando o que o direito internacional econômico sozinho não poderia alcançar. É importante destacar isso para esclarecer as opções jurídicas em matéria de desenvolvimento que surgiram na prática, mas também para proceder a uma avaliação dessas diferentes opções e das possíveis alternativas jurídicas. O desenvolvimento econômico dos novos Estados era considerado como a solução definitiva das desigualdades entre os Estados e, a partir das diferentes concepções de subdesenvolvimento, poderia ser alcançado de duas maneiras opostas. A primeira seria como resultado do funcionamento das regras ordinárias do direito internacional econômico existente, caso em que os novos Estados seriam simplesmente sujeitos – se concordassem – às regras do GATT, FMI e Bird, sem discriminação. A segunda forma de alcançar o desenvolvimento envolveria a derrogação das regras do direito econômico comum e a sua adaptação à situação dos países em desenvolvimento. É esse direito específico de desenvolvimento que surgiu durante as décadas de 1960 e 1970, ao qual se reserva o título de clássico direito internacional do desenvolvimento. É importante deixar isso claro porque muitos anglo-saxões, por exemplo, não identificam aqui um direito do desenvolvimento (*Law of Development*) distinto do direito internacional econômico, e agrupam em um mesmo conjunto todas as práticas jurídicas e econômicas relacionadas ao desenvolvimento (*Law and Development*). Contudo, da mesma forma, eles se abstêm de diferenciar um direito que expressa as aspirações de reforma, de equidade e justiça social (o direito social das nações) de um direito baseado unicamente nas regras do capitalismo liberal, financeiro e comercial. No entanto, o fato é que, através do clássico direito do desenvolvimento, foram feitas tentativas para substituir o modelo de desenvolvimento liberal, incluído nas regras jurídico-econômicas do GATT, FMI e Bird, por um modelo de desenvolvimento social liberal.

No nível institucional, foi criado o que às vezes é chamado de "Sistema das Nações Unidas para o Desenvolvimento", levando a um considerável incremento da burocracia internacional e dos conhecimentos a serviço das operações de assistência técnica – sendo que a assistência financeira permaneceu de responsabilidade do FMI e do Banco Mundial. No nível normativo, esse direito internacional do desenvolvimento baseia-se em

O que é uma sociedade internacional justa? | 37

um pequeno grupo de princípios fundamentais, como a soberania permanente sobre os recursos naturais, a liberdade de escolha de seu sistema econômico e o princípio da equidade. Também corresponde a um conjunto de regras jurídicas mais técnicas, de caráter intervencionista, discriminatórias ou preferenciais, que são diferentes das regras ordinárias do direito internacional aplicáveis a outros Estados, na medida em que procuram corrigir os defeitos do sistema jurídico-econômico liberal existente, compensando as diferenças na situação material entre países desenvolvidos e em desenvolvimento. Esse conjunto de princípios e regras resultou nas décadas de 1960 e 1970 na formulação de uma Nova Ordem Econômica Internacional (NOEI) com a qual os países do Terceiro Mundo queriam substituir o sistema jurídico e econômico existente. Por uma questão de compreensão, convém reposicioná-la no grande movimento de reformismo jurídico do Terceiro Mundo, que, ao mesmo tempo, a precedeu e a preparou.

b) O Terceiro Mundo: um projeto reformista para o mundo

Embora todos os Estados descolonizados ou anteriormente dominados aceitassem o princípio de que eles eram subdesenvolvidos, esse conceito permaneceu obviamente depreciativo, sobretudo porque os colocou mais uma vez no final da fila, como os últimos países do mundo. Esse princípio não permitiu, portanto, que as nações descolonizadas expressassem sua diferença e dignidade, apesar de terem acabado de emergir da dominação europeia, que por séculos manteve o culto da supremacia do Ocidente[25]. Por outro lado, é claro que a expressão "Terceiro Mundo", introduzida pelo demógrafo francês Alfred Sauvy em 1952, poderia indicar aos Estados chamados "subdesenvolvidos" o senso de seu valor e identidade. Para dizer a verdade, Sauvy fez alusão a essa expressão quase que acidentalmente no final da coluna que escrevia regularmente para *L'Observateur*. Ele não tinha ideia que essa denominação entraria para a posteridade, apenas queria tratar o Terceiro Mundo como desafio das grandes potências durante a

---

[25]. Esta é a conclusão a que Raymond Aron (1963, p. 4) chegou na época. Ele era muito cético em relação à noção de subdesenvolvimento, porque ela é somente uma noção comparativa que caracteriza as sociedades pelo que não são e de forma alguma pelo que são positivamente.

Guerra da Coreia (Sauvy, 1952). Mas a expressão se difundiu muito rapidamente. Ela foi adotada por Mehdi Ben Barka e depois por Frantz Fanon em seu livro *Os condenados da terra*, publicado em 1961, e popularizada no mundo anglo-saxão por Peter Worsley (1967). Embora seja fortemente criticada por suas ambiguidades, a expressão se tornou um termo genérico que perdeu sua conotação francesa e foi ficando mais clara à medida que foi sendo usada. Ela significa a existência histórica de uma comunidade de destino para um grupo de Estados que representam dois terços da humanidade e que foram por um longo tempo completamente ignorados; e continuam sendo pelos dois outros mundos dominantes que formam na época os dois blocos, Oriente e Ocidente. Portanto, ela reflete o desejo de dignidade e de reconhecimento de sua independência, e o seu anseio de justiça e igualdade[26]. Esse desejo foi ainda mais forte no início da Guerra Fria, visto que os dois blocos que se formavam não perceberam o alcance dos levantes ocorridos. Para o Primeiro Mundo, o bloco ocidental, as nações descolonizadas ou em descolonização obviamente ainda eram povos atrasados. E o mesmo valia para o Segundo Mundo, o bloco oriental, que em um primeiro momento adotou a mesma atitude, embora o igualitarismo preconizado no Oriente tenha exercido uma sedução óbvia para aqueles que, tendo adquirido recentemente sua independência política, aspiravam a uma verdadeira igualdade. Na conferência polonesa que inaugurou o Escritório de Informação dos Partidos Comunistas e Operários (Cominform), em 1947, os soviéticos também adotaram a visão de um mundo dividido apenas em dois blocos e se limitaram a mencionar os movimentos de libertação nacional. Foi somente quando, em reação ao Plano Truman, a União Soviética implementou uma verdadeira política de ajuda externa ao Terceiro Mundo que este se tornou um elemento importante da Guerra Fria e um ponto de discórdia entre o Leste e o Oeste (Trofimenko, 1981).

No entanto, as novas nações, agora chamadas de "Terceiro Mundo", procuraram justamente se organizar de forma autônoma e unidas diante

---

[26.] Atualmente o termo "Terceiro Mundo" está quase abandonado devido à evolução da situação internacional após a Guerra Fria. No entanto, essa denominação ainda é reivindicada por seu valor heurístico por alguns autores anglófonos que se autodenominam "terceiro-mundistas" no que chamam de Third World Approaches to International Law (TWAIL). Ver Mutua (2003) e Rajagopal (1998).

dos dois blocos, para expressar sua própria maneira de conceber o mundo e o direito internacional. Acima de tudo, elas queriam desfrutar de igual dignidade em relação aos outros povos, recuperar sua independência econômica e lutar contra o colonialismo. Seus líderes tinham sido grandes nomes no cenário internacional, embora alguns tenham visto sua imagem consideravelmente manchada. Havia Jawaharlal Nehru na Índia, Gamal Abdel Nasser no Egito, Kwame Nkrumah em Gana, Ahmed Sukarno na Indonésia, Ahmed Ben Bella na Argélia, Fidel Castro em Cuba e muitos outros (Phrashad, 2009, p. 9). Eles organizaram as primeiras grandes conferências memoráveis em Bandung, em 1955, em Belgrado, em 1961, e no Cairo, em 1964, momentos extraordinários de entusiasmo, de euforia e orgulho para milhões de pessoas. A Declaração de Brioni, de 19 de julho de 1956, iniciada por Nasser, Tito, Nehru e Sihanouk, marcou a origem do Movimento Não Alinhado (MNA), os quais não se alinhavam nem contra nem a favor de uma grande potência mundial e se mantinham solidários entre eles. Já em 1958, Nehru anunciou:

> A divisão essencial no mundo de hoje ocorre menos entre Estados comunistas e anticomunistas do que entre nações com uma economia industrial altamente desenvolvida e nações subdesenvolvidas que lutam para sobreviver (apud Bedjaoui, 1979, p. 34).

A declaração conjunta dos 77 países em desenvolvimento, de 15 de junho de 1964, marcou a origem do Grupo dos 77, que passaria a defender os interesses econômicos do Terceiro Mundo na ONU. Nesse momento, como Vijay Prashad (2009) bem lembrou, o Terceiro Mundo também era um projeto atravessado por contradições e repleto de imensas esperanças. Esse projeto terceiro-munidista foi a primeira contranarrativa jurídica e política verdadeiramente influente, a ponto de poder se opor à representação do mundo que até então havia sido imposta pelos ocidentais (Postel-Vinay, 2005, p. 119). Países que já eram independentes, como Japão, China, Turquia ou aqueles da América do Sul, estavam ansiosos para se enquadrar no jogo internacional e tentar redefinir a representação do mundo e as regras que o governavam. Dessa vez, os novos países descolonizados queriam mudar as regras do jogo e impor sua visão da sociedade internacional e de seu direito. Ao fazê-lo, eles estavam na dianteira de um movimento de reformismo jurídico sem precedentes na sociedade internacional, cujo ímpeto até hoje é frequentemente subestimado, visto que são apontadas apenas as suas fraquezas jurídicas ou os seus impasses econômicos.

Este foi um momento muito especial na história da descolonização, quando as novas nações praticavam um nacionalismo de Estado voltado para o exterior, para o internacionalismo. A questão da reconstrução do mundo pós-colonial estava apenas começando a ser colocada para essas jovens nações, e vinha acompanhada de uma grande interrogação: como viver e pensar após o colonialismo e a dominação? Ao contrário do que costumamos lembrar, o Terceiro Mundo não era habitado apenas pela lógica de ressentimento anticolonial, a qual era extremamente forte, mas também aspirava a uma reforma muito profunda da sociedade internacional e de seu direito, reivindicações levantadas por líderes políticos e também por grandes juristas internacionalistas. Era um desejo de paz, liberdade e justiça. O então presidente indonésio, Ahmed Sukarno, também feroz anticolonialista, declarou em Bandung, em 1955:

> Não sejamos amargos com o passado e fiquemos atentos ao futuro. [...] Lembremos que o objetivo final do homem é a libertação das correntes do medo e da pobreza, a libertação das correntes materiais, espirituais e intelectuais que há muito tempo impedem o desenvolvimento de uma grande parte da humanidade. E lembremos, irmãs e irmãos, que em nome de tudo isso, nós, povos da Ásia e África, devemos nos unir (apud Prashad, 2009, p. 10).

As iniciativas foram múltiplas desde as primeiras independências. Jawaharlal Nehru, primeiro-ministro da Índia em 1947, temia que o Terceiro Mundo formasse uma terceira força militar e reivindicasse os imperativos da paz e da justiça. Ele enfatizava constantemente os princípios da independência política, da não violência nas relações internacionais e do recurso às Nações Unidas como instituição fundamental encarregada da justiça global (Nehru, 1961, p. 77). E foi por iniciativa da Índia que foi aprovada a criação, em 1953, do Subcomitê de Desarmamento das Nações Unidas[27], enquanto o Estatuto da Agência Internacional de Energia Atômica (AIEA), adotado em 1956, resgata no seu texto o comunicado final de Bandung sobre esse assunto[28].

[27.] AG da ONU, Resolução de 11 de janeiro de 1952, 502 (VI).

[28.] AG da ONU, Resolução de 16 de dezembro de 1974, 914 (X).

Anteriormente, os 29 países da América Latina tiveram um papel central em 1945, em São Francisco, a favor dos direitos humanos. Todos esses Estados estavam lutando na época por uma ampla definição de direitos humanos e multiplicavam declarações sobre os temas de educação, trabalho, saúde e previdência social (Glendon, 2003, p. 27-39). Na conferência da Organização das Nações Unidas para a Educação, Ciência e Cultura (Unesco, na sigla em inglês) realizada em Londres, em 1945, a delegada indiana Rajkumari Amrit Kaur observou que nenhum dos dois blocos ofereceu um programa que atendesse às expectativas do Terceiro Mundo. Ela pediu "liberdade verdadeira" para um mundo liberado de exploração e injustiça, que exigia mais do que apenas "expressões piedosas de boas intenções e políticas pomposas"[29]. Dez anos depois, na famosa Conferência de Bandung de 1955, o comunicado final pediu "cooperação econômica", a criação de um Fundo Especial das Nações Unidas para o Desenvolvimento Econômico, uma Corporação Financeira Internacional para regular os fluxos de capital especulativo e uma comissão consultiva permanente das Nações Unidas para o comércio internacional de matérias-primas. Dois anos depois, em 1957, delegados do Terceiro Mundo estavam por trás da criação da Federação das Mulheres Afro-Asiáticas para promover seus direitos[30].

Esse desejo de reforma seria levado diretamente aos órgãos internacionais. Entre 1955 e 1960, havia 41 novos Estados admitidos nas Nações Unidas. Outros 27 Estados se uniriam entre 1960 e 1970. A ONU se tornou verdadeiramente universal e a Assembleia Geral era o centro de novas demandas. Em 1961, o birmanês U-Thant foi nomeado Secretário-Geral das Nações Unidas, o primeiro originário do Terceiro Mundo. Ele foi reeleito em 1966. Em 1967, Malta, que compunha o MNA, estava na origem da resolução da Assembleia Geral sobre o Patrimônio Comum da Humanidade, destinada a impedir a monopolização do uso do fundo do mar por um grupo de países[31]. Em 1960, foi criada a Associação Internacional

---

[29.] Conferência para o estabelecimento da Unesco, Institute of Civil Engineers, Londres, 1 à 16 novembro de 1945.

[30.] The First Afro-Asian Women's Conference aconteceu no Cairo, entre 14 e 23 janeiro 1961.

[31.] AG da ONU, Resolução de 18 de agosto de 1967, Declaração e tratado sobre o uso exclusivo para fins pacíficos do fundo do mar além dos limites da jurisdição nacional para a exploração de recursos nos interesses da humanidade, Doc. NU A/6695.

de Desenvolvimento (AID); em 1961 foi proclamada a primeira Década das Nações Unidas para o Desenvolvimento, e foi criada a UNCTAD, o PNUD (Programa das Nações Unidas para o Desenvolvimento) e a ONUDI (Organização das Nações Unidas para o Desenvolvimento Industrial).

Todas as propostas formuladas nesse momento representaram uma espécie de *"new deal* jurídico"* (Bedjaoui, 1979, p. 142) que os representantes do Terceiro Mundo iriam tentar aprovar em fóruns internacionais em favor de sua maioria recém-adquirida, principalmente através de resoluções da Assembleia Geral das Nações Unidas. No entanto, a mais emblemática dessas propostas de reforma foi a Nova Ordem Econômica Internacional (NOEI), ponta de lança do clássico direito internacional do desenvolvimento, que ela ao mesmo tempo integrava e excedia para propor uma reforma global da ordem internacional. A demanda por uma ordem global mais justa e equitativa, que não fosse mais marcada pela dominação de países ricos e ex-colonizadores, tomou, portanto, o centro do discurso alternativo do Sul.

c) A Nova Ordem Econômica Internacional (NOEI)

Em 12 de dezembro de 1974, a Assembleia Geral das Nações Unidas proclamou uma Carta dos Direitos e Deveres Econômicos dos Estados, com o objetivo de estabelecer uma Nova Ordem Econômica Internacional. Isso aconteceu no meio da crise do petróleo, depois do embargo da Organização dos Países Exportadores de Petróleo (Opep). A Opep foi criada em 14 de setembro de 1960, na Conferência de Bagdá, em resposta às empresas petrolíferas estrangeiras (as sete irmãs) que impuseram seus preços aos países produtores em seus próprios recursos de petróleo[32]. No entanto, em outubro de 1973, durante a Guerra do Yom Kippur, os países árabes membros da Opep anunciaram um embargo ao suprimento de petróleo dos Estados que apoiavam Israel. A audácia da Opep teve um efeito imenso no Terceiro Mundo, mas também desencadeou o primeiro choque do petróleo, e foi nesse contexto particularmente tenso que um ano depois a NOEI foi proclamada.

---

[32] Para uma compreensão desse contexto absolutamente essencial, ver Sampson (1976).

O projeto de uma nova ordem econômica já estava em discussão há muito tempo, notadamente no âmbito da UNCTAD, graças ao Grupo dos 77. Ele foi adotado pelo MNA em sua cúpula em Argel, em 1973. No final dessa quarta conferência do MNA, os chefes de Estado e de Governo solicitam ao secretário-geral das Nações Unidas, através do presidente da Argélia, Houari Boumediene, convocar uma sessão extraordinária da Assembleia Geral. Ela foi realizada de 9 de abril a 2 de maio de 1974 e a Assembleia Geral adotou a Declaração sobre o Estabelecimento de uma Nova Ordem Econômica Internacional e um Programa de Ação. Em 1º de maio de 1974, os membros das Nações Unidas que adotaram a Resolução 3.201 se comprometeram a:

> Trabalhar urgentemente pelo estabelecimento de uma nova ordem econômica internacional baseada na equidade, igualdade soberana, interdependência, interesse comum e cooperação entre todos os Estados, independentemente de seu sistema econômico e social, que corrija as desigualdades e retifique as injustiças atuais, elimine o fosso crescente entre os países desenvolvidos e em desenvolvimento e garanta paz e justiça às gerações presentes e futuras, e que promova desenvolvimento econômico e social.[33]

Após isso, as duas primeiras resoluções são complementadas, em 12 de dezembro de 1974, pela Carta dos Direitos e Deveres Econômicos dos Estados (Resolução 3.281). Nesses documentos, os defensores da NOEI anunciaram a reformulação das regras do direito internacional econômico após séculos de dominação, exploração e colonização dos Estados do Sul e o fim de um sistema econômico internacional que ainda não lhes permitia realmente se desenvolver.

Em termos de forma, a NOEI não levou à adoção de uma convenção internacional ou à revisão dos acordos do GATT, mas foi formulada através de várias resoluções da Assembleia Geral que eram, em princípio, desprovidas de força cogente. Naquela época, a natureza cogente dessas resoluções era amplamente discutida entre juristas, porque da resposta a essa discussão poderia se saber se as disposições incluídas na Carta

---

[33.] AG da ONU, Resolução de 1º de maio de 1974, A/RSE/3201 (S.VI), Declaração relativa ao estabelecimento de uma Nova Ordem Econômica Internacional.

de 1974 seriam consideradas oponíveis ou não aos Estados membros da ONU. Foi a ocasião para ver o surgimento de uma disputa que se tornou recorrente dentro da disciplina internacionalista, de acordo com as diferentes maneiras de conceber o direito internacional e a legalidade em geral, algumas posições reduzindo estritamente sua natureza e escopo, e outras expandindo-o para formas menos formalistas de legalidade. O debate foi parcialmente resolvido pela jurisprudência arbitral e finalmente abandonado mais tarde, junto com a própria NOEI. Esse famoso direito "flexível" (*soft law*), constituído apenas por resoluções, passaria a ser frequentemente apresentado como uma das características e deficiências da NOEI, bem como uma característica da ideologia que a sustentava. No entanto, muitas de suas disposições foram adotadas de forma convencional e costumeira, conferindo-lhes indiscutivelmente esse caráter obrigatório que era controverso até então.

Esse debate também contribuiu para ocultar, voluntariamente ou não, o espírito do reformismo jurídico do Terceiro Mundo da época que refletia aspirações por maior justiça da ordem internacional. Não que a visão de uma ordem internacional mais justa como foi proposta fosse perfeita e livre de contradições ou fraquezas. Longe disso, ela estava sobrecarregada de ambiguidades ideológicas e efeitos imprevisíveis, mas pelo menos introduziu um discurso alternativo à retórica dominante, equilibrando assim a onipotência do poder internacional da época nas formas de formular o direito e no conteúdo desse direito. É por isso que, substantivamente, a NOEI continha em si elementos de justiça econômica e social que são particularmente interessantes. Nesse sentido, o Grupo de Trabalho para a preparação da NOEI[34] mostrou o quão difícil foi o exercício de redação, tendo em vista as diferenças extremamente profundas entre os países desenvolvidos com economia de mercado e países desenvolvidos com economias planificadas, mas também em relação aos países em desenvolvimento entre si, de acordo com seu nível de desenvolvimento econômico ou sua orientação política. No entanto, a NOEI, finalmente adotada com a Resolução 3.281, foi muito além dos princípios já existentes,

---

[34.] Pela Resolução 45 (III), de 18 de maio de 1972, a UNCTAD decidiu estabelecer um Grupo de Trabalho de Representantes Governamentais para preparar um projeto de Carta dos Direitos e Deveres Econômicos dos Estados.

relativos ao direito do desenvolvimento, porque visava a uma redefinição completa das relações entre os Estados. Ela reafirmou, assim, os princípios de liberdade e igualdade entre os Estados ("a" e "b"), mas também o do direito dos povos ("f"), o respeito pelos direitos humanos e liberdades fundamentais ("k"), a promoção da justiça social internacional ("m"), ou ainda o desarmamento geral e completo (Artigo 15) e o dever de eliminar o imperialismo, o colonialismo e o apartheid (Artigo 16).

Mas foram os aspectos econômicos que prevaleceram na batalha jurídica travada nas Nações Unidas e nos textos adotados. Como indica claramente o preâmbulo da Carta de 1974, a NOEI requer nesta esfera o estabelecimento de uma verdadeira justiça social internacional através da implementação de uma "ordem econômica e social justa e equitativa"[35]. A NOEI introduziu, portanto, os princípios de justiça para a sociedade pós-colonial, levando em consideração as "circunstâncias da justiça" dessa sociedade pós-colonial. Isso significa um mundo novo, onde devem viver juntos e em pé de igualdade os antigos povos colonizados ou dominados, muito pobres, os quais se uniram para fazer frente aos Estados dominantes, a maioria deles muito ricos. Nesse mundo, a distribuição profundamente desigual da riqueza e do poder era parcialmente resultado da história colonial passada e os mais poderosos continuavam a obter uma vantagem desigual sobre os mais pobres por causa do sistema existente. Essas circunstâncias reunidas explicam que uma nova demanda por justiça estava emergindo em nível global e esse confronto entre esses dois mundos levou a repensar os princípios jurídicos básicos da ordem jurídico-econômica existente.

De fato, afastadas algumas disposições muito radicais, a NOEI parece ser menos uma ruptura completa com a antiga ordem existente do que uma correção da trajetória do antigo direito liberal pluralista em favor de um reequilíbrio das relações econômicas entre o Norte e o Sul. Ela não apenas está claramente em conformidade com a Carta da ONU (Artigo 33) e com a busca dos objetivos do GATT (Artigo 14), mas também é particularmente significativo perceber que o primeiro grande princípio jurídico proclamado pela NOEI não é o da igualdade ou da equidade, mas o da

---

[35]. AG da ONU, Resolução de 12 de dezembro de 1974, 3.281 (XXIX), Carta de Direitos e Deveres Econômicos dos Estados.

soberania da liberdade dos Estados (Artigo 1). Apresentado como sendo fundamental, esse princípio jurídico vem antes de tudo reforçar a independência soberana dos Estados descolonizados e sua preocupação em escolher livremente seu próprio modelo de desenvolvimento. Mas ele estava longe de ser novo para a época. Todo o direito internacional econômico desde suas origens modernas foi baseado na liberdade do Estado de fazer suas próprias escolhas econômicas e sociais. É isto que nós chamamos em outro trabalho de liberalismo do direito internacional clássico (Jouannet, 2011, p. 33), segundo o qual ele se baseava no respeito total à soberania interna de cada Estado. Reivindicado pelos novos Estados, esse princípio de liberdade soberana, no entanto, assumiu uma nova dimensão, fundamental para o Terceiro Mundo, no âmbito do direito do desenvolvimento, porque ele foi orientado para ser um direito "da independência econômica" em vez de meramente "um direito de ajuda" (Feuer, 1974, p. 276), que era a principal forma que existia até então. O resultado foi um novo e decisivo princípio do direito do desenvolvimento, o qual foi proclamado pela primeira vez em 1962, que é a soberania permanente sobre os recursos naturais, incluindo na Carta de 1974 o direito de nacionalizar bens e atividades econômicas estrangeiros (Art. 2). Da afirmação da independência soberana dos Estados pela Carta de 1974, resultou também o princípio de uma necessária cooperação entre parceiros iguais, que é constantemente reiterada e que deve substituir as antigas políticas unilaterais de assistência ou de ajuda (Art. 3, Art. 8, Art. 9, Art. 11, Art. 12, "1", Art. 13, Art. 14, Art. 17, Art. 23, Art. 28). Finalmente, no nível externo, a liberdade soberana do Estado em questões econômicas se refletia no reconhecimento do direito do Estado de organizar livremente suas relações comerciais externas de acordo com suas escolhas soberanas e não de acordo com um modelo econômico imposto, seja ele qual fosse (Art. 4).

Após o princípio da liberdade soberana dos Estados, que foi assim consagrado interna e externamente, também foi afirmada a igualdade jurídica entre Estados (Art. 10), mas flexionada de tal maneira que as desigualdades socioeconômicas pudessem ser corrigidas em um sentido equitativo. Muitas disposições do texto basearam-se, portanto, em um princípio subjacente de equidade, porque lembravam constantemente no final que a situação especial dos países em desenvolvimento deveria ser levada em consideração para aplicar as medidas indicadas. Portanto, não se tratava mais simplesmente de reconhecer que os Estados tinham direitos iguais, mas, quando necessário, transgredindo a igualdade formal, de levar em conta as desigualdades socioeconômicas entre ricos e pobres, a fim de introduzir medidas afirmativas para os Estados pobres e assim restaurar a possibilidade de condições materialmente equitativas. Além disso, a NOEI também incluiu várias disposições específicas, todas com uma dimensão corretiva em benefício do Sul, e algumas provocando a ira dos ocidentais. Isso incluiu uma participação mais equitativa dos países em desenvolvimento na tomada de decisões em instituições internacionais (Art. 10), a transferência de recursos, de tecnologias e conhecimento dos países ricos para os pobres (Art. 13), regimes preferenciais (Arts. 14 e 18), acordos sobre *commodities* (Art. 6), cartéis de *commodities* (Art. 5) ou o princípio de obrigações comuns, porém diferenciadas, em questões relacionadas ao fundo do mar (Art. 29) e meio ambiente (Art. 30).

Entre as disposições emblemáticas da NOEI, algumas foram aceitas na prática e outras rejeitadas – às quais voltaremos quando fizermos uma avaliação do clássico direito do desenvolvimento. Quanto ao primeiro caso, a adoção de um regime preferencial de comércio no âmbito do GATT foi particularmente emblemático do que a NOEI e o direito internacional do desenvolvimento dos anos 1970 tentaram estabelecer[36]. Vamos usar este caso como exemplo. Ele levou a uma evolução em duas etapas que possibilitou a criação de exceções aos princípios fundamentais do GATT e ao modelo liberal que o sustentava. Como primeiro passo, antes da NOEI, sob a influência da UNCTAD, os países do Terceiro Mundo conseguiram que fosse consagrado um princípio jurídico de não reciprocidade em benefício deles, devido à revisão do GATT 47, de 27 de junho de 1966. Foi adicionada a Parte IV ao Acordo Geral, intitulada "comércio e desenvolvimento". O novo Artigo XXXVI dessa Parte IV estabelece um princípio de não reciprocidade na negociação de reduções tarifárias e várias barreiras ao comércio entre "partes contratantes desenvolvidas" e partes "pouco desenvolvidas" devido à sua situação material desigual. Esse princípio de não reciprocidade nas relações comerciais Norte-Sul seria considerado como um princípio importante do direito internacional do desenvolvimento.

[36.] Sobre os desafios representados na época pela "revolução preferencial", ver De Lacharrière (1973).

No entanto, alguns apontaram o efeito perverso dessa exceção porque, ao fazê-lo, as partes "subdesenvolvidas" foram deixadas de fora das principais rodadas comerciais do GATT. Esse impedimento, por algum tempo, afastou qualquer possibilidade de fazer suas vozes serem ouvidas nas discussões multilaterais.

Em um segundo passo, após a NOEI, um avanço mais positivo foi introduzido com a "cláusula de habilitação" durante as negociações da Rodada de Tóquio nos anos 1970. Essas novas negociações reuniram o dobro de nações que estiveram envolvidas em rodadas anteriores, e foram caracterizadas por uma forte e nova participação dos países em desenvolvimento, dos quais o Brasil teve um papel importante. Representando cerca de 60% do comércio mundial, os Estados Unidos, a Comunidade Econômica Europeia e o Japão estavam em uma posição de domínio indiscutível e pesaram no resultado final. Embora esse resultado não tenha atendido às altas expectativas dos países em desenvolvimento, a cláusula de habilitação foi, no entanto, adotada com sucesso em 28 de novembro de 1979 por uma decisão juridicamente vinculativa, o que conferiu um status totalmente derrogatório à cláusula da nação mais favorecida e ao princípio da igualdade de tratamento de todas as partes contratantes do GATT. A cláusula de habilitação não era apenas mais uma medida negativa, como a ausência de reciprocidade concedida anteriormente, mas uma medida positiva que "habilita" os Estados a conceder tratamento preferencial aos países em desenvolvimento. Ela pode ser um "sistema generalizado de preferências" ou um tratamento "diferenciado, que seja mais favorável" acordado por alguns Estados desenvolvidos a outros Estados devido à sua situação econômica adversa. Além disso, está igualmente previsto um tratamento especial para uma nova categoria de Estados denominada "Países em Desenvolvimento Menos Avançados" (PMA), que são os mais pobres do mundo[37].

O tratamento "especial e diferenciado" é usado com frequência atualmente e é encontrado na forma de uma cláusula de habilitação em muitos acordos comerciais multilaterais, como o Acordo sobre Agricultura (Art.

[37.] A metodologia da determinação de um País Menos Avançado permanece incerta. Na maioria das vezes, é baseado no PIB per capita, que deve ser inferior a US$ 1.000 por ano (exemplo retirado do Acordo Multilateral sobre Subsídios, Anexo VIIb) e referindo-se à lista estabelecida pela ONU.

15) ou o Acordo sobre a aplicação de medidas sanitárias e fitossanitárias (Art. 10)[38]. No entanto, a cláusula de habilitação em matéria de tratamento preferencial permanece triplamente limitada em seu escopo. Ela oferece aos Estados uma simples opção de acordar tal tratamento preferencial e, portanto, não cria nenhuma obrigação de fazê-lo. Ela é definida como uma exceção e não como um princípio geral que seria aplicável aos países pobres[39]. Por fim, ela é considerada transitória, e, então, capaz de evoluir ("cláusula evolutiva") e desaparecer se a situação do país em desenvolvimento evoluir em uma direção favorável. Isso se justificaria pelo próprio princípio do desenvolvimento, uma vez que ele tem uma situação evolutiva, como demonstrado pela situação de alguns antigos países em desenvolvimento que agora são Estados emergentes e provavelmente estão a par dos países desenvolvidos.

1.3. Reação ultraliberal e o impacto da globalização econômica

Apesar das esperanças depositadas na NOEI, ela permaneceria contestada por muitos anos até ser finalmente abandonada. No entanto, o clássico direito internacional do desenvolvimento sobreviverá através de dispositivos jurídicos como a cláusula de habilitação em matéria comercial, mas a ideia em si de instituir uma nova ordem econômica global mais justa e equitativa foi gradualmente sendo abandonada em razão do novo consenso ultraliberal pós-Guerra Fria. O fato é que a nova globalização, advinda após a queda do Muro de Berlim, criou novas perspectivas de desenvolvimento muito mais positivas do que no passado. Além disso, a ameaça da Guerra Fria e dos seus desvios ideológicos sobre as questões do Terceiro Mundo foram finalmente desaparecendo. No entanto, deve-se notar que tudo isso foi feito às custas de reorganizações econômicas, jurídicas e políticas que carregam consigo a ideia de reforma e equidade e que, por ter favorecido o desenvolvimento espetacular de certos Estados, no

---

[38.] Ver a lista completa dos acordos em Carreau & Juillard (2010, p. 117).

[39.] Relatório do Órgão de Solução de Controvérsias da OMC de 7 de abril de 2004, WT/DS/246/AB/R, Comunidades Europeias – Condições para a concessão de preferências tarifárias aos países em desenvolvimento, §89.

entanto, expõe a nova sociedade internacional pós-Guerra Fria a consideráveis dificuldades em termos de direito, desenvolvimento e justiça social.

a) O abandono da NOEI e o fim do Terceiro Mundo como projeto: o triunfo do modelo neoliberal com a globalização pós-Guerra Fria

Em 21 de dezembro de 1990, a Assembleia Geral lançou a 4ª Década do Desenvolvimento por meio de uma resolução que pela primeira vez não mencionava mais a NOEI e incorporava o modelo neoliberal de desenvolvimento[40]. Em 22 de dezembro de 1992, uma nova resolução tratava especificamente da "privatização para reestruturação econômica, crescimento e desenvolvimento sustentável" e comprometia os "órgãos, organizações e agências" das Nações Unidas a apoiar os países que demandam apoio para "privatizar suas empresas, abolir monopólios, desregular a atividade econômica e aplicar outras políticas análogas" (alínea 1, b)[41]. Dez anos mais tarde, quase no mesmo dia, ela votou em dezembro de 2002 outra resolução que visava "promover o desenvolvimento no contexto da globalização e da interdependência", o qual abre "novas oportunidades através do comércio, do investimento e dos fluxos de capitais, assim como dos avanços tecnológicos, particularmente em tecnologia da informação, para o crescimento da economia mundial, o desenvolvimento e a elevação dos padrões de vida em todo o mundo" (Preâmbulo)[42]. Da mesma forma, a UNCTAD VIII ratificou a virada neoliberal do desenvolvimento em 1992 com o Compromisso de Cartagena[43].

A crise dos anos 1980 e a globalização econômica iniciada nos anos 1990 causaram um grande impacto na questão do desenvolvimento e no espírito de reforma e equidade da NOEI. Com as crises relacionadas ao

---

[40]. AG da ONU, Resolução de 21 de dezembro de 1990, A/RES/45/1999.

[41]. AG da ONU, Resolução de 22 de dezembro de 1992, A/RS/47/171. Ver também a Resolução de 21 de dezembro de 1990, Empreendedorismo, A/RES/45/118 e a Resolução de 22 de dezembro de 1999, Negócios e Desenvolvimento, A/RES/54/204.

[42]. AG da ONU, Resolução de 20 de dezembro de 2002, Papel das Nações Unidas na promoção do desenvolvimento no contexto da globalização e interdependência, Preâmbulo, §6.

[43]. A Conferência de Cartagena, em 1992, marca um desenvolvimento histórico na política da UNCTAD com a adoção dos princípios liberais, do funcionamento do mercado, da retirada do Estado, do papel de atores privados, mas também da boa governança e dos direitos humanos como imperativos de um bom desenvolvimento.

enorme endividamento dos países do Terceiro Mundo durante os anos 80, apertou-se um freio brutal no desenvolvimento dos países. Mas também foi o momento em que um pequeno corpo de princípios econômicos, chamado Consenso de Washington, foi desenvolvido e implementado pelas "instituições de Washington", o FMI e o Banco Mundial, e que refletia a vontade de pregar em todos os lugares um modelo ultraliberal de desenvolvimento[44]. O Consenso de Washington se traduziu concretamente em um movimento de desregulamentação nas três esferas de fluxos financeiros, investimento direto e comércio, e na imposição de Programas de Ajuste Estrutural (PAE) destinados a reestruturar drasticamente os orçamentos dos países endividados e as suas economias. Se os Estados ainda eram classificados pelo seu nível de desenvolvimento, não era mais admissível, como no passado, afirmar haver uma análise verdadeiramente específica das economias em desenvolvimento. Tanto nos Estados do Sul como nos do Norte, a iniciativa privada deveria ser igualmente incentivada e a liberalização econômica deveria reduzir ao máximo as legislações.

A globalização econômica que se instala na década seguinte, durante os anos 1990, reforçará a implementação desse modelo de desenvolvimento econômico neoliberal através de um período de euforia e otimismo. Nascida no final da Guerra Fria, fruto do acordo alcançado entre os dois blocos, a nova globalização está resultando em uma liberalização sem precedentes do comércio em todas os setores e no aumento da interdependência entre Estados e entre indivíduos. E eram muitos os que esperavam, então, realizar o antigo sonho econômico liberal pós-1945: a realização de um processo espontâneo de crescimento contínuo e o advento da prosperidade para todos através de um mercado global que, por si só, seria o instrumento de uma nova regulamentação mundial que levaria espontaneamente ao equilíbrio e harmonia. Essa antiga crença prevalecerá ainda mais a partir de 1989, quando o colapso do modelo comunista for interpretado como o triunfo incontestável da economia de mercado. Em 1995, com o advento da Organização Mundial do Comércio (OMC), muitos finalmente quiseram introduzir esse regulamento geral do comércio internacional, o qual não foi possível ser estabelecido depois de 1945. Mas, de fato, a política

---

[44]. Às quais o Tesouro dos Estados Unidos está associado como terceira instituição. As três instituições têm sede em Washington, a alguns quarteirões umas das outras.

econômica internacional dominante continua a traduzir um liberalismo particularmente agressivo, baseado na rejeição de todo intervencionismo político e social, inclusive o jurídico (Adda, 2006). Domesticamente, os processos de desregulamentação e privatização estavam sendo implementados, de modo a mudar a relação de forças, passando do "controle do Estado" para o o "controle do mercado". Em nível global, mais crescimento passou a ser alcançado através do acesso mais fácil a recursos tecnológicos e de capital, importações mais baratas e exportações expandidas. Ao mesmo tempo, surgiram novos espaços normativos afastados dos Estados e das organizações internacionais, bem como sistemas de redes econômicas descentralizadas governadas por centros de poder informais e subterrâneos que ignoravam as políticas econômicas dos Estados e das instituições internacionais. O enfraquecimento do Estado-nação trazido com a globalização era percebido, desse ponto de vista, como benéfico, porque liberava a atuação dos atores privados[45], os quais cresceram de forma impressionante, assim como os fluxos de investimento. Em seis anos, de 1990 a 1996, o fluxo de capital para os países em desenvolvimento aumentou seis vezes. As empresas multinacionais passaram a desempenhar um papel cada vez mais importante na fixação de preços e orientação de estratégias. Elas passaram a controlar, a depender do setor, entre 50% e 90% da produção mundial (Andreff, 2003, p. 6). Nessa óptica, o direito privilegiado é o direito privado dos indivíduos e dos operadores privados, o contrato e a propriedade privada, pilares do liberalismo econômico, e uma política jurídica mais abstencionista do que intervencionista no nível doméstico. É certo que as instituições internacionais (principalmente o FMI e o Banco Mundial) intervirão muito voluntariamente nos assuntos internos dos Estados que socorrem, mas para desregular o direito interno, estimular as privatizações e favorecer o máximo possível o jogo do mercado. Como resultado, o desenvolvimento baseia-se principalmente na garantia de direitos privados, no direito internacional econômico liberal e na integração dos Estados desfavorecidos no mercado mundial[46]. Além

---

[45]. Para os fins deste estudo, discutimos o impacto da globalização em escala global, mas como ela é um fenômeno multidimensional, afeta o transnacional, o regional, o nacional e o local. Ver Auby (2008, p. 28).

[46]. Além disso, a assistência pública ao desenvolvimento está diminuindo. Entre 1990 e 2000, caiu 30% porque não se encaixa mais no novo modelo e agora é o financiamento privado que

disso, a partir de então, as ações e decisões mais importantes em matéria de desenvolvimento não são mais tomadas no âmbito da ONU, mas nas instituições financeiras de Bretton Woods, na OCDE ou no G8, onde os países em desenvolvimento não têm controle. A UNCTAD, o Grupo dos 77 e o MNA tornam-se insignificantes e perdem toda a influência[47].

Pelo que podemos ver desse triunfo do modelo ultra ou neoliberal[48], iniciado na década de 1980 e concluído na década de 1990, ele contraria as reivindicações do Terceiro Mundo dos anos 1960-1970 e do clássico direito internacional do desenvolvimento. Ele é acompanhado pela denúncia total da NOEI, das teorias da dependência e da dominação, para atribuir o sub-desenvolvimento apenas a causas internas, varrendo assim os efeitos da história e a possibilidade de uma reforma mais equilibrada e equitativa das relações internacionais preconizada pela NOEI. Além disso, não é necessário, no direito internacional, revogar os textos relativos à NOEI, elaborados nos anos 1960 e 1970, pois eles já foram contestados quanto à sua força vinculativa e foram gradualmente caindo em desuso. O clássico direito do desenvolvimento também desapareceu como uma disciplina autônoma dentro das universidades, embora ainda exista na prática na forma de princípios e práticas jurídicas do direito comercial, da cooperação e ajuda, e no centro do trabalho de muitas organizações internacionais. Era um tempo em que o ensino e a pesquisa jurídica foram negligenciados, ainda mais porque é uma área atravessada por tensões ideológicas internas muito fortes, as quais acabam dissipando-se no novo contexto de liberalismo triunfante do pós-Guerra Fria (Daudet, 2013). É verdade que as políticas de desenvolvimento deram origem a esperanças que tiveram que ser ponderadas ao

---

deve assumir tais custos. Mas estes só vão para países emergentes ou ricos em matérias-primas. Ver Brunel (2009, p. 14).

[47]. Em 1983, pela primeira vez desde sua criação, a UNCTAD não pode adotar uma declaração conjunta para países desenvolvidos e em desenvolvimento, uma vez que os primeiros não aceitam uma agenda proativa para o desenvolvimento e consideram que a UNCTAD não é mais um órgão pertinente para discutir desenvolvimento, o que deveria acontecer apenas no âmbito do GATT, FMI e Banco Mundial. Ver Abbas (2004, p. 5).

[48]. Aqui, usamos indiferentemente os termos "neoliberalismo" ou "ultraliberalismo" para designar uma forma particular de liberalismo econômico desregulado, financeirizado e baseado na maior liberalização do comércio. Sobre essas distinções, ver Canto-Sperber & Tenzer, (2006, p. 29). Usamos o termo "supercapitalismo" para descrever um capitalismo ultracompetitivo, onde o bem comum e o bem-estar da sociedade são considerados secundários.

longo do tempo, devido a certos desastres econômicos e políticos que se acumularam. Pareceu, então, que certas medidas adotadas sob a influência das teorias de dependência ou outras não tiveram resultados realmente convincentes ou levaram a falências ou a regressões sérias em outros campos, incluindo os direitos mais básicos da pessoa humana, levantando dúvidas entre aqueles que, entre os internacionalistas, foram movidos pela esperança de um mundo mais justo e que travaram batalhas jurídicas nessa direção.

Além de todas as dificuldades internas do projeto do Terceiro Mundo e do novo contexto pós-Guerra Fria, era também a bem-sucedida "decolagem" dos países do Sudeste Asiático, e depois dos emergentes, que estava alimentando o sucesso do neoliberalismo e o declínio dos princípios reformistas. O fato é que "o milagre do Leste Asiático", para usar um termo do Banco Mundial[49], tem repercussões importantes no projeto do Terceiro Mundo, nas teorias da dependência e na definição de uma NOEI. Junto com as teorias da dependência, os esforços do Terceiro Mundo para transformar a ordem mundial em uma ordem mais justa e equitativa suscitaram menos entusiasmo. Alguns observadores se sentiram fortalecidos na sua convicção de que nunca houve e que não há qualquer injustiça ligada à dominação do sistema jurídico-econômico ocidental, mas, ao contrário, que o modelo liberal representava o caminho de salvação do Terceiro Mundo. Além disso, é perfeitamente normal que essa linha de questionamentos tenha sido lançada naquele momento. Se um país pequeno como Cingapura se tornou a segunda economia mais competitiva do mundo ao aplicar um modelo estritamente liberal, isso não seria a prova da eficácia do sistema jurídico-econômico liberal existente e do fato de que as falhas deveriam ser atribuídas apenas a causas internas aos países do Sul? Além disso, o caso de Cingapura não foi isolado. O mesmo aconteceu em Taiwan, Coreia do Sul e Hong Kong. Alguns, portanto, deduziram que o mesmo modelo neoliberal e modernista poderia funcionar em qualquer lugar. Assim, se propagou a ideia de que todos se beneficiariam igualmente do desenvolvimento do comércio mundial de forma que já poderiam ser distinguidos os Novos Países Industrializados (NPI), considerados bons alunos porque aplicaram ao pé da letra as instruções neoliberais dadas para

---

49. Relatório do Banco Mundial "O milagre do Sudeste Asiático: crescimento econômico e políticas públicas", 1993.

O que é uma sociedade internacional justa? | 55

o seu desenvolvimento, dos maus alunos que não aplicaram adequadamente as leis do mercado[50]. Embora o FMI e o Banco Mundial estivessem cientes de que a "decolagem" dos países do Leste Asiático aconteceu fora de seus programas de ajuste estrutural, eles viram nesse sucesso "milagroso" o sinal de que seu modelo econômico neoliberal era o único válido, bem como as regras do direito internacional econômico existente. Além disso, é claro que o desenvolvimento substancial, desde os anos 2000, de novos grandes países, como Índia, Rússia, África do Sul, Brasil e China, reforçou esse tipo de análise e diagnóstico, mesmo que muitos fatores endógenos às vezes sejam deliberadamente obscurecidos, ainda mais que a maioria desses países são hoje os maiores defensores do capitalismo avançado e do neoliberalismo econômico. Até 2020, o Produto Interno Bruto (PIB) das sete maiores economias emergentes, chamadas G7, deveria ser superior a dos países do G8, que hoje são as potências mais ricas. Esse sucesso econômico inquestionável dos chamados países "emergentes" elevou consideravelmente o padrão de vida de suas populações e reduziu a pobreza para muitas parcelas de suas populações. Ele é, logicamente, acompanhado por uma reivindicação de poder no jogo das relações internacionais, porque os novos ricos do Sul pretendem jogar em pé de igualdade com as antigas potências industriais. E a nova expressão consagrada dos "países emergentes" para qualificar os novos grandes, como China, Índia, Rússia ou Brasil (os BRIC), está em perfeita conformidade com as antigas teorias da modernização colocadas em destaque. A classificação como "emergente" vem de instituições financeiras internacionais, do FMI e de agências de classificação de risco, e foi introduzida em 1980 pelo mundo das finanças para identificar países de mercados emergentes que eram países em rápido crescimento com oportunidades de investimento para empresas privadas dos países ricos. Mas a classificação de "emergente" também é gratificante e traduz o reconhecimento do status dos recém-chegados na "antecâmara" dos países desenvolvidos. Como Jacques Gabbas e Bruno Losch afirmam com muita clareza, a extensão do não dito, do que está implícito e dos

---

[50.] Vários estudos do Banco Mundial caminham nessa direção, incluindo o famoso relatório apresentado na Conferência de Monterrey de 2002 sobre ajuda ao desenvolvimento. Eles foram alvo de críticas muito severas, desafiando as estatísticas usadas e os vínculos estabelecidos pelo Banco entre crescimento e pobreza (Banerjee, 2006). No entanto, nada mudou nas práticas básicas do Banco Mundial.

juízos de valor que continuam transmitindo essa noção podem ser percebidos em conformidade com o mesmo paradigma de desenvolvimento econômico que Rostow já teorizava (Gabas; Losch, 2008, p. 25).

b) A desvalorização do direito e o esquecimento dos fins humanos da economia

Foi nessa lógica desse novo modelo neoliberal que ocorreu implicitamente uma desvalorização do direito e da política, uma vez que deveria assinalar o declínio de qualquer intervencionismo político e, portanto, de qualquer perspectiva de regulamentação jurídica internacional. É verdade que a década de 1990 testemunhou um certo retorno do direito na esfera do desenvolvimento e estabeleceu o modelo de boa governança e de Estado de direito (no sentido da *rule of law*) como sendo fins do desenvolvimento[51], enquanto que a OMC contribuiu inquestionavelmente para fortalecer o caráter vinculante das regras comerciais (Ruiz-Fabri, 2000, p. 347). Além disso, a globalização levou à expansão do direito internacional em novas áreas e ao surgimento de um direito global que não existia até então (Auby, 2010, p. 209; Jouannet, 2011, p. 219). Mas todas essas evoluções não podem ofuscar a hegemonia de um modelo econômico que levou desde as décadas de 1980 e 1990 a um processo de desregulamentação geral, que desempenhou um papel crucial na transformação das finanças internacionais e do investimento direto, onde as poucas autoridades reguladoras restantes eram constantemente ultrapassadas. Esse fenômeno levou a uma mudança de poder político em favor de atores privados, uma inversão de prioridades entre liberdades políticas e liberdades econômicas e o primado das finanças sobre a economia e da economia sobre o social, jurídico e político (Morin, 2006)[52]. Isso resultou em uma reversão real

---

[51]. Isso levou muitos comentadores a considerar que entramos em uma nova era de desenvolvimento, onde a primazia do Direito e da *rule of law* não são apenas novos meios de desenvolvimento, mas também o fim do desenvolvimento (Perry-Kessaris, 2010, p. 2). Testemunharíamos então um aumento do poder do Direito, mas que, longe de refletir o declínio da política, reforça a politização do desenvolvimento em favor do modelo liberal ocidental (Kennedy, 2008, p. 95).

[52]. Além disso, deve-se notar que as próprias organizações financeiras mantêm vínculos estreitos com o setor privado por meio de financiamento ou especialistas (Burdeau, 2003, p. 179).

dos princípios estabelecidos pelos textos do pós-guerra, perfeitamente expostos por Alain Supiot (2010, p. 91), de modo que agora as escolhas econômicas estão subordinadas à única lógica da lucratividade financeira e não são mais feitas de acordo com os fins humanos (Fitoussi, 2004, p. 8). O livre comércio positivado no GATT foi originalmente concebido como um simples meio para servir aos fins previstos no seu preâmbulo, quais sejam, o pleno emprego, a prosperidade para todos e o desenvolvimento sustentável (este último, introduzido pelo GATT 1994), cujas dimensões social e humana são bem conhecidas. Foi apenas por um desvio das práticas comerciais multilaterais que gradualmente o livre comércio se tornou o fim em si das negociações do GATT e, assim, nós esquecemos os fins humanos para os quais foi criado e em função dos quais ele deveria ser constantemente adaptado. Se o meio, o livre comércio, torna-se um fim em si mesmo, é lógico que há poucos limites legais quanto à forma como é aplicado e quanto à lógica de que tudo pode ser comprado e vendido.

Na realidade, esse processo de desregulamentação ou falta de regulamentação pública internacional não impediu o desenvolvimento de certas regras jurídicas em paralelo, porque um mercado não existe sem regras (Chimni, 2003, p. 52). Mas, para além dos mecanismos regulatórios existentes e que permanecem incompletos[53], as regras são essencialmente aquelas do direito internacional privado, de concorrência entre os sistemas legais nacionais para encontrar o mais atraente. Trata-se igualmente de estender toda uma série de direitos individuais previstos no direito privado para que atuem a serviço dos mercados e dos investimentos, materializando os direitos de propriedade, de segurança, de liberdade de movimento e de empreender que são os pilares legais do liberalismo econômico. Esses ramos do direito regulam a maioria das transações econômicas e financeiras internacionais que não são feitas entre Estados, mas entre operadores privados. Assim, algumas áreas do direito são favorecidas, mas elas não têm qualquer papel na regulação pública internacional, a qual é vista como perturbadora da ordem espontânea do mercado global e das finanças

---

[53.] Esta rápida apresentação não deve invisibilizar que, em que pese os mecanismos jurídicos de regulamentação existirem, eles continuam sendo simples instrumentos regulatórios que, além disso, são confusos e pouco operacionais em relação a um objetivo regulatório mais restritivo. Para uma visão geral do direito dos mercados financeiros no atual contexto globalizado, ver Ferran & Goodhart (2001).

internacionais. Não há nada de surpreendente nisso, visto se tratar de uma lógica bem conhecida que está em funcionamento e que tem uma coerência real, uma vez que o pensamento neoliberal visa remover qualquer intervenção política da economia e despolitizar as relações internacionais a favor das leis econômicas que, a longo prazo, devem ser rentáveis para todos. É um "economicismo", isto é, coloca a economia como "última instância" e defende a despolitização final em favor das leis do mercado mundial, a fim de evitar o retorno das políticas sociais intervencionistas. E, apesar das inúmeras críticas de que é objeto, esse modelo continua a prevalecer hoje em dia, de modo que as poucas tentativas de regular um pouco mais o comércio e as finanças internacionais não resultaram em nada concreto, como demonstrado pela suspensão das negociações da Rodada de Doha ou pelas sucessivas reuniões dos ministros das finanças do G20. Isso mostra que, a medida que as sucessivas crises econômicas vão passando, o egoísmo dos Estados reaparece para lutar contra qualquer ideia de regulamentação internacional vinculante, e isso ocorre mesmo quando as instituições econômicas e financeiras internacionais também estão orientadas nessa direção.

A mais recente globalização pós-Guerra Fria, sem dúvida, marcou o ocaso da NOEI ao impor um modelo neoliberal de desenvolvimento. O remédio para as desigualdades da sociedade internacional pós-colonial continua sendo o desenvolvimento econômico, mas as regras que o conduzem são as do direito internacional econômico existente em detrimento de um direito internacional específico do desenvolvimento. Em outras palavras: o melhor direito internacional do desenvolvimento é o direito econômico que se tornou neoliberal porque, segundo essa narrativa, apenas o mercado é capaz de produzir o desenvolvimento. Deve-se pensar, como perguntou Maurice Flory, que "a globalização levou a melhor sobre um direito de desenvolvimento acusado de interferir em coisas que não dizem respeito ao direito internacional?" (Flory, 1997, p. 628). Será que a globalização marca o fim de uma intervenção reformista da política e, portanto, de um direito internacional mais equitativo para promover o desenvolvimento dos países pobres e remediar as desigualdades entre os Estados? A própria ideia de um direito específico ao desenvolvimento está abandonada, bem como a de uma certa justiça social internacional?

Na verdade, para que as novas práticas econômicas pudessem se impor definitivamente, ainda seria necessário que fossem unanimamente aceitas e que provassem sua eficácia total, o que está longe de ser o caso. Se por um lado o modelo econômico existente foi mantido, por outro lado, ele suscitou várias críticas que o problematizaram fortemente. Em particular, surgiram novas faces do desenvolvimento que deram origem a novos princípios jurídicos que compartilham a mesma lógica destinada a ir além desse modelo economicista de desenvolvimento e demonstram claramente que a ideia de um direito específico de desenvolvimento, distinto do direito econômico, mantém uma relevância real e singular. Ao mesmo tempo, tomamos consciência dos limites da globalização, acusada de não "cumprir suas promessas", e das dificuldades e impasses a que ela inevitavelmente nos leva se não é controlada, de forma que se torna um instrumento de abuso ilimitado, pelo qual se sacrifica continuamente todas as demandas por equidade e todos os fins humanos à lógica dos interesses e à lei do mercado.

CAPÍTULO 2

O novo direito internacional do desenvolvimento

O modelo de desenvolvimento neoliberal apresentado como uma alternativa às teorias do desenvolvimento baseadas na NOEI mostrou seus limites nas várias crises das últimas décadas. A crise asiática desde 1997, a estagnação de grande parte da América do Sul, a catástrofe na Argentina em 2001[54], a deriva cada vez maior dos países menos desenvolvidos, especialmente na África, mas também a percepção do aumento das desigualdades e a grande crise financeira de 2007/2008 são todos fatores que levaram a repensar a questão do desenvolvimento e geraram novas práticas jurídicas nesse campo.

De resto, qualquer que seja o impacto real da globalização e apesar do desaparecimento da NOEI, um direito internacional relativo ao desenvolvimento continuou existindo nos níveis institucional, normativo e prático. Ele continuou a existir em nível internacional e regional, na medida em que um conjunto impressionante de práticas e discursos jurídicos voltados para o desenvolvimento pode ser identificado e agrupado, englobando tanto as práticas do direito internacional econômico quanto as práticas preocupadas com assistência e equidade do clássico direito do desenvolvimento. No nível institucional, hoje existem muitas organizações internacionais envolvidas no desenvolvimento, e grande parte dos recursos e pessoal do sistema das Nações Unidas são mobilizados para esse fim. No nível normativo, são inúmeras as resoluções e compromissos

---

[54.] Sobre a impossibilidade de aplicar as diretrizes do Banco Mundial e do FMI, ver D'Iribarne (2003, p. 11).

O que é uma sociedade internacional justa? | 61

nos níveis internacional, regional e nacional que, todos os anos, são firmados a favor do desenvolvimento e da luta contra a pobreza, declarações unilaterais, algumas convenções multilaterais e vários tratados regionais ou bilaterais que tratam de cooperação ou assistência.

Por outro lado, um novo direito internacional do desenvolvimento foi construído progressivamente, sobreposto ao antigo e baseado em um entendimento renovado do desenvolvimento. Em 1992, as Nações Unidas consideraram ter alcançado pela primeira vez "uma visão comum de desenvolvimento", notadamente com a Agenda 21 adotada no Rio. Essa nova visão reflete uma compreensão multidimensional do desenvolvimento que tinha sido ignorada até então, uma vez que agora abrange os aspectos sociais, humanos e ambientais do desenvolvimento. O novo direito do desenvolvimento é, portanto, muito mais diversificado e complexo de entender porque, embora também se oponha ao reducionismo economicista induzido pela globalização ultraliberal, vai muito além do clássico direito do desenvolvimento para abranger todo um conjunto de práticas e princípios jurídicos que vão dos direitos humanos à luta contra o aquecimento global, passando pela boa governança. De fato, é acima de tudo importante perceber que ele consagra a reorientação geral do direito do desenvolvimento a serviço de novos fins humanos, sociais e sustentáveis e que assume uma dimensão global que não tinha até então, passando a dizer respeito ao Norte e ao Sul. Soma-se a isso o fato de que, desde os anos 2000, houve uma verdadeira mudança contemporânea em direção a uma luta direcionada contra a pobreza e algumas metas muito específicas foram proclamadas em setembro de 2000 sob o nome de Objetivos de Desenvolvimento do Milênio. No entanto, isso foi uma mudança positiva ou apenas uma mudança que mascarou um modelo politico liberal que, somado à imposição do modelo econômico neoliberal, está intensificando as restrições sociais e políticas sobre países em desenvolvimento sem, com isso, lhes dar acesso a um melhor desenvolvimento?

2.1. Os objetivos humanos do desenvolvimento

É essencial entender que uma das principais evoluções do direito do desenvolvimento desde 1989 consistiu em colocar as pessoas no centro do desenvolvimento e das inúmeras práticas jurídicas projetadas para combater as desigualdades socioeconômicas globais. Essa foi uma mudança decisiva no direito internacional, característica das novas demandas pós-Guerra Fria e do triunfo do humanismo liberal, mas também portadora de suas próprias dificuldades e lados obscuros. Essa significativa mudança do direito do desenvolvimento contrasta, *a priori*, de maneira gritante com a evolução do direito internacional econômico, uma vez que não apenas o primeiro reintroduz os fins humanos dos quais o segundo se desconectou, mas também se opõe ao modelo economicista que ele veicula desde o final da Guerra Fria, revalorizando o direito (especialmente os direitos humanos e a *rule of law*) em relação à economia. O direito internacional do desenvolvimento e o direito internacional econômico, portanto, obedecem a lógicas que aparentemente continuam divergindo, embora, por enquanto, o novo aspecto humanista do desenvolvimento tenha sido assumido pelas instituições financeiras de maneira a justificar o mesmo paradigma neoliberal subjacente. Assim, o futuro do direito do desenvolvimento dependerá em grande parte da possibilidade que as novas práticas humanistas liberais tenham de influenciar seu lado econômico ultraliberal e também de assumir suas próprias ambiguidades.

a) O desenvolvimento humano

O direito relacionado ao "desenvolvimento humano" reorienta o desenvolvimento a serviço não dos Estados, mas das pessoas, de modo que o ser humano é considerado o seu beneficiário final. Foi entre 1995 e 2000 que o discurso internacionalista evoluiu nesse sentido e que foram adotadas as primeiras resoluções e textos internacionais. Mesmo assim, não há até hoje uma convenção internacional que o positive, e continuamos no campo da *soft law*. Porém, é com base nesses textos que certas instituições internacionais justificaram e desenvolveram novas ações e operações, suas práticas e a prática dos Estados que as seguiram, reforçando o efeito jurídico de suas disposições.

Tudo começou com o Programa das Nações Unidas para o Desenvolvimento (PNUD), que lançou em 1990 um "Índice de Desenvolvimento Humano" (IDH), cujo objetivo é avaliar o grau de desenvolvimento de um Estado não apenas em termos de renda (PIB *per capita*), mas também de acordo com a capacidade de cada indivíduo de fazer "escolhas". Para isso, ele incluiu dois indicadores não econômicos: o primeiro é sanitário (expectativa de vida e taxa de mortalidade infantil) e o segundo é educacional (taxa de crianças na escola e de alfabetização de adultos). Esse novo indicador de desenvolvimento humano visa mudar o paradigma anterior de desenvolvimento para ir além de uma visão estritamente econômica de desenvolvimento. De fato, como disse o economista paquistanês Mahbub ul Haq, o pai do IDH, o objetivo do desenvolvimento não deveria mais ser o crescimento em si, mas "criar um ambiente favorável para que as pessoas desfrutem de uma vida longa, saudável e criativa"[55]. Isso envolve assegurar que as pessoas disponham da maior quantidade de escolhas possíveis, porque é essa capacidade de fazer escolhas com base em suas próprias preferências e valores, graças às oportunidades reais que elas têm, que garante o seu bem-estar, e não o aumento da renda ou a acumulação de riqueza. Embora essas oportunidades sejam parcialmente baseadas nos níveis de renda dos indivíduos, elas também residem no melhor acesso ao conhecimento, comida, água, melhores serviços de saúde, segurança física e social, mas também nas liberdades políticas e culturais e na participação nas atividades de sua comunidade[56]. Todos esses são elementos essenciais para as pessoas, porque, mesmo que elas tivessem a mesma renda, elas poderiam não ter as mesmas chances (oportunidades) para escolher seu modo de vida e desenvolver seu potencial (capacidades).

O PNUD não abandonou a crença no mercado e no crescimento, e considera que um processo de desenvolvimento real não pode ocorrer sem um mercado aberto e sem um forte crescimento econômico. Mas a implementação de indicadores e ações internacionais focados nas escolhas de vida das pessoas mostra, pelo menos, que o modelo de crescimento focado exclusivamente no mercado ou de um crescimento selvagem não é mais uma panaceia, uma vez que o novo modelo de desenvolvimento humano revaloriza o papel de apoio social das políticas governamentais

---

[55]. Citado no site do PNUD na seção "desenvolvimento humano": http://www.hdr.undp.org/en/humandev. Os trabalhos de Mahbub ul Haq devem ser relacionados aos de Sen (2003, p. 21).

[56]. Relatório de Desenvolvimento Humano do PNUD 2019: Beyond income, beyond averages, beyond today: Inequalities in human development in the 21st century.

– e internacionais – quando visam enriquecer as vidas humanas e criar oportunidades reais de escolha através de regulamentações públicas de saúde, educação, segurança e liberdade. Dessa maneira, as práticas jurídicas vinculadas ao desenvolvimento humano atuam implicitamente como uma trava de segurança da visão mercantil do mundo transmitida pelas regras de um direito internacional econômico que se tornou ultraliberal e alheio aos fins humanos para os quais foi instituído. Elas indicam a necessidade de um novo investimento nesses fins humanos, para que possam orientar o direito do desenvolvimento e ter precedência sobre a lógica exclusivamente comercial e financeira do atual direito internacional econômico. No entanto, resta saber se elas terão um impacto real sobre o direito internacional econômico existente, porque, se não tiverem, elas apenas serão uma cortina de fumaça e, paradoxalmente, irão consolidá-lo.

b) Direitos humanos e desenvolvimento: dois objetivos que convergem

Graças a essa reorientação para o desenvolvimento humano, pode-se entender melhor como a questão dos direitos humanos finalmente foi colocada em relação direta ao direito do desenvolvimento, porque a concepção do ser humano como ser livre e com desejos próprios, que está no centro dessa visão, é também a dos direitos humanos[57]. A ideia subjacente ao novo modelo de desenvolvimento humano é bastante ambiciosa, visto que está culturalmente alinhada com a moderna filosofia do Iluminismo. Como visto, dar às pessoas acesso a maior "liberdade de escolha" possível é um sinal de melhor desenvolvimento. Isso se baseia em uma definição individualista de pessoa que ressalta de sua liberdade e sua capacidade racional de decidir, que é uma representação de indivíduo típica do moderno pensamento liberal humanista ocidental que encontramos nas teorias econômicas de escolha social. Isso explica o lugar essencial dado à educação e à alfabetização, porque, nessa visão, elas sempre foram consideradas os princípios-chave de uma possível transformação do indivíduo em um ser

---

[57.] Neste trabalho, os termos "direitos humanos", "direitos das pessoas", "dos indivíduos" ou "dos seres humanos", são intercambiáveis. Para a discussão semântica que existe sobre essa discussão, ver Lochak, (2005, p. 4).

humano totalmente racional, liberado de qualquer vínculo de servidão ou comunitário que pudesse o condicioná-lo; um ser livre, emancipado, com desejos próprios e consciente de suas escolhas. Essa visão de desenvolvimento baseada na escolha humana também visa garantir que as pessoas não sejam mais receptoras passivas de programas de desenvolvimento elaborados por especialistas em organizações internacionais e em organizações não governamentais. É uma questão de confiar a eles que se encarreguem de seu destino e reconhecê-los como agentes livres, que fazem e assumem suas próprias escolhas, inclusive no que diz respeito à ajuda a ser prestada aos outros.

O desenvolvimento humano e os direitos humanos convergem naturalmente, e é por isso que entre as oportunidades essenciais para o desenvolvimento humano que devem estar disponíveis para as pessoas estão os direitos e liberdades básicas, como os direitos civis, econômicos e sociais, cujas implementações permitem concretamente que um indivíduo possa fazer escolhas. Desde o primeiro Relatório do PNUD, de 1999, afirma-se que o desenvolvimento humano implica necessariamente respeito pelos direitos humanos:

> O desenvolvimento humano faz parte de uma visão comum àquela dos direitos humanos. O objetivo é a liberdade humana. Na busca da capacidade e na realização dos direitos, essa liberdade é de importância crucial. As pessoas devem ser livres para exercer suas escolhas e participar de decisões que afetam suas vidas. O desenvolvimento humano e os direitos humanos se reforçam mutuamente, ajudando a garantir o bem-estar e a dignidade de todas as pessoas, desenvolvendo a autoestima e o respeito pelos outros.

Progressivamente foi se desenhando um movimento de convergência muito mais amplo que transcendeu o mero desenvolvimento humano, uma vez que todos os textos internacionais, os atos de organizações internacionais, as resoluções da Assembleia Geral e as declarações dos Estados passaram a associar o desenvolvimento aos direitos humanos, de forma que permitiu à ONU retornar aos objetivos originais da sua Carta. No Artigo 1§3, os redatores da Carta tinham agrupado o desenvolvimento e os direitos humanos como os principais objetivos da ONU quase por acaso, ao que parece (De Frouville, 2005, p. 358), mas foram posteriormente separados para serem confiados a órgãos separados. À mesma época, a ONU iniciou um processo para aumentar a força viculante dos direitos fundamentais em matéria de desenvolvimento, como o direito à alimentação, o direito à água e o direito à saúde.

Desse modo, uma série de mudanças significativas ocorreu dentro do direito do desenvolvimento. Se o clássico direito internacional do desenvolvimento e a NOEI estavam inteiramente centrados em torno da estrutura clássica do direito internacional e do respeito pela liberdade soberana do Estado, onde eles defendiam o princípio da neutralidade em relação ao regime político dos Estados em desenvolvimento e em sua liberdade soberana quanto à escolha do modelo de desenvolvimento, o novo direito do desenvolvimento impõe aos Estados soberanos um modelo particular de desenvolvimento a ser alcançado, não neutro, que se baseia nos direitos humanos e no respeito à pessoa humana[58]. Enquanto o clássico direito internacional do desenvolvimento se concentrava inteiramente nas escolhas livres do Estado soberano (Art. 1 da NOEI), o novo direito internacional do desenvolvimento se concentra nas escolhas livres do indivíduo. Então, o clássico e o novo direito do desenvolvimento são ainda hoje veículos para regras e práticas legais baseadas em concepções profundamente diferentes quanto ao papel do Estado e à natureza da soberania. Assim, a soberania se torna funcional dentro da estrutura do novo modelo, porque subordinada à conquista dos fins humanos do desenvolvimento. Mais precisamente, isso resulta no fato de que os direitos humanos se tornaram ao mesmo tempo o meio e o fim do desenvolvimento – o que é um aspecto menos percebido[59]. Por um lado, eles são considerados como tendo uma contribuição

---

[58]. A abordagem dos direitos humanos é diferente e às vezes se opõe à abordagem das necessidades fundamentais. Ver Meyer-Bisch (2009, p.185).

[59]. É notória a influência das obras de Amartya Sen (2003) no Banco Mundial, através do ex-presidente do banco, James Wolfensohn. Sen defende a tese do "desenvolvimento como liberdade", ou mais precisamente "desenvolvimento como um processo de expansão das liberdades reais usufruídas pelos indivíduos". Seus trabalhos sobre a fome estão na origem de sua tese. O fato de que a fome, ou seja, as privações absolutas de comida, ainda poderia ocorrer no século XX era, segundo ele, um verdadeiro enigma e o estudo concreto das grandes fomes permitiu-lhe concluir que elas ocorreram apenas em regimes autoritários ou tirânicos e nunca em Estados onde as pessoas têm direitos e oportunidades básicas de acesso a alimentos, como a possibilidade de ter renda suficiente, um emprego ou o direito de vender e trocar mercadorias, mas também onde indivíduos têm o direito civil de participar da vida pública e de influenciar decisões políticas. Segundo Sen (1981), as democracias provam ser

significativa para o desenvolvimento econômico do país, fortalecendo a livre escolha e as capacidades de iniciativa das pessoas – percebidos como o verdadeiro motor do desenvolvimento, como "agentes do desenvolvimento" –, de modo que o desenvolvimento humano e os direitos humanos se tornem uma condição necessária para o desenvolvimento econômico. Por outro lado, os direitos humanos são considerados o objetivo final do novo modelo de desenvolvimento totalmente ordenado em torno do ser humano e não do Estado.

Dar um passo atrás nos permite entender melhor o escopo dessas grandes reviravoltas, mas também as tensões que podem permanecer e as dificuldades que elas podem gerar. Como apontou Olivier de Frouville (2005, p. 362), a Assembleia Geral da ONU foi por muitos anos o palco da oposição entre o Norte e o Sul em relação aos direitos humanos. Durante muito tempo, os países do Terceiro Mundo procuraram se exonerar de qualquer responsabilidade nessa área, recusando quaisquer novos ditames ocidentais, defendendo sua liberdade-soberania, a não interferência em seus assuntos internos e arguindo as difíceis condições de implementação do desenvolvimento. Nesse último caso, eles sugeriam constantemente que o estabelecimento de direitos civis e políticos não era uma prioridade em vista das condições materiais de privação de suas populações e insistiam, com o apoio do Oriente, sobre direitos econômicos e sociais. Paralelamente, eles procuraram constantemente destacar a responsabilidade especial dos antigos Estados colonizadores pelas dificuldades de sua situação atual, bem como o necessário estabelecimento da NOEI para que fossem implementados os direitos humanos. Isso está incorporado na Resolução 32/130, de 16 de dezembro de 1977, votada pela Assembleia Geral sob a liderança do Movimento dos Países Não Alinhados (MNA). No entanto, os regimes opressivos e ditatoriais que os países do Terceiro Mundo acabaram tolerando desacreditaram seu próprio discurso e não permitiram discutir com calma os vínculos indivisíveis entre direitos políticos, econômicos e sociais e a NOEI. O resultado disso foi um diálogo tenso entre os dois campos que perdurou por vários anos e resultou na adoção pela Assembleia Geral de duas resoluções concorrentes: uma adotada sob a influência do

---

o melhor baluarte contra a fome porque os políticos, sujeitos à inversão de opinião, são forçados a implementar mecanismos eficazes de prevenção.

MNA reafirmando as exigências de uma NOEI e outra sob influência do campo "ocidental" reafirmando o respeito necessário aos direitos humanos. Ainda, a primeira insistindo no princípio da não interferência nos assuntos internos dos Estados, inclusive no que diz respeito aos direitos humanos, e a segunda considerando que todas as violações dos direitos humanos são de responsabilidade das Nações Unidas.

A evolução pós-Guerra Fria deixou essa discussão para trás, juntamente com a questão dos direitos humanos que havia se entrelaçado nela. Desenvolvimento e direitos humanos passaram a ser associados e o que é provavelmente o mais fundamental de todas essas discussões é conceber o desenvolvimento como realização do indivíduo. E, embora se possa pensar o caráter benfazejo dessa referência muito enfática aos direitos humanos em relação ao desenvolvimento, ela levanta suas próprias dificuldades, às quais retornaremos, e não se deve subestimar o alcance da mudança envolvida. Esse novo entendimento do desenvolvimento permite, pelo menos em princípio, evitar os abusos e contradições que caracterizaram o clássico direito do desenvolvimento estritamente interestatal e a maneira como ele foi leniente com regimes particularmente liberais. Anteriormente libertador de novos Estados e protetor de sua independência soberana, esse direito clássico finalmente se tornou cúmplice dos erros particularmente repressivos de alguns deles, a ponto de não apenas as populações serem privadas de seus direitos fundamentais mais básicos, mas, além disso, os Estados afundarem nos planos econômico e social. Mais uma vez, o resgate da história permite melhor entender a dimensão deste fenômeno.

c) A responsabilidade dos Estados pós-coloniais pelo fraco desenvolvimento de sua população

Após o período próspero da década de 1960 até o início da década de 1970, as desilusões econômicas e sociais foram extremamente fortes. As crises financeiras se seguiram; o problema da dívida tornou-se crucial e estrangulou completamente os Estados mais pobres. As instituições internacionais gradualmente impuseram restrições insustentáveis com efeitos sociais devastadores: os Programas de Ajustes Estruturais. Mas os novos Estados também tiveram sua parcela de responsabilidade nesse desastre, pois alguns caíram em políticas criminais e autoritárias contraditórias. Nas décadas de 1970 e 1980, muitos jovens países independentes acumulavam fracassos nos planos social, político e econômico. Entre muitos outros, o caso da Tanzânia é o exemplo cabal do estabelecimento de um socialismo despreparado e impensado que deslocou um quinto da população para "aldeias de desenvolvimento" sem água, sem escolas, sem dispensários e que se derivou para um regime autoritário, um dirigismo burocrático surpreendente, a destruição do meio ambiente e o total desprezo pelos indivíduos[60]. O país tinha sido o maior produtor africano de grãos alimentares em 1960 e, em 1974, foi forçado a importar o equivalente a 180 milhões de dólares desses produtos (Rake, 1975, p. 18). Embora os problemas da Tanzânia também se devam a flutuações globais de preços, permanece o fato de que o sistema político e econômico em vigor foi um desastre em todos os aspectos e de forma alguma poderia permitir o desenvolvimento econômico do país e, menos ainda, o desenvolvimento humano e social de sua população. Além disso, esses problemas não se referiam apenas aos Estados socialistas. Os Estados não socialistas de libertação nacional não se saíram melhor, como testemunham as ditaduras da América Latina ou da Ásia da mesma época.

No entanto, o direito internacional do desenvolvimento da época apoiava essa situação. Era uma época em que, como visto antes, os novos Estados usavam sua soberania e independência para reivindicar o modelo político, econômico e social de sua escolha, fortemente reivindicado com a NOEI. Foi também o período em que eles faziam valer na Assembleia Geral da ONU sua situação econômica e social desfavorável e a ausência de uma NOEI para não instaurar as liberdades civis e políticas. Foi um jogo em que todos perderam. O Terceiro Mundo, que havia exposto ao mundo um projeto de justiça e liberdade, que havia iniciado grandes reformas jurídicas internacionais, encontrava-se atormentado por seus próprios erros econômicos e políticos. Da Índia ao Egito, de Gana à Indonésia, os grandes movimentos de libertação do Terceiro Mundo mobilizariam povos inteiros para obter liberdade, mas nenhum Estado pós-colonial permitiu que seu povo realmente desempenhasse um papel de povos livres na implementação do projeto nacional. Mesmo que medidas importantes

---

[60.] Em particular o programa *ujamaa*. Ver Matango (1975, p. 17).

de mudança social tenham sido implementadas em alguns países após o colonialismo, não havia participação igualitária e democrática do povo no desenvolvimento do plano nacional e Estados com chefe e partido único surgiram em todos os lugares, tanto em países de economia de mercado quanto socialistas. Como o próprio Fanon (2001, p. 145) havia imaginado, faltaria o estabelecimento de uma verdadeira social-democracia e, em suas próprias palavras, o povo seria enviado de volta "à sua caverna". A queda de alguns dos grandes homens de Bandung, como o indonésio Sukarno, o ganense Nkrumah ou o birmanês U Nu, que haviam desempenhado um papel fundamental na formação do projeto político do Terceiro Mundo, é emblemática das dificuldades de toda ordem que recaíram sobre os países recém-independentes e das suas próprias contradições internas.

Uma reação era inevitável a longo prazo. Ela assumiu a forma de uma ordem econômica ultraliberal global, mas também assumiu a face da democracia e dos direitos humanos, consagrada na Conferência Mundial de Viena em 1993. Ao fazer isso, podemos entender melhor a escala das mudanças ocorridas desde então e que se confirmaram com o fim da Guerra Fria, porque, como enfatizou Mohammed Bedjaoui (2011, p. 395), um dos mais fervorosos defensores da NOEI da sua época, a abordagem do desenvolvimento pelos direitos humanos tem consequências virtualmente revolucionárias para o direito relativo ao desenvolvimento e para o próprio desenvolvimento, uma vez que não representa uma nova abordagem para o desenvolvimento, mas parece fazer da pessoa o horizonte de todo o desenvolvimento. A maneira como esse novo discurso jurídico sobre desenvolvimento é utilizado ainda é problemático, pois continua sendo fundamental saber se são as populações envolvidas – que foram forçadas a voltar à sua "caverna" – que poderão aproveitá-lo ou se servirá apenas para estabelecer um novo controle hegemônico pelos Estados doadores e instituições internacionais.

Além disso, essa revalorização do discurso jurídico das liberdades e dos direitos humanos no contexto do desenvolvimento não é isenta de desafios por parte dos próprios Estados, e as antigas rivalidades Norte-Sul continuam produzindo seus efeitos. O consenso formado em torno do desenvolvimento humano e a referência aos direitos humanos são, sem dúvida, um grande passo adiante em relação ao clássico direito do desenvolvimento, o qual esquecera perigosamente as pessoas e não fizera nenhuma conexão entre as liberdades humanas e o desenvolvimento. Mas isso não resolve todas as dificuldades, especialmente a da efetividade dos direitos nos Estados socioeconomicamente empobrecidos e dependentes de um sistema global desigual. Não é necessário insistir nesse sentido para entender que a experiência em direitos humanos é muito mais difícil de conceber em Estados economicamente carentes do que em países ricos ou emergentes. Tais situações não justificam mais a suspensão dos direitos humanos como fizemos no passado, mas elas nos convidam a refletir novamente sobre suas dificuldades de realização em condições socioeconômicas desfavoráveis, as quais são consideradas como resultado de um sistema global que continua a funcionar às suas custas. Daí a continuação sob outras formas da querela NOEI/Direitos Humanos, como evidenciado pelos debates em torno da proclamação do *direito ao desenvolvimento* e do próprio conteúdo desse direito.

d) O direito ao desenvolvimento

Na década de 1980, o direito ao desenvolvimento foi endossado como um novo direito pelas resoluções da Assembleia Geral, notadamente pela Declaração sobre o Direito ao Desenvolvimento, de 4 de dezembro de 1986. Essa resolução foi objeto de um forte consenso internacional desde que foi adotada por 146 votos, de um total de 155 votos expressos e somente um voto contra, o dos Estados Unidos, e oito abstenções. Além disso, o direito ao desenvolvimento recebeu uma nova consagração oficial como "direito universal e inalienável" com a Declaração de Viena de 1993 e, no novo contexto pós-Guerra Fria, parecia apoiar essa abordagem alternativa em favor da um desenvolvimento que fosse "humano" e não apenas "estatal", o que acontece através do reconhecimento dos direitos humanos e não apenas dos direitos dos Estados. Isso já estava claramente afirmado no preâmbulo da Declaração de 1986:

> Considerando que o ser humano é o sujeito central do processo de desenvolvimento e que, consequentemente, ele deve ser considerado como o principal participante desse processo e seu principal beneficiário por qualquer política de desenvolvimento[61].

[61.] Reafirmado no Artigo 2§1. Ver Özden (2020).

De fato, diferenciamos o direito *do* desenvolvimento, que é um direito interestatal, do direito *ao* desenvolvimento como um novo direito humano. Mas deve-se admitir, como muitos salientaram, que, apesar dos esforços da então Comissão de Direitos Humanos, esse direito ao desenvolvimento, fruto de um compromisso laborioso, nunca foi suficientemente detalhado em seu conteúdo, seu beneficiário e devedor para poder se tornar juridicamente vinculante e potencialmente jurisdicionável, e suscitou mais perguntas do que respostas (Abi-Saab, 1996, p. 5). É certo que o direito ao desenvolvimento é afirmado como um "direito inalienável", em virtude do qual toda pessoa humana e todos os povos têm o direito de participar e contribuir para o "desenvolvimento econômico social e cultural" (Art. 1 §1). Os Estados são apresentados como devedores desse direito, uma vez que têm "a principal responsabilidade pela criação de condições nacionais e internacionais favoráveis à realização do direito ao desenvolvimento" (Art. 3 §1), com uma obrigação especialmente reafirmada de acesso a recursos, moradia, educação, saúde, distribuição equitativa de renda e incentivo para envolver as pessoas no processo de tomada de decisões (Art. 8). Mas, ao ler o texto da Declaração, vemos uma imprecisão sobre o titular desse direito, uma vez que também é apresentado como um direito dos povos, especialmente quando enfatiza que o direito dos povos deve ser um pré-requisito para os direitos humanos (Art.1 §2). Em diversas disposições, o direito ao desenvolvimento aparece como um direito indeterminado, aparentemente com vários titulares e assumindo muitas facetas. Ele parece ter uma dimensão individual (humana) e coletiva (pessoas), bem como uma dimensão nacional (Estado) e internacional (sistema internacional), que, entrelaçadas entre si, desfocam a questão e inevitavelmente criam ambiguidade.

Essa ambiguidade parecia um pouco dissolvida com a Declaração de Viena de 1993, que reconheceu expressamente o novo direito ao desenvolvimento como um "direito universal e inalienável, que é parte integrante dos direitos humanos" (Ponto 10). No entanto, as dificuldades de interpretação que suscita voltaram a cristalizar-se no trabalho que foi dedicado a ele posteriormente. Grupos de trabalho foram criados pela Comissão de Direitos Humanos para monitorar a implementação e promover esse direito, mas como demonstra o último relatório do grupo de trabalho, adotado em 2010, ele apenas reacendeu a antiga oposição entre Norte e

Sul[62]. Por um lado, os países do Sul consideram que a implementação do direito ao desenvolvimento envolve antes de tudo uma questão de boa governança no nível internacional e de reforma do sistema econômico e financeiro em um sentido redistributivo mais justo e equitativo. Por outro lado, os países do Norte consideram que é a transformação dos Estados no nível interno que é necessária para a realização do direito ao desenvolvimento, e não a transformação do sistema internacional.

Ao fazer isso, vemos o ressurgimento da vontade de alguns de reinserir essa questão no contexto de uma transformação geral de um sistema econômico global que eles consideram desfavorável para si, enquanto outros desejam limitar o problema à estrutura das sociedades domésticas. E deve ser reconhecido que se a questão continua sendo controversa, é porque suscita a questão crucial das condições de possibilidade concreta dos direitos humanos, mas também do desenvolvimento, e, portanto, do que eles pressupõem como condições materiais para serem viáveis. Além disso, os debates sobre o direito ao desenvolvimento relançam com particular atenção outra velha controvérsia, profundamente correlacionada e que nunca foi resolvida desde as teorias do subdesenvolvimento, e que se refere ao ônus da responsabilidade: é o Estado pobre ou o sistema internacional e o grupo dos Estados mais poderosos que são responsáveis pelo subdesenvolvimento[63]? A resposta a essa questão se torna decisiva se imaginarmos colocá-la em relação à existência de um direito ao desenvolvimento que se tornaria juridicamente oponível. Os países do Norte temem, portanto, que, devido a esse direito ao desenvolvimento, os países do Sul se tornem seus credores, descartando suas próprias responsabilidades em relação às próprias populações. E é interessante notar que esse medo também está conquistando novos países emergentes. Maurice Kamto (1999, p. 5) resume bem esta questão:

[62.] A/HRC/15/23: Relatório do Grupo de Trabalho sobre o Direito ao Desenvolvimento, no âmbito da décima primeira sessão (Genebra, 26 a 30 de abril de 2010).

[63.] Não desenvolveremos aqui a questão da responsabilidade dos Estados pós-coloniais, mas ela continua sendo uma questão polêmica entre os Estados e gera numerosas discussões doutrinárias. Alguns consideram que os Estados pós-coloniais não podem ser responsabilizados por sua situação, porque desde a colonização eles são privados de sua "capacidade econômica original" e, portanto, de qualquer responsabilidade nessa área. Corroboram com essa perspectiva Beitz (1999) e Pogge (2007). Contra essa abordagem, ver Chauvier (2006).

Em nome do que os novos países ricos que fizeram mais esforços do que os outros países em desenvolvimento para escapar da pobreza devem estar obrigados a desenvolver seus antigos companheiros de subdesenvolvimento que teriam escolhido o "caminho mais fácil"?

Todos esses fatores sugerem o quanto essas questões estão longe de ser resolvidas e põem em dúvida a possibilidade de resolvê-las por meio desse direito ao desenvolvimento que, por sua imprecisão semântica, torna difícil a construção de consensos e traduz basicamente as ambiguidades fundamentais do desenvolvimento. Portanto, não surpreende que o debate não avance e nenhuma força vinculante esteja sendo atribuída a um direito cuja natureza híbrida, na encruzilhada do direito dos povos e dos direitos humanos, exige uma reflexão muito mais geral sobre fatores e causas do desenvolvimento, e demanda um grau de compromisso em nível global. Tal compromisso, concordamos, está longe de ser adquirido e provavelmente permanece impossível. Embora isso seja um sinal de que existem questões fundamentais envolvidas, talvez essa abordagem seja apenas uma falsa boa solução para um problema real e, de qualquer maneira, não é a única que pode ser viável. Paralelamente ao direito ao desenvolvimento e na dinâmica que ele sugere, as Nações Unidas assumiram uma tarefa de legalização e de concretização sem dúvida mais satisfatória de certos direitos econômicos e sociais fundamentais mencionados antes, como o direito à água, à saúde ou a uma alimentação adequada para colocá-los de volta no centro das políticas de desenvolvimento. Já reconhecidos em vários textos convencionais, cuja aplicação é confiada aos órgãos de supervisão, esses direitos são mais claramente identificados como direitos humanos do que o direito ao desenvolvimento e, portanto, claramente se enquadram em uma lógica diferente dos direitos dos Estados[64].

e) O desenvolvimento social

O direito do desenvolvimento humano é frequentemente associado, e às vezes erroneamente confundido, com o direito do desenvolvimento

---

[64.] Sobre a sua possível conciliação, ver Dupuy (2006).

social que também surgiu na década de 1990, porque este último está do mesmo modo centrado no indivíduo e não no Estado e, igualmente, pretende ir para além do reducionista paradigma econômico do Consenso de Washington. O próprio princípio do desenvolvimento social está longe de ser uma ideia nova, uma vez que as Nações Unidas sempre associaram o desenvolvimento econômico à perspectiva de bem-estar social, conforme demonstrado pela Resolução 642, de 20 de dezembro de 1952, que é uma de suas primeiras resoluções dedicadas ao desenvolvimento[65]. Porém, as considerações relativas ao bem-estar social do povo não levaram a propostas jurídicas concretas ou programas de ação específicos, uma vez que qualquer intervenção nessa área era considerada pelo Sul como prejudicial à sua independência soberana. Nesse momento, ainda estávamos na estrutura clássica, e, portanto, interestatal, do direito do desenvolvimento. Além disso, os objetivos do desenvolvimento social por parte das instituições internacionais e de alguns Estados ocidentais já eram percebidos como servindo apenas aos interesses destes, impondo restrições adicionais apenas aos Estados pobres. Assim, quando, na Conferência da OIT em junho de 1981, o Secretário do Trabalho dos Estados Unidos sugeriu que um nível mínimo de normas internacionais do trabalho fosse imposto a todos os Estados, sua proposta gerou um fluxo de protestos por parte dos países do Terceiro Mundo, que duvidavam fortemente da "pureza de intenções" nas quais os americanos se baseavam e viam, pelo contrário, como uma manobra interessada em favor do protecionismo disfarçado (Blanchard, 2004, p. 224).

Foi a partir da Cúpula Mundial sobre Desenvolvimento Social, realizada em Copenhague em 1995, que o desenvolvimento social, concebido de maneira autônoma, emergiu verdadeiramente no discurso jurídico em nível mundial, ou seja, no momento em que foram introduzidas as novas considerações sobre o desenvolvimento humano. A Declaração e o Programa de Ação, de 12 de março de 1995, concentraram o desenvolvimento social na exigência de justiça social, preocupação com os seres humanos, redução da pobreza, criação de empregos e integração social[66].

---

[65]. AG/ONU, Resolução 642 (VII), de 20 de dezembro de 1952, Desenvolvimento Econômico e Social Integrado. Ver também, uma década depois, a Resolução 2.542 (XXIV) da AG/ONU, de 11 de dezembro de 1969, Declaração sobre Progresso e Desenvolvimento no Campo Social.

[66]. Declaração de Copenhague sobre Desenvolvimento Social e Programa de Ação da Cúpula Mundial sobre Desenvolvimento Social, 12 de março de 1995. A/CONF.166/9. Texto disponível em: https://undocs.org/pdf?symbol=fr/A/CONF.166/9

O Programa de Ação pede aos bancos de desenvolvimento, inclusive o Banco Mundial, que levem em consideração o acesso aos serviços sociais, a oportunidade de cada indivíduo garantir seus meios de subsistência e a promoção de sistemas de proteção social. Ele contém vários princípios decisivos, como, por exemplo, o "compartilhamento equitativo" dos frutos da globalização, que visa modificar as políticas nacionais através do fortalecimento dos direitos econômicos e sociais, da introdução de uma renda mínima ou da busca de políticas contra o desemprego. A Organização Internacional do Trabalho (OIT) está na vanguarda do pensamento nessa área e trabalhou na reformulação dos princípios jurídicos que aprofundam essa dimensão social do desenvolvimento. Em junho de 1998, ela adotou a Declaração sobre Princípios e Direitos Fundamentais do Trabalho, que retoma a questão do *minimum* social em nível global. Em 10 de junho de 2008, ela adotou por unanimidade a Declaração sobre Justiça Social para uma Globalização Equitativa, que tomou a forma de um texto de referência, justamente aclamado como um retorno aos objetivos humanos esquecidos do pós-guerra e como reafirmando os princípios de justiça social em um novo ambiente pós-Guerra Fria que parecia confiar o desenvolvimento apenas aos princípios do direito internacional econômico, abandonando qualquer princípio de equidade e justiça (Supiot, 2010). Além disso, a Declaração de 2008 não deve ser confundida com uma NOEI porque não tem nem o mesmo objeto nem a mesma dimensão. Ela tem uma dimensão transversal a todos os países e, em consonância com a missão da OIT, diz respeito principalmente ao trabalho. Ela consagra, em particular, o princípio do "trabalho decente" para todos e recomenda que os 182 Estados membros da OIT implementem políticas destinadas ao emprego, proteção social, diálogo social e direitos ao trabalho.

O surgimento de um discurso jurídico pós-Guerra Fria dedicado ao desenvolvimento social não é surpreendente porque também é uma resposta à globalização ultraliberal. Como em qualquer sistema interno onde o capitalismo evoluiu de maneira selvagem, a implantação do capitalismo desregulado e altamente competitivo no nível global atingiu fortemente populações vulneráveis e suscitou a necessidade de implementar salvaguardas humanas e sociais em países ricos e pobres. Portanto, a ideia de um desenvolvimento especificamente "social" reflete a percepção de que, por mais positiva que a globalização econômica da década de 1990 possa ser em termos de desenvolvimento econômico, ela permanece intolerável em alguns de seus efeitos sociais e, portanto, somente será aceitável se for acompanhada de proteção social para as pessoas. Ou ainda: ela significa que o aumento da riqueza dos Estados por meio da globalização em nada significa melhor desenvolvimento social dos próprios indivíduos se não encorajarmos os Estados a redistribuir equitativamente essa riqueza dentro de sua população e combater as desigualdades sociais e o desemprego (Banco Mundial, 2006).

f) Boa governança: democracia e direitos humanos

É particularmente interessante perceber que os fins humanos do desenvolvimento serão levados em consideração pelas instituições financeiras internacionais, através do conceito de "boa governança", acentuando assim a convergência internacional de desenvolvimento e direitos humanos. No entanto, os efeitos são profundamente ambivalentes porque a boa governança imposta pelas instituições financeiras permanece associada ao paradigma econômico neoliberal pós-Guerra Fria, que nada tem a ver com o fim humano do desenvolvimento e, além disso, piora terrivelmente as restrições impostas aos países em desenvolvimento.

Inicialmente, a boa governança não era associada à democracia e aos direitos humanos. A noção de "governança" é um conceito do mundo dos negócios que foi introduzido pelo Banco Mundial nos anos 1990 para superar os maus funcionamentos dos Programas de Ajuste Estrutural que ele impôs, junto com o FMI, nos anos 80. Em 1992, foi publicado um relatório intitulado "Governança e Desenvolvimento", onde se tentou aprender com as falhas dos Programas de Ajuste Estrutural. Sob a avalanche de críticas, as principais instituições econômicas também começaram a perceber os limites do modelo econômico neoliberal do Consenso de Washington, onde a importância e o papel das instituições e do Estado foram relegados a segundo plano em proveito do jogo do mercado. Mas é também a questão da eficácia da ajuda internacional que está na origem dessa evolução. No seu relatório de 1998 sobre a ajuda externa, o Banco Mundial (1998) faz uma descoberta particularmente crítica sobre o uso da ajuda e fornece o exemplo de vários governos que a desperdiçaram ou se apropriaram totalmente dela, como foi o caso da Zâmbia e da Indonésia[67]. O Banco constatou que a ajuda fornecida só seria efetiva no combate à pobreza nos Estados com instituições não corruptas, estáveis e relativamente transparentes, ou seja, que demonstrassem "boa governança". Essa ideia foi retomada pelas Nações Unidas no Consenso de Monterrey sobre o financiamento do Desenvolvimento, adotado em 2002, que redefiniu os critérios de ajuda aos países em desenvolvimento de acordo com critérios seletivos, incluindo a boa governança (Ponto II, 11)[68].

Esse princípio de boa governança equivale a introduzir um novo tipo de condicionalidade que não estava previsto nos Estatutos do Banco Mundial e do FMI e que às vezes parece difícil de conciliar com o conteúdo desses Estatutos. A ideia de condicionalidade da intervenção das instituições financeiras internacionais havia sido expressamente rejeitada durante os trabalhos preparatórios de Bretton Woods. O Artigo V do Estatuto do FMI estipula que um país pode acessar aos recursos com uma simples declaração de necessidade de financiamento. O Artigo 40-10 do Estatuto do Bird proíbe qualquer intervenção do Banco nas atividades políticas de um país. Mas o princípio de reservar a ajuda àqueles que estão mais aptos a usá-la foi introduzido na prática. Ele respondeu principalmente à considerações técnicas e financeiras, embora obviamente as considerações políticas não estivessem ausentes, uma vez que sua função era impor um modelo liberal de desenvolvimento, incluindo todos os princípios jurídicos do liberalismo econômico. Em seguida, a lista de condições foi ampliada a ponto de tornar o Banco Mundial e o FMI atores permanentes de negociação com os países nos quais eles intervêm para reconstruir o Estado, tanto política quanto economicamente. Essas condições são oficialmente negociadas e nunca são impostas, mas a margem de manobra do país candidato permanece muito baixa. A condicionalidade tem como consequência direta a seletividade de certos países que serão considerados elegíveis para assistência, de modo que, para escapar da exclusão, muitos países vão se curvar

---

[67]. A título de exemplo, Brunel (1993) faz uma observação esclarecedora e intransigente da ajuda pública à África pela França e também mostra a cumplicidade de um Estado rico no desperdício de ajuda por Estados pobres e corruptos.

[68]. Os mesmos critérios foram retomados na Declaração de Paris sobre a eficácia da ajuda, de 2 de março de 2005, e impostos aos destinatários da ajuda sob a Agenda de Ação de Accra, adotada em 2008, para implementar os compromissos da Declaração.

às condições impostas, pelo menos na aparência. Em 2009, quase metade das condições estruturais exigidas pelo FMI se concentraram em melhorar a governança dos países envolvidos.

De acordo com seu significado original, o princípio de boa governança imposto pelo Banco Mundial e pelo FMI representa um conjunto de princípios jurídicos de ordem administrativa e institucional no sentido amplo, e não uma reforma do sistema político dos países em desenvolvimento em um sentido democrático. Por exemplo, em sua nota de orientação de 1997 sobre seu papel em questões de boa governança, o FMI se concentra no combate à corrupção, e não na imposição de direitos humanos ou democracia. No entanto, o controle que ele exerce em matéria de luta contra a corrupção o leva a impor o recurso a um juiz independente ou obrigações de transparência administrativa que são características de regimes em que prevalece o *rule of law* e que correspondem a um tipo específico de sociedade sujeita ao sistema jurídico típico do modelo de Estado de direito. Mais ofensivo ainda nessa área, o Banco Mundial tende a impor, sem nomeá-lo expressamente, um modelo político e social cada vez mais democrático, humanista e legalista. Os testes de boa governança, pelos quais muitos países em desenvolvimento são obrigados a passar para obter a assistência do Banco, são avaliados através de vários critérios que hoje incluem na maioria das vezes os elementos característicos do Estado de direito, das democracias, incluindo o respeito a certos direitos humanos: primazia do direito, independência dos juízes, qualidade do serviço público, respeito aos direitos de propriedade, igualdade de gênero, liberdade de imprensa, de opinião e de associação, participação dos cidadãos na vida pública e política, transparência e combate à corrupção.

O Banco Mundial fornece em seu *site* a lista de indicadores globais de governança, os quais se tornaram uma referência global usada por vários operadores[69]. O fato de levar em conta diretamente o respeito de certos direitos humanos fundamentais, como os relacionados à integridade física das pessoas, acentua ainda mais essa forte e nova tendência. Um exemplo é o primeiro acordo trilateral entre Burkina Faso, o FMI e o Banco Mundial, onde a condicionalidade da ajuda era, entre outras coisas, reduzir o número de excisões (Chavagneux; Tubiana, 2002, p. 50). Nessa

---

[69.] Lista completa em: https://info.worldbank.org/governance/wgi/

fase, estamos obviamente muito longe da neutralidade oficial exibida pelas duas instituições de Bretton Woods e não podemos mais falar de uma abordagem apolítica ou estritamente econômica, mas de uma convergência que ocorre com o movimento geral desencadeado pela ONU e pelas instituições "desenvolvimentistas" em favor do Estado de direito, da democracia e dos direitos humanos. E passamos imperceptivelmente em todas as áreas da "boa governança" para a "governança democrática"[70]. Curiosamente, as instituições de Bretton Woods estão se aproximando das instituições da ONU nesse aspecto, enquanto durante décadas representaram simbolicamente campos opostos.

g) A dominação contemporânea do modelo liberal

Não é de se surpreender que, de maneira mais geral, a associação entre desenvolvimento, boa governança, democracia, direitos humanos e Estado de direito seja encontrada em muitos textos internacionais. Isso se reflete, por exemplo, no Plano de Ação da Cúpula de Johanesburgo, de 2002:

> Uma boa governança nos níveis nacional e internacional também é um elemento-chave do desenvolvimento sustentável. Em nível nacional, a adoção de políticas ambientais, sociais e econômicas bem concebidas, o estabelecimento de instituições democráticas que atendam adequadamente às necessidades da população, o respeito à legalidade, o combate à corrupção, a igualdade de gênero [...] constituirão o fundamento do desenvolvimento sustentável.

De fato, os conceitos usados nos textos internacionais são tão vagos que é muito difícil extrair deles um padrão preciso e muito menos algum princípio jurídico comum. Somos confrontados com uma prática abrangente e, mais uma vez, muito heterogênea que ainda não produz um modelo verdadeiramente coerente. No entanto, à medida que a ideia de desenvolvimento baseado nos direitos das pessoas, e não dos Estados, é progressivamente imposta, percebe-se a convergência de modelos e

---

[70.] Sobre o PNUD e a governança democrática, ver: https://www.undp.org/content/undp/fr/home/democratic-governance-and-peacebuilding.html

práticas jurídicas de desenvolvimento. Também mostra como o modelo liberal e democrático está se espalhando gradualmente em todos os níveis de intervenção na seara do desenvolvimento. O resultado é a consagração de uma verdadeira dominação do pensamento liberal que é imposto no nível político através da defesa do Estado democrático de direito e dos direitos humanos, e no nível econômico através da mobilização do mesmo modelo econômico de desenvolvimento. Essa situação é explicada pelo contexto pós-Guerra Fria e pelo novo consenso que foi construído sobre o colapso dos regimes comunistas e do pensamento marxista. Além disso, ela levanta dificuldades consideráveis ligadas principalmente ao seu componente econômico neoliberal, que também reflete em parte a maneira pela qual a boa governança e os direitos humanos podem ser impostos de uma maneira particularmente invasiva para os Estados e mais uma vez distinguindo bons estudantes (dotados de boa governança) dos maus alunos que operam má governança. Voltaremos a esse controle social e político que é exercido atualmente sobre os países em desenvolvimento (Capítulo 3). Percebemos que ele impõe um modelo preciso de desenvolvimento próprio dos países ocidentais e, portanto, a crescente dependência dos países em desenvolvimento mais vulneráveis a esse modelo e aos Estados e instituições internacionais que o impõem. A sua utilização da política de boa governança das instituições financeiras internacionais tem sido frequentemente denunciada como servindo apenas para melhor aceitar um modelo econômico neoliberal cujas consequências sociais negativas permanecem as mesmas (Anghie, 2004, p. 245).

Mas, apesar desse uso conjunto e das possíveis manipulações que ele revela, também deve ser entendido que os dois lados do modelo liberal global não são necessariamente compatíveis. Os requisitos relacionados ao Estado de direito democrático ou aos direitos humanos não são necessariamente compatíveis com um modelo econômico que se tornou neoliberal e insensível às finalidades humanas, e aqui está a fonte de uma tensão intrínseca muito forte entre a vertente econômica ultraliberal e a vertente política liberal humanista e social dos direitos humanos. É deveras difícil ver como isso pode ser resolvido quando a democracia e os direitos humanos reintroduzem aqueles fins humanos dos quais o direito internacional econômico neoliberal está precisamente desconectado (Flauss, 2001, p. 217). E o paradoxo não é insignificante porque, longe de traduzir o triunfo de uma visão unificada do desenvolvimento, o ímpeto liberal pós-Guerra Fria gerou forças e lógicas contraditórias que podem acabar por destruí-lo[71].

2.2. O desenvolvimento sustentável

A revalorização dos fins humanos do desenvolvimento verificada nas últimas duas décadas também foi alimentada por outro desenvolvimento do direito internacional, desta vez relacionado ao meio ambiente. A denúncia do modelo economicista de desenvolvimento e seus efeitos perniciosos foi acompanhada pela afirmação do desenvolvimento sustentável, que sem dúvida se tornou hoje o valor de referência final de todo desenvolvimento. Em sua forma atual, o desenvolvimento sustentável é o ponto terminal e a síntese de todas as evoluções anteriores em uma versão crítica que busca satisfazer os fins econômicos e sociais do desenvolvimento e a preocupação com o meio ambiente e com as futuras gerações. O novo modelo de desenvolvimento sustentável se tornará o novo paradigma de desenvolvimento? E, ao fazer isso, será que ele pode ser o remédio definitivo para as desigualdades e desequilíbrios que permeiam a sociedade global pós-colonial? Ou mesmo o paradigma de uma nova racionalidade para toda a humanidade em geral?

a) Um novo paradigma de desenvolvimento?

"Desenvolvimento sustentável" é o nome dado ao terceiro modelo de desenvolvimento, nascido com o famoso Relatório Brundtland de 1987, e que se tornou onipresente na prática, nos textos e nos discursos internacionais contemporâneos. Esse desenvolvimento é denominado "sustentável" porque, de acordo com uma redação agora famosa, deve atender às "necessidades atuais de desenvolvimento, mas sem comprometer a capacidade das futuras gerações de atender às suas próprias necessidades". Mais especificamente, refere-se a uma forma de desenvolvimento que respeita o

---

[71]. A menos que a ordem ultraliberal seja reformada, como veremos no Capítulo 4.

O que é uma sociedade internacional justa? | 83

meio ambiente, a renovação de recursos e sua exploração racional, a fim de preservar o planeta para as futuras gerações, mas também incorpora a preocupação de combater as disparidades de riqueza e pobreza. Ao fazê-lo, parece particularmente interessante na medida em que tenta responder no nível político, econômico, mas também jurídico, aos dois grandes desequilíbrios planetários contemporâneos (Bourg, 2020): o desequilíbrio resultante da grande desigualdade de distribuição da riqueza mundial e o desequilíbrio ambiental devido à degradação acelerada da biosfera. Esses dois desequilíbrios são considerados relacionados ao próprio desenvolvimento econômico e à racionalidade instrumental contemporânea. É o modelo econômico de desenvolvimento, o crescimento a qualquer custo e a necessidade de consumo desenfreado que tende a esgotar os recursos do planeta, que causam as primeiras ameaças ecológicas globais e, assim, agravam as desigualdades sociais em todos os níveis. No entanto, assim como para o desenvolvimento humano e social, os defensores do desenvolvimento sustentável não negam o modelo econômico liberal de desenvolvimento, mas buscam enquadrá-lo de tal maneira que ele não destrua o meio ambiente e possibilite remediar a pobreza e desigualdade social ao redor do mundo. Daí a natureza multidimensional desse novo modelo e o fato de ele englobar todos os outros aspectos do desenvolvimento dos quais ele procura formular uma síntese.

Esse objetivo pode ser atingido? E esse modelo realmente leva a repensar a questão do desenvolvimento? Alguns observadores veem nele a saída da humanidade de um modo de desenvolvimento tecnológico alienante pelo qual a própria humanidade é responsável e o fim da dominação da racionalidade instrumental em que os problemas humanos são pensados apenas sob o signo do cálculo, da eficiência e da rentabilidade (Pierron, 2009, p. 7). Ele seria, portanto, a melhor resposta à crise do modelo de desenvolvimento econômico neoliberal e a uma profunda desordem política, social e moral contemporânea, diante de um modelo de crescimento ilimitado, baseado no progresso da ciência e da tecnologia, em uma visão econométrica de qualquer vida social e no consumo infinito de recursos que pode ameaçar gravemente o planeta e os equilíbrios culturais e sociais internos de muitas sociedades. Outros, ao contrário, o veem como um conceito genérico, inoperante, que reúne apenas elementos contraditórios, ou mesmo uma maneira enviesada de legitimar novamente o mesmo paradigma econômico dominante. De acordo com Latouche (2004, p. 22), ele "é certamente o sucesso mais bonito nessa arte de rejuvenescimento de velhas luas [...]. O "sustentável" está justamente permitindo ao desenvolvimento prolongar indefinidamente a sua agonia".

O desenvolvimento sustentável parece querer ser a versão crítica do desenvolvimento anterior e dos danos humanos, sociais e ambientais que ele gera de maneira cada vez mais irremediável. A noção de "sustentabilidade" evidencia que o desenvolvimento introduzido em 1945 não era sustentável. Nesse sentido, a noção de desenvolvimento sustentável não é mais sinônimo de progresso, pelo menos da velha ideia dogmática de progresso e do otimismo histórico que fundou uma confiança inabalável no futuro. Isso foi no que acreditaram quase todos os internacionalistas desde o século XVIII até a metade do século XX. A crença ocidental no progresso sustentou as práticas e os discursos do direito internacional durante todo o período colonial através da crença nos valores da civilização ocidental e, depois, no período pós-colonial, através do paradigma do desenvolvimento pós-1945 (Skouteris, 2010). O modelo de desenvolvimento econômico do pós-guerra manteve a esperança de um futuro melhor, com a ideia de que o crescimento continuado produziria "benefícios" para todos e levaria a um estado de prosperidade global. Mas esse otimismo só foi estabelecido graças a uma ilusão perfeitamente destacada por Rist (2007, p. 439). A ilusão era acreditar que esse desenvolvimento era inofensivo para as pessoas e o meio ambiente, apesar de estar constantemente disponibilizando aos consumidores uma quantidade cada vez maior de mercadorias e de manter um sistema que, de maneira intrinsecamente ligada, agrava a pobreza e prejudica o meio ambiente. Também foi ocultado que esse desenvolvimento só poderia ser alcançado através da devastação contínua dos recursos naturais, os quais não são inesgotáveis, de modo que, longe de "alcançar a abundância prometida, o crescimento econômico só pode levar à escassez generalizada" se mantido inalterado (Rist, 2007, p. 440).

Diante dessa ilusão de desenvolvimento econômico, o desenvolvimento sustentável traduz a ideia fundamental de que não se pode defender um crescimento infinito em um mundo finito e, portanto, deve-se romper com a velha ideologia dogmática do progresso, para tornar juridicamente vinculante um outro modelo de desenvolvimento que visa lidar não com um progresso garantido, mas, pelo contrário, com um futuro incerto. Em

1992, no Rio, a Agenda 21 começou dizendo que "a humanidade está em um momento crucial de sua história" (Preâmbulo, I, 1) e dez anos depois, em 2002, o relatório final da Cúpula da Terra de Johanesburgo afirmou que "É essencial mudar radicalmente a maneira como as sociedades produzem e consomem, se quisermos garantir o desenvolvimento sustentável". O modelo de desenvolvimento sustentável parece refletir verdadeiramente a consciência da dimensão global das ameaças que pesam sobre a humanidade devido ao seu próprio modelo de desenvolvimento econômico e, portanto, pela necessidade de uma resposta global solidária e intergeracional que ela deve dar para enfrentá-lo. Essa é também a razão pela qual, se o desenvolvimento econômico visa principalmente os países em desenvolvimento, o desenvolvimento sustentável tem um escopo global que vai além da situação dos estados pobres. Isso é particularmente verdadeiro no campo ambiental, mas também no campo social. A "comunidade de riscos" associada à degradação ambiental faz com que a questão do desenvolvimento social e sustentável, e as práticas jurídicas relacionadas digam respeito a todas as sociedades do Norte e do Sul.

Além disso, a associação dos dois termos aparentemente contraditórios na expressão "desenvolvimento sustentável" pode não ser necessariamente o produto dessa manipulação ideológica, tão fortemente denunciada pelos pós-desenvolvimentistas hoje em dia, mas a nomeação de uma realidade onde se quer tentar conciliar o desenvolvimento no espaço com a sua durabilidade ao longo do tempo, ao preço de uma concepção renovada do próprio conceito de desenvolvimento. Os pós-desenvolvimentistas constantemente reduzem o desenvolvimento, quaisquer que sejam suas novas faces, à sua dimensão econômica, que eles identificam com a mesma estrutura subjacente e indefinida de acumulação de capital e produção de novas necessidades. Ao fazê-lo, pressupõem, de maneira materialista, que o desenvolvimento é, em princípio, ilimitado e indefinido, que não pode ser controlado e, portanto, criticam o princípio dessa espiral economicista e desumanizante. Mas, ao mesmo tempo, rejeitam qualquer outro significado possível do termo "desenvolvimento" e o fato de que ele pode representar realidades diferentes e, ao fazê-lo, rejeitam qualquer alternativa possível à crise do desenvolvimento a partir do próprio desenvolvimento. No entanto, o princípio do crescimento econômico ilimitado e de um direito internacional econômico construído inteiramente sobre esse dogma pode ser abandonado, sujeitando-os aos limites ecológicos e humanos impostos pelo desenvolvimento sustentável e, assim, avançando para uma "economia sustentável" (Jackson, 2010)[72]. No entanto, ainda é necessário que o desenvolvimento sustentável se imponha respeitando a lógica de suas três dimensões, o que, no momento, está longe de ser alcançado. Os riscos associados a esse novo modelo decorrem da maneira como os desafios ecológicos ou econômicos podem simplesmente invisibilizar aqueles relacionados às desigualdades socioeconômicas entre os Estados e aos fins humanos do desenvolvimento. Esse é um problema muito real, o qual pode ser melhor percebido quando se analisam as diferentes práticas jurídicas relacionadas a ele.

b) O direito relacionado ao desenvolvimento sustentável

O direito relativo ao desenvolvimento sustentável é a tradução jurídica desse novo modelo multidimensional. Ele reúne um conjunto particularmente vasto e heterogêneo de princípios e práticas jurídicas mais ou menos vinculantes, resultantes de uma série de iniciativas que envolvem desde a Declaração de Estocolmo sobre o Meio Ambiente Humano (1972), passando pela Declaração do Rio sobre Meio Ambiente e Desenvolvimento (1992), pela Agenda 21, pela Cúpula Mundial para o Desenvolvimento Sustentável de Johanesburgo (2002) até a Rio+20 (2012), e as muitas convenções adotadas nessa área, incluindo a Convenção sobre Mudança Climática de 1992, à qual estava anexado o Protocolo de Kyoto, que entrou em vigor em 2005. A primeira Cúpula Mundial da Terra, a Conferência do Rio (1992), deu um impulso decisivo. O fato de ter sido organizada no Brasil de certa forma simboliza todas as dificuldades, expectativas e esperanças do Sul em termos de desenvolvimento. Esse país tornou-se uma das principais potências agroalimentares do mundo, dotado com a qualificação de "Estado emergente", mas ao mesmo tempo com mais de 100 milhões de pessoas vivendo em favelas, enquanto a desigualdade e a poluição alcançam níveis extremos (Brunel, 2009, p. 48).

---

[72]. Jackson (2010) não fala em decrescimento, porque considera que seria instável e geraria desemprego em massa e uma espiral recessiva. Ele prefere falar do "dilema do crescimento" e da necessidade de limitar o crescimento reformando o sistema econômico existente.

Os princípios adotados no Rio foram os fundadores do novo direito do desenvolvimento sustentável. Eles operam justamente na junção entre o direito do desenvolvimento e o direito ambiental, mas incluem regras e práticas jurídicas mais gerais dos três domínios que a ideia de desenvolvimento sustentável procura conciliar (Agenda 21, Preâmbulo, I, 1): o econômico (crescimento e produção), o social e o humano (direitos humanos, luta contra a pobreza e o desemprego) e o ecológico (preservar o meio ambiente). Esse aspecto multidimensional foi reiterado posteriormente em todos os textos relacionados ao desenvolvimento sustentável até o Plano de Ação adotado em 2002 na Cúpula Mundial para o Desenvolvimento Sustentável, de Johanesburgo, conforme se lê no seu Preâmbulo:

> Essas iniciativas também facilitarão a integração dos três elementos interdependentes do desenvolvimento sustentável – crescimento econômico, desenvolvimento social e proteção ambiental. A luta contra a pobreza, a modificação dos modos de produção e consumo e a proteção da gestão dos recursos naturais indispensáveis ao desenvolvimento econômico e social são os objetivos finais e condições essenciais para o desenvolvimento sustentável.

Isso explica, no entanto, as inevitáveis dificuldades de aplicação que podem surgir devido às tensões e possíveis contradições existentes entre os princípios e regras resultantes dos três pilares do desenvolvimento: econômico, social e ambiental, e que hoje revelam um problema essencial de substância quanto a saber se uma das lógicas deve prevalecer sobre as outras. As instituições financeiras ou comerciais internacionais, encarregadas do componente econômico do desenvolvimento, estão implementando regras jurídicas de ordem econômica que favorecem a liberalização do comércio e o investimento estrangeiro privado nos países pobres, mas essa lógica puramente econômica pode levar ao desmatamento, desertificação, poluição e exaustão de energias renováveis. A lógica ambiental pode levar a criar juridicamente grandes reservas naturais (atualmente, mais de 15% da área terrestre possui o status de áreas protegidas) ou a limitar a caça furtiva de certas espécies protegidas, mas às vezes em detrimento dos direitos sociais das comunidades tradicionais, dos povos indígenas ou rurais que podem ser privados de seu ambiente natural, meios de subsistência e de reprodução social (Kempf, 1994, p. 27). A lógica humana e social pode ser imposta em detrimento das considerações ecológicas, embora muitas vezes seja acompanhada de críticas à lógica financeira liberal da qual denunciamos frequentemente certos efeitos sociais desastrosos. Além disso, vemos um ressurgimento a esse respeito da oposição entre o Norte e o Sul, uma vez que seus interesses divergem diante das diferentes dimensões do desenvolvimento sustentável. Os Estados pobres estão acima de tudo preocupados em preservar seu crescimento econômico, a fim de poderem se desenvolver diante dos Estados ricos, para os quais o meio ambiente se tornou uma prioridade. Assim, como resume Sylvie Brunel (2008, p. 9) de maneira concisa, o problema é que "os ricos se concentram na sustentabilidade, mas os pobres continuam pensando no desenvolvimento".

Hoje, essas questões de compatibilidade permanecem sem outra solução, a não ser caso a caso, de acordo com os regimes legais existentes, mas o fato é que, atualmente, a tendência global é fazer prevalecer as preocupações ambientais, em particular relacionadas ao clima, e, através delas, acomodar o jogo dos interesses econômicos. A combinação dos dois deixa pouco espaço para preocupações com as desigualdades socioeconômicas entre os Estados e com os fins humanos do desenvolvimento. Desse ponto de vista, o desenvolvimento sustentável também é um produto da mais recente globalização. Desde a virada neoliberal dos anos 1990, as empresas privadas tornaram-se o motor do desenvolvimento sustentável, o que não é ruim por si só, visto que se constituíram em um verdadeiro acelerador do desenvolvimento sustentável, contribuindo na luta contra a poluição e incluindo a preocupação de melhorar as condições sociais de trabalho de seus funcionários. Mil das mais importantes dentre elas aderiram ao Pacto Global (*Global Compact*), iniciado pelo Secretário-Geral das Nações Unidas em 1999 no fórum de Davos e, portanto, assinaram uma série de dez compromissos – não vinculantes – em matéria de meio ambiente, direitos humanos e trabalho. Mas, em geral, a fraqueza dos Estados que não podem estabelecer políticas voluntaristas, a falta de articulação entre os regimes jurídicos sociais e econômicos, a falta de controle das empresas privadas e de governança global nessa área fazem com que a lógica puramente privada, comercial e financeira acabe vencendo às custas de qualquer interesse geral e humano e não resolva minimamente a situação de pobreza na qual ainda vivem quatro bilhões de pessoas.

No entanto, deve-se enfatizar que, em seu aspecto ambiental, o direito do desenvolvimento sustentável consagra muito claramente o princípio de uma dualidade de tratamento jurídico entre países industrializados e países em desenvolvimento e, portanto, reintroduz um espírito de equidade que parecia ter se afastado bastante das searas do direito internacional. Alguns princípios jurídicos do direito ambiental visam envolver todos os Estados, quaisquer que sejam, como o princípio da participação, o princípio da precaução, a avaliação ambiental e o princípio do poluidor-pagador, mas a especificidade da situação dos países em desenvolvimento ainda é levada em consideração para diversificar as suas obrigações. A consagração dessa dualidade de tratamento é perfeitamente legítima para os países em desenvolvimento de duas maneiras: na medida em que a poluição ambiental foi causada pela atividade econômica dos países industrializados, o que lhes confere uma responsabilidade especial nessa área; e na medida em que os países em desenvolvimento tenham a necessidade de se desenvolver industrialmente e, portanto, emitir poluentes. Além disso, os Estados fracos e pobres são os mais afetados pelas mudanças climáticas atuais porque não têm os meios financeiros e materiais para enfrentá-las.

Nesse contexto, a possibilidade de chegar a instrumentos jurídicos equitativos decorre do estabelecimento de um equilíbrio entre a pretensão de alguns de limitar a poluição ambiental e a pretensão de outros de reservar o direito de poluir para seu próprio desenvolvimento econômico e social. No entanto, não deixaremos de enfatizar que o direito ao desenvolvimento sustentável tende justamente a estabelecer um equilíbrio que reintroduz elementos de justiça social entre os Estados. A famosa Declaração do Rio sobre Meio Ambiente e Desenvolvimento, de 1992, estabeleceu vários princípios em favor dos países em desenvolvimento como sendo essenciais para alcançar um desenvolvimento sustentável e a maioria deles se encontra nos textos convencionais sobre esta questão, adquirindo assim força vinculante. Um exemplo de direito convencional que incorpora muitos desses princípios é a Convenção sobre Mudanças Climáticas, também adotada no Rio, em 9 de maio de 1992. Seu objetivo é estabilizar as "concentrações de gases de efeito estufa na atmosfera" (Art. 2) para que essas concentrações não causem mudanças climáticas irreversíveis. Alguns dos princípios fundamentais da Declaração são o princípio de "responsabilidades comuns, mas diferenciadas", que implica que são os países desenvolvidos que devem ter a responsabilidade primária pela redução de gases de efeito estufa (Art. 3, "1"); o princípio de levar em conta as "necessidades específicas e a situação especial" dos países em desenvolvimento, em particular os mais vulneráveis (Art. 3 "2"); o princípio da proibição de discriminação sob o pretexto de proteção do meio ambiente (Art. 3, "5") e o princípio da transferência de tecnologia (Art. 4, "c"). Além disso, a Convenção estabeleceu uma lista precisa das diferentes categorias de países, de acordo com seu nível de desenvolvimento e vulnerabilidade, a fim de diferenciar com precisão a situação de cada um e suas obrigações. Por exemplo, devem ser tomadas medidas específicas em relação aos pequenos países insulares, países com zonas áridas, países propensos a desastres naturais ou países cujo desenvolvimento econômico é altamente dependente da produção de produtos fósseis (Art. 4, "8"). Sendo uma Convenção-Quadro, essa convenção de 1992 estabeleceu apenas obrigações muito gerais, mas o Protocolo Adicional, adotado em Kyoto em 1997, que entrou em vigor em 2005, estabeleceu obrigações muito mais precisas e vinculantes para os Estados partes deste Protocolo, reafirmando o princípio de "obrigações comuns e diferenciadas" (Art. 10), a necessidade de transferência de tecnologia para os países em desenvolvimento (Art. 11) e implementando mecanismos de desenvolvimento limpo que prevê investimentos "limpos" dos países ricos nos países em desenvolvimento. Além disso, a Conferência dos Estados Partes (194 Estados) da Convenção realizada em 2010 em Cancun, no México, incorporou o Acordo de Copenhague à Convenção e adotou uma série de medidas a favor dos países em desenvolvimento, incluindo o estabelecimento de um Fundo Verde para ajudar financeiramente os países em desenvolvimento, um comitê para adaptação dos países em desenvolvimento às mudanças climáticas, um centro de tecnologias climáticas para promover nos países em desenvolvimento e um mecanismo de luta contra o desmatamento.

Paralelamente à criação desse regime jurídico diferenciado, foram criados vários órgãos internacionais para implementar os princípios contidos nas várias declarações e resoluções adotadas pelos Estados no âmbito

O que é uma sociedade internacional justa? | 91

das Nações Unidas, notadamente as Declarações de Estocolmo (1972), do Rio (1992), de Nairóbi (1997) e do Malmö (2000). Estabelecido em 1972, o Programa das Nações Unidas para o Meio Ambiente (PNUMA) desempenha um papel vital na promoção dos princípios do desenvolvimento sustentável e na organização da cooperação entre os Estados. A Comissão de Desenvolvimento Sustentável, criada em 1992, visa garantir a implementação da Agenda 21 de 1992 e, de maneira mais geral, controlar e monitorar as Cúpulas da Terra. Fundado em 1991, o Fundo Global para o Meio Ambiente (FGMA) gerencia um sistema de financiamento para a preservação do meio ambiente e trabalha principalmente com países em desenvolvimento e países emergentes. Ele colabora com muitas ONGs e uma dúzia de instituições internacionais dedicadas ao desenvolvimento, e tem como objetivo garantir o financiamento de diversas convenções internacionais adotadas no contexto do desenvolvimento sustentável. E esse aspecto é crucial porque a efetividade do sistema depende na realidade dos apoios financeiros fornecidos e das transferências de conhecimentos nesse campo para os países em desenvolvimento (Chazournes, 2005, p. 193). Mas é precisamente nessa ponto que as dificuldades se acumulam e que se pode duvidar da real eficácia do direito ao desenvolvimento sustentável, até porque desde o final da Guerra Fria, o sistema está integralmente fundado nas leis do mercado, as quais, convenhamos, podem favorecer o mercado ambiental, mas não se reorientar em benefício dos mais necessitados (Kiss, 1996, p. 31).

Além disso, é particularmente impressionante ver que, ao multiplicar os textos sobre desenvolvimento sustentável, social e humano, os principais atores internacionais adotaram nas últimas décadas objetivos muito mais precisos e muito mais direcionados no campo social em termos de saúde, educação, igualdade de gênero, fome e pobreza. É como se, ao multiplicar textos relacionados a um desenvolvimento global e, portanto, tendo um escopo particularmente ambicioso e amplo, eles reduzissem concretamente os objetivos a serem alcançados. Entre esses objetivos, traduzidos em particular sob o nome de Objetivos de Desenvolvimento do Milênio, um dos principais é, sem dúvida, o da luta contra a pobreza (extrema). Tomemos este a título de exemplo significativo das novas orientações humanitárias da comunidade internacional.

2.3. A luta contra a pobreza

a) A virada contemporânea em favor da luta contra a pobreza

Pode parecer estranho falar de uma virada contemporânea e fazer da luta contra a pobreza uma nova tendência dos anos 2000, enquanto desde os anos 1950 esse tem sido um dos principais objetivos do direito do desenvolvimento. No entanto, esta é realmente uma evolução contemporânea decisiva, na medida em que a luta contra a pobreza tem ganhado precedência sobre o direito ao desenvolvimento. Embora a erradicação da pobreza esteja sempre localizada no contexto do desenvolvimento, os textos internacionais agora convidam ou obrigam instituições internacionais, Estados e todos os atores internacionais a concentrarem suas ações com mais eficácia na eliminação da pobreza, a se coordenar nessa direção e alocar fundos prioritários para a consecução desse objetivo. Em particular, podemos mencionar a maneira pela qual a Assembleia Geral da ONU renunciou à proclamação de uma nova Década do Desenvolvimento e, em 1995, lançou a Primeira Década das Nações Unidas para a Erradicação da Pobreza[73]. Mas são, acima de tudo, os famosos Objetivos do Milênio, proclamados pelos chefes de Estado e de Governo em uma resolução solene de 8 de setembro de 2000, que estabeleceram com muita precisão para a comunidade internacional a missão de reduzir pela metade a pobreza extrema até 2015[74]. Esse objetivo tornou-se uma das prioridades da agenda internacional para o século XXI e goza de uma popularidade tão inigualável quanto à primeira vista surpreendente, pois sua disseminação tem sido extremamente rápida e consensual e contrasta fortemente com todas as relutâncias ou controvérsias que acompanham constantemente o direito do desenvolvimento.

As principais organizações internacionais ou regionais envolvidas seguiram o exemplo e reorientaram suas ações e suas ajudas para esse fim.

---

[73]. AG/ONU, Resolução de 26 de janeiro de 1996, A / RES / 50/107.

[74]. AG/ONU, Resolução de 13 de setembro de 2000, A / 55 L.2. A Declaração do Novo Milênio é uma resolução adotada em 8 de setembro de 2000, que simboliza a nova crença da comunidade internacional. Em termos de desenvolvimento, ela estabelece oito objetivos (os Objetivos do Milênio para o Desenvolvimento, OMD): reduzir a pobreza extrema e a fome, garantir a educação primária universal, promover a igualdade de gênero e o empoderamento das mulheres, reduzir a mortalidade infantil, melhorar a saúde materna, combater o HIV/aids, malária e outras doenças, preservar o meio ambiente e estabelecer uma parceria global para o desenvolvimento.

Nesse sentido, em 2000, o relatório anual do Banco Mundial foi intitulado "Combate à Pobreza" e o do PNUD "Superando a Pobreza Humana". O Banco Mundial abandonou os seus primeiros Programas de Ajustes Estruturais em favor da adoção de Estratégias de Redução da Pobreza. A partir de agora, todos os países de baixa renda precisam preparar estratégias específicas nesse sentido para obter alívio da sua dívida e novos financiamentos do Banco. Daí também a introdução de novas classificações, como "países de renda média", que se beneficiam de empréstimos do FMI, e outros, apoiados pelo Bird, que têm como objetivo prioritário a redução da miséria e da extrema pobreza de suas populações. No nível dos Estados, inúmeras declarações dos chefes de Estado pediram a superação da pobreza[75]. A reunião do G20 de novembro de 2010, em Seul, recordou que a luta contra a pobreza era uma das prioridades da comunidade internacional. Paralelamente, o ano de 2010 foi descrito como o Ano Europeu do Combate à Pobreza e Exclusão Social. Muitas políticas jurídicas externas foram adaptadas ao novo objetivo. Assim, na França, como em muitos outros países, a luta contra a pobreza foi definida em 1999, pelo Ministério das Relações Exteriores, como "a referência prioritária para qualquer política de cooperação"[76].

b) Contribuição e limites

A luta contra a pobreza é uma meta fundamental da justiça social e as normas adotadas nessa direção buscam compensar os desequilíbrios mais extremos do planeta. A virada contemporânea na luta contra a pobreza é, portanto, uma das traduções de um impulso ético muito mais geral da comunidade internacional e das novas demandas que o mundo pós-Guerra

---

[75.] Por exemplo, o apelo do então primeiro-ministro inglês Gordon Brown às Nações Unidas em 2 de agosto de 2007 por uma "nova aliança para superar a pobreza". Texto disponível em: https://www.mondialisation.ca/l-tat-de-la-pauvret-dans-le-monde-un-bilan-controvers/6529. Ver também o discurso do então presidente dos EUA, Barack Obama, de 22 de setembro de 2010, em: https://ici.radio-canada.ca/nouvelle/487687/ny-onu=-obama?depuisRecherche-true, e o discurso do então presidente francês, Nicolas Sarkozy, de 21 de setembro de 2010. Texto disponível em: https://www.la-croix.com/Actualite/Monde/Discours-de-Nicolas-Sarkozy-devant-l-Assemblee-generale-de-l-ONU-_NG_-2009-09-24-539655

[76.] Ver o website do Quai d'Orsay: France diplomatie.

Fria tem gerado em termos de moralidade, direito e justiça. Essa mudança contemporânea em direção à ética afeta outras áreas do direito internacional, como direitos humanos, paz e segurança ou meio ambiente. Também reorganiza as cartas, uma vez que introduz uma confusão entre direito e moralidade que se acreditava estar firmemente resolvida, às vezes originando uma verdadeira moralização do direito, uma legitimidade no valor das regras jurídicas e em certas intervenções humanitárias armadas que reintroduzem implicitamente a ideia de guerra justa. A atual luta contra a pobreza é, portanto, inegavelmente parte dessas novas exigências éticas e humanitárias. No entanto, também é explicado por suas próprias razões. Ela também resulta de um duplo sentimento de desamparo, por um lado, com as falhas anteriores de tudo o que diz respeito a políticas específicas de desenvolvimento[77] e, por outro lado, com o atual desenrolar da globalização, que, segundo alguns observadores, seria irresistível e impossível de dominar de qualquer maneira.

Mas essa evolução é particularmente problemática se for acompanhada por um abandono correlativo de quaisquer ideias de reforma do sistema existente ou de políticas globais de desenvolvimento (Liauzu, 1987, p. 94). Se for esse o caso, o preço a ser pago para obter resultados concretos na luta contra a pobreza pode se tornar singularmente alto para os Estados mais pobres. O humanitarismo se impõe aqui em detrimento do direito do desenvolvimento e, como qualquer norma humanitária baseada na ética, assume a aparência de um imperativo absoluto, impõe-se como uma emergência que, dessa forma, gera unanimidade. A norma humanitária constrói consenso onde o desenvolvimento gerava dissenso e levava a um confronto político, porque é muito mais fácil chegar a um acordo sobre a luta contra a pobreza extrema do que sobre os modos de desenvolvimento e os caminhos que levam à prosperidade[78]. Além disso, longe de qualquer ideia da NOEI ou de um direito discriminatório e compensatório

---

[77.] Sobre essas sucessivas falhas do Banco Mundial para se engajar na luta contra a pobreza, ver Cling (2008, p. 53). O uso de novas estatísticas pelo Banco e a possibilidade de realizar pesquisas mais confiáveis em todos os países tornaram possível, nos anos 2000, medir o alarmante estado de pobreza no mundo, apesar, ou por causa da globalização neoliberal. Ver o Relatório do Banco Mundial sobre o Desenvolvimento Mundial "Combatendo a Pobreza (2000-2001)".

[78.] E vemos se impor através dele um discurso humanitário, centrado nos direitos humanos e na proteção das pessoas, que quer absolutamente se descolar do discurso do Terceiro Mundo e do neomarxismo, baseado nas desigualdades, que acompanhou o desenvolvimento na década de 1970.

O que é uma sociedade internacional justa? | 95

de desenvolvimento, ela não leva de forma alguma à modificação do direito internacional econômico existente, mas, pelo contrário, parece ser um aspecto necessário dele (Mestrum, 2002, p. 67). Existe uma verdadeira tradição de pensamento nesse sentido e não surpreende que vejamos os efeitos concretos hoje em dia, agora que o padrão neoliberal predomina em todo o mundo. Um pensador como Friedrich Hayek, por exemplo, que influenciou tanto os instigadores do Consenso de Washington, é útil para entender como as práticas jurídicas internacionais focadas apenas na pobreza combinam perfeitamente com o discurso neoliberal das instituições internacionais. Segundo Hayek (2001, p. 105), é o jogo espontâneo do mercado que trará mais igualdade entre os indivíduos, se não for perturbado por políticas intervencionistas voltadas para o estabelecimento de qualquer justiça social. No entanto, é inteiramente aceitável atuar em casos de "extrema miséria", a fim de garantir um mínimo de recursos para os menos favorecidos. É, no entanto, mais um dever ético do que uma verdadeira obrigação jurídica. Hayek especifica que esse mínimo de recursos deve ser fornecido "fora do mercado", o que sugere que ele envolva principalmente a coordenação de iniciativas privadas que lembrem diretamente o dever moral da caridade, que sempre foi incorporado pelo pensamento liberal clássico (Ferry; Renaut, 1985, p. 149). É por isso que, mesmo que surjam tanto da ação pública internacional quanto da ação privada (que é muito dinâmica), a luta direcionada contra a pobreza extrema e os novos Objetivos do Milênio estão em perfeita harmonia com esse modelo neoliberal. Além disso, reforçando a existência desse vínculo, a ampla midiatização pelas instituições financeiras de ação internacional em favor da erradicação da pobreza parece obedecer a objetivos menos declarados. Essa ação desarma possíveis crises de legitimidade do modelo econômico neoliberal que poderiam surgir devido ao desmantelamento das antigas proteções sociais que esse modelo único de desenvolvimento implica. No entanto, se os programas de ação ou planos de ajuste são firmados em detrimento das populações mais pobres, um déficit social muito grande pode criar condições que as questionem. Para que eles sejam aceitos, é necessário, portanto, dar prioridade aos governos que estabelecerão "redes de segurança" para as populações mais afetadas. Um exemplo são as novas condições impostas pelo direito da ajuda, já que agora a ajuda é paga apenas aos países em desenvolvimento que adotam políticas para combater a pobreza e, ao mesmo tempo, promovem mercados mais abertos e investimentos estrangeiros[79]. Os novos empréstimos do FMI no âmbito do Programa de Financiamento para Redução da Pobreza e Crescimento criado em 1999 são um outro exemplo. Conforme indicado no relatório de 2007 do Escritório Independente de Avaliação, eles são realmente mais favoráveis aos gastos públicos (drasticamente reduzidos com os primeiros Programas de Ajuste Estruturais) e aos programas de redução da pobreza. No entanto, como o paradigma subjacente não mudou de forma alguma, as medidas preconizadas em troca têm o único objetivo de promover o crescimento e a liberalização do comércio a todo custo[80]. Em outras palavras: as leis da economia se mantêm operando de acordo com o credo neoliberal que continua a se impor, mas se age sobre as suas consequências sociais mais visíveis e extremas. Tanto é assim que, no final, focar na luta contra a pobreza permite fortalecer o modelo econômico existente, levando a uma negação mais insidiosa, mas real, de qualquer direito específico relacionado ao desenvolvimento.

Pelo estreitamento das suas finalidades, a atual luta contra a pobreza e a pobreza extrema contribui para confirmar a situação neoliberal existente e a impossibilidade de encontrar soluções políticas e jurídicas para o desenvolvimento global dos países do Terceiro Mundo[81]. O foco estreito nos Objetivos do Milênio e no combate à pobreza extrema se torna um obstáculo para encontrar soluções substantivas, para uma reflexão sobre o direito internacional do desenvolvimento e a ideia de uma distribuição mais equitativa das riquezas entre Estados em nível global. É altamente significativo verificar que quase não há menção a desigualdades socioeconômicas nos textos internacionais sobre pobreza, porque esse problema não está mais inserido neles. Os países em desenvolvimento devem ter apenas um problema central, que é o da pobreza, e não o combate às

---

[79.] Ver o Programa de Ação de Accra, de 4 de setembro de 2008, adotado na conclusão do III Fórum de Alto Nível sobre Eficácia da Ajuda ao desenvolvimento. Texto disponível em: http://www.institut-gouvernance.org/IMG/pdf/Accra.pdf

[80.] No entanto, por exemplo, políticas tributárias redistributivas poderiam ter um efeito óbvio na redução da pobreza, mas o Banco Mundial permanece ancorado em seu dogma neoliberal da mais completa liberalização do comércio. Sobre estas questões, ver Cling (2003).

[81.] Ver Laidi (1996, p. 35). A própria UNCTAD alertou para as desvantagens dessa limitação das metas de desenvolvimento para a redução da pobreza. Ver em: UNCTAD. *Rapport sur les pays les moins avancés. Echapper au piège de la pauvreté*, Genève, Nations Unies, 2002.

O que é uma sociedade internacional justa? | 97

desigualdades, de modo que o combate à pobreza é considerado a chave de tudo no funcionamento do mercado. Isso é particularmente enganoso. Estamos esquecendo os fatos mais gerais do problema e, em particular, o fato de que a pobreza de alguns está relacionada à riqueza de outros. E não há mais uma tentativa de combater a desigualdade por meio de regras de desenvolvimento compensatórias ou redistributivas entre os Estados. As repercussões de tal evolução podem ser encontradas até mesmo no plano da pesquisa acadêmica e do ensino jurídico. Muitas das pesquisas sobre direito do desenvolvimento foram abandonadas, como já foi dito, e essa matéria não é mais ensinada, a fim de abrir caminho para o conhecimento e a pesquisa sobre políticas de erradicação da pobreza oferecidas por organizações internacionais[82].

A mudança excessivamente seletiva que ocorreu nessa direção, levando a uma espécie de reabsorção do direito do desenvolvimento, cria um verdadeiro embaraço e não deixa de causar problema, na medida em que, ao mesmo tempo, não nos perguntamos mais sobre os outros aspectos do dispositivo jurídico internacional existente, nem sobre as possibilidades de reformar esse dispositivo em um sentido mais equitativo – mesmo às custas da reorganização do direito do desenvolvimento e do direito internacional econômico. Hoje não basta referir-se aos objetivos humanitários de emergência para resolver problemas de desenvolvimento, uma vez que é igualmente essencial atender às expectativas de justiça social em um mundo de considerável desigualdade e de imensa pobreza, porque esse problema fundamental permanece e, se não o resolver, seria particularmente lamentável vê-lo subsistir sem procurar fornecer uma solução real. Para dizer a verdade, ainda é necessário realizar uma avaliação séria do direito do desenvolvimento, pois pode-se legitimamente pensar que é inútil invocar o ensino e a aplicação desse ramo do direito se a luta contra a pobreza parece justamente querer compensar as deficiências.

[82.] Muito significativo a esse respeito é a criação em 2008, na França, da Cadeira *Savoirs contre pauvreté* no Collège de France. Informação disponível em: https://www.college-de-france.fr/site/chaires-annuelles-historique/Chaire-Savoirs-contre-pauvrete.htm

CAPÍTULO 3

Avaliação do direito internacional do desenvolvimento

Existem dois ramos do direito internacional que sempre estiveram intrinsecamente relacionados e é sem dúvida da articulação bem-sucedida deles e dos seus usos não hegemônicos que depende a realização de um desenvolvimento em conformidade com as expectativas conjuntas de equidade e eficiência. De um lado está o direito internacional econômico. Construído após a Segunda Guerra Mundial, hoje ele é baseado em um modelo neoliberal da economia, que é desigual para os Estados e esquece os fins humanos para os quais foi instituído. Do outro lado está o direito internacional do desenvolvimento, que reúne todo um conjunto de regras específicas destinadas a reorganizar as relações econômicas Norte-Sul de forma mais justa e conferir um regime jurídico específico aos países em desenvolvimento, a fim de lhes dar a possibilidade de competir em igualdade de condições com os países desenvolvidos. Originalmente, ele remonta às décadas de 1960 e 1970, quando a sociedade internacional se tornou pós-colonial. Ele se afirmou como uma das demandas fundamentais das nações recém-descolonizadas, as quais desejavam não apenas fortalecer suas independências econômicas, mas também estabelecer medidas de equidade a seu favor, para estabelecer uma certa igualdade real e não apenas uma simples igualdade formal entre Estados e, assim, reconstruir a ordem econômica internacional existente. Esse ímpeto foi abalado com a crise financeira da década de 1980 e com o fracasso dos modelos coletivistas e planificados de desenvolvimento, de forma que o direito internacional econômico em sua nova versão neoliberal triunfou. A Nova Ordem Econômica Internacional

O que é uma sociedade internacional justa? | 99

(NOEI) repentinamente desapareceu das resoluções da Assembleia Geral da ONU. No entanto, o direito internacional do desenvolvimento ainda subsistiu em parte em sua forma clássica e foi ainda mais enriquecido por novas regras e práticas que, embora suscitem muitas perguntas e alguns efeitos questionáveis, ainda parecem abrir novas perspectivas em termos de desenvolvimento se forem apropriadas pelas populações envolvidas e realmente utilizadas em seu proveito. Agora, qual avaliação podemos fazer deste entrelaçamento de regras econômicas e desenvolvimentistas?

Já foi mencionado antes o quão contrastante o resultado desse entrelaçamento se deu em termos fáticos. O desenvolvimento econômico de muitos Estados tornou-se uma realidade, mas não é em nada vinculado aos princípios do direito do desenvolvimento e, se o crescimento espetacular de alguns grandes Estados emergentes elevou o padrão de vida de milhões de pessoas, ele convive com a pobreza que permanece em proporções assustadoras e as desigualdades que até explodiram nos últimos anos. O mundo de hoje é profundamente paradoxal, na medida em que existe "mais pobreza em um mundo mais rico" (Beaud, 2000, p. 23). A avaliação jurídica do direito internacional do desenvolvimento é o objeto deste capítulo e deve-se notar que ela não é muito encorajadora no momento. Pretende-se mostrar até que ponto as regras e práticas jurídicas do direito internacional do desenvolvimento geralmente têm pouco efeito, porque são constantemente atravessadas pelas regras do direito internacional econômico ou pela lógica dos interesses econômicos que prevalecem em tudo. Isso resultando em um abismo persistente entre os princípios declarados e a realidade, e a aparente impossibilidade de efetivamente influenciar o atual sistema jurídico-econômico por meio do clássico e do novo direito internacional do desenvolvimento. Isso explica a dura realidade de que o crescimento de certos Estados convive de perto com a pobreza, as desigualdades e a iniquidade persistente do sistema jurídico-econômico global.

3.1. Avaliação das práticas do clássico e do novo direito internacional do desenvolvimento

Aqui será apenas feita uma avaliação geral, a qual tem várias ramificações que levariam muito tempo e exigiriam muito espaço para ser adequadamente formuladas. Outras pesquisas podem se encarregar de qualificá-las. O que se propõe é uma crítica intransigente, mas que não deve ser enganosa. Se os resultados do direito do desenvolvimento se provaram muito inconclusivos, como procuraremos mostrar, é menos o princípio desse direito e suas evidências fundamentais que devem ser questionados do que o contexto econômico em que ele é implantado.

a) Avaliação do clássico direito internacional do desenvolvimento

Mesmo fora da ideia de uma reforma global da ordem econômica que foi abandonada com a NOEI, o clássico direito internacional do desenvolvimento não cumpriu suas promessas. Certamente, os primeiros princípios jurídicos importantes, como o direito à autodeterminação dos povos, à soberania permanente sobre os recursos naturais e o direito de nacionalização mediante uma remuneração adequada, ou ainda a livre escolha de seu regime econômico e político, foram confirmados pela prática dos Estados e tornaram possível, sem dúvida, fundar e consolidar a soberania dos novos Estados independentes, para que eles pudessem realmente almejar o seu desenvolvimento. No entanto, o conjunto das normas jurídicas mais técnicas que foram defendidas não foram adotadas ou provaram ser decepcionantes em sua aplicação. O princípio da transferência de tecnologia e conhecimento (Art. 13 da Carta de 1974) funcionou parcialmente, mas encontra múltiplas dificuldades e colide com os direitos de propriedade industrial e intelectual. Um código de conduta nessa área foi exigido pelos países em desenvolvimento na Conferência da UNCTAD durante mais de dez anos, entre 1976 e 1988, mas sem sucesso real. Os únicos sucessos parciais de transferência de tecnologia se referem ao meio ambiente (por exemplo, o Art. 11 do Protocolo de Kyoto de 1997) e o acesso aos medicamentos em caso de pandemia, que teve provavelmente o maior impacto. Nos termos da emenda de 6 de dezembro de 2005, que altera o Acordo sobre Aspectos do Direito de Propriedade Intelectual Relacionados ao Comércio (Trips), os Estados membros da Organização Mundial do Comércio (OMC) devem ser capazes de assegurar medicamentos para combater doenças como HIV/aids, malária ou tuberculose através de licenças compulsórias para medicamentos patenteados. Além disso, o direito dos Estados de se

O que é uma sociedade internacional justa? | 101

agruparem em organizações de produtores de matérias-primas, semelhante à Organização dos Países Exportadores de Petróleo (Opep), não resultou em nenhuma medida significativa. Sob a influência da UNCTAD, um regime integrado de commodities, destinado a estabilizar preços e renda para os países em desenvolvimento, foi pelo menos impulsionado com a criação do Fundo Comum, mas atualmente é totalmente ineficaz devido à liberalização cada vez maior do mercado mundial. A participação "livre, plena e equitativa" de todos os países em desenvolvimento na formulação e aplicação de padrões internacionais (Art. 10) mal foi implementada. Como observado antes, o princípio do tratamento preferencial e sem reciprocidade foi incorporado ao direito comercial, mas permanece de aplicação limitada. As "obrigações comuns e diferenciadas" (Art. 29 e 30) devem ser introduzidas principalmente em questões ambientais, enquanto, no que diz respeito ao direito do mar, foram largamente abandonadas pela modificação das obrigações originalmente previstas na Convenção de Montego Bay (1982) em benefício dos interesses econômicos dos países desenvolvidos. Além disso, o Acordo de 1994, relacionado à implementação da Parte XI da Convenção de Montego Bay, se insere significativamente na virada neoliberal da década de 1990 e marca o fim de um sistema redistributivo e de transferência de tecnologias relacionadas aos fundos marinhos, que havia sido negociado na década de 1980 e, em vez disso, consagra o livre jogo do mercado e os acordos de *joint-venture*.

Além disso, deve-se notar também que, quando implementados, nenhum desses princípios e regras é realmente eficaz. Primeiro, pode-se notar que não foram as práticas jurídicas desse clássico direito do desenvolvimento que fizeram emergir os grandes Estados como China, Índia, Brasil ou países do Sudeste Asiático. Muitos fatores endógenos e exógenos explicam esse desenvolvimento, mas não os poucos princípios e práticas jurídicas do direito internacional do desenvolvimento[83]. Além disso, essas práticas, sejam o Sistema de Preferências Generalizadas (SPG), a Ajuda Pública ao Desenvolvimento ou os Planos de Ajustes Estruturais, são sempre fixadas unilateralmente, seja pelo país assistente ou pelas instituições.

[83.] Ver Jaffrelot (2008). Mais precisamente sobre os países do Sudeste Asiático, em particular a Coreia do Sul, e os fatores históricos excepcionais que explicam seu crescimento (e que permitem revisar a versão oficial dada pelas instituições financeiras sobre esse sucesso), ver Amsdem (1989).

A retórica da parceria ou até mesmo a existência de eventuais negociações não conseguem mascarar uma relação de poder particularmente desequilibrada nessa área específica em que o Estado beneficiário não tem qualquer meio de recusar as condições impostas. Por conseguinte, são práticas jurídicas que promovem a dependência contínua do país beneficiário, não apenas a curto e médio prazo, devido ao caráter unilateral do auxílio, mas geralmente a longo prazo, porque os países beneficiários geralmente não podem renunciar ao auxílio, embora também não possam adquirir o status de países emergentes.

De maneira muito emblemática, o princípio jurídico do SPG em matéria comercial, baseado no princípio da dualidade das normas, e, portanto, de discriminação positiva em favor dos países em desenvolvimento, parece não ter frutificado, mesmo que tenha sido uma das medidas emblemáticas do clássico direito internacional do desenvolvimento. Ele pode impedir que alguns países afundem diante do comércio cada vez mais liberalizado, e continua sendo essencial nesse sentido, mas absolutamente não parece ser a alavanca do desenvolvimento. Recentemente, vários estudos foram feitos nesse sentido, mostrando a ineficácia de tais medidas (Gherari, 2010, p. 465; Vidcar, 2005, p. 319). Por exemplo, o SPG da União Europeia, que é o mais antigo e o mais completo, foi criticado em nível teórico e prático porque exclui certos Estados (efeitos de limiar) e apenas beneficia os países em desenvolvimento de maior renda. Devido à constante tendência de queda nas tarifas alfandegárias, também está surgindo uma nova oposição entre os países em desenvolvimento que desejam manter seu SPG e aqueles que não são beneficiários e que desejam alcançar a maior liberalização possível, sem SPG, com a maior redução possível nas tarifas alfandegárias. Esse é um dos aspectos das novas lutas Sul-Sul que não param de se multiplicar. Mas os balanços desses últimos anos mostram que talvez estejamos testemunhando o fim do SPG, por sua ineficiência econômica, mas também por causa da insegurança jurídica que eles criam devido a numerosos processos judiciais que se formaram sobre eles, como no caso bananas[84]. Além disso, sob o efeito combinado de um livre comércio cada vez mais difundido e da ascensão de países emergentes que representam

---

[84]. Retomamos aqui as análises de Gherari (2010, p. 478). Sobre a evolução e as controvérsias econômicas relacionadas à eficiência do TSD, ver Stiglitz & Charlton (2010, p. 154).

uma concorrência cada vez mais dura, vemos que a tendência é muito clara de reservar o SPG apenas para os países menos avançados, enquanto os SPG alocados aos outros países em desenvolvimento serão substituídos pelo estabelecimento de zonas de livre comércio, cuja filosofia é o oposto. Estamos passando da dualidade das normas e do princípio preferencial discriminatório para um fortalecimento do livre comércio, com base na reciprocidade e na igualdade de tratamento, agora considerado o único instrumento eficaz para o crescimento dos países em desenvolvimento. O exemplo dos Acordos de Parceria Econômica que a União Europeia está forçando os países africanos a adotar é um reflexo direto disso. Eles pretendem reintroduzir a cláusula de nação mais favorecida e a igualdade de status, permitindo o livre comércio entre a Europa e a África. No entanto, sob pressão da União Europeia, os países africanos que inicialmente os rejeitaram, acabaram aceitando-os, apesar de considerá-los profundamente injustos.

Os mesmos problemas podem ser encontrados com relação aos outros princípios poucos vinculantes do clássico direito internacional do desenvolvimento, como o princípio da ajuda pública incluído em vários textos internacionais, o princípio de um acordo sobre matéria-prima, cooperação ou transferência de tecnologia que, no mínimo, não fizeram os países pobres decolarem. Sua insuficiência, seu escopo pouco abrangente e vários fatores locais nos países em desenvolvimento reforçam, assim, a impressão de quase total fracasso do clássico direito internacional do desenvolvimento. Indo nessa direção, o Relatório da UNCTAD de 2010 sobre os Países Menos Avançados decreta a sentença de morte das esperanças das mais recentes estratégias de desenvolvimento nos países mais pobres do mundo. A UNCTAD conclui que o modelo de desenvolvimento econômico usado para esses 49 países falhou e que "precisa ser totalmente revisado", particularmente no que diz respeito à dependência desses países das importações de alimentos, o que tem consequências "devastadoras" para populações de acordo com o Secretário-Geral da UNCTAD[85].

Tal observação deve ser levada particularmente a sério se desejarmos redirecionar o pensamento e explorar novas alternativas, a fim de

---

[85]. O relatório indica que os gastos com importação de alimentos desses países aumentaram de US $ 9 bilhões em 2002 para US $ 23 bilhões em 2008.

encontrar os instrumentos jurídicos adequados para ajudar a remediar a situação de profunda desigualdade entre países pobres e ricos, mas também para corrigir o clássico direito internacional do desenvolvimento que, por um paradoxo trágico de seus efeitos, talvez sempre tenha perpetuado a dependência e o subdesenvolvimento dos primeiros em relação aos segundos, porque não conseguiu remediar a profunda desigualdade do sistema global[86].

b) Avaliação do novo direito internacional do desenvolvimento

Provavelmente poderia se esperar que o novo direito internacional do desenvolvimento dos anos pós-Guerra Fria, que atualmente é aplicado conjuntamente com o clássico direito internacional do desenvolvimento, fosse mais capaz de se impor de forma a, pelo menos, atenuar a versão econométrica do direito internacional econômico. Mas mesmo tendo experimentado uma expansão considerável em seu componente ambiental, o novo direito do desenvolvimento é igualmente obstaculizado pela lógica de interesses ou pelo jogo de outras regras jurídicas, particularmente as do comércio internacional, que invariavelmente o impede de ser completamente desenvolvido. É quase mais evidente ainda que a coexistência de duas lógicas, uma econômica e financeira, a outra social e sustentável, e, portanto, de vários regimes jurídicos de escopo desigual, pesa a favor do primeiro, acentuando a diferença entre as intenções positivadas nos princípios e a aplicação real e pesando sobre o que é um resultado decididamente não convincente.

No que diz respeito ao desenvolvimento sustentável em seu aspecto ambiental, o regime diferenciado que ele frequentemente institui entre as diferentes categorias de Estado é essencial para levar em conta suas desiguais situações. Mas enquanto os esforços financeiros prometidos não forem feitos em favor dos países em desenvolvimento e enquanto os compromissos dos países em favor do meio ambiente não forem mantidos,

---

[86]. Como já observava Benchik (1983, p. 12 e 95), o direito internacional só pode ser considerado do "desenvolvimento" se constituir efetivamente um instrumento para combater o subdesenvolvimento.

a ineficácia global do desenvolvimento sustentável é certa e afeta muito mais os países pobres. Esse é o caso mesmo em uma área em que o direito convencional, juridicamente vinculante, ocupa um lugar importante. No entanto, em 2002, em Johanesburgo, na época da Cúpula da Terra, a avaliação geral feita do desenvolvimento sustentável estava próxima da constatação de um completo fracasso, uma vez que o meio ambiente global se deteriorou ainda mais e a lacuna entre países ricos e pobres foi mantida, ou mesmo ampliada:

> 12. A clivagem que divide a sociedade humana entre ricos e pobres e o fosso cada vez maior entre o mundo desenvolvido e o mundo em desenvolvimento representam uma séria ameaça à prosperidade, segurança e estabilidade globais.
>
> 13. O meio ambiente global permanece frágil. A perda da diversidade biológica continua, os recursos pesqueiros continuam a diminuir, a desertificação está progredindo em terras anteriormente férteis, os efeitos nocivos das mudanças climáticas já são evidentes, os desastres naturais são cada vez mais frequentes e devastadores, os países em desenvolvimento cada vez mais vulneráveis, e a poluição do ar, da água e do ambiente marinho impede que milhões de pessoas alcancem um padrão de vida decente[87].

Esse diagnóstico se manteve na Cúpula da Terra de 2012 (Rio + 20):

> 20. Reconhecemos que desde 1992, a integração das três dimensões do desenvolvimento sustentável tem progredido de forma desigual e sofrido com retrocessos, agravados por várias crises financeiras, econômicas, alimentares e energéticas, que têm desafiado a capacidade de todos os países, em particular dos países em desenvolvimento, de realizar o desenvolvimento sustentável. Nesse sentido, é fundamental não recuar diante dos compromissos firmados na Rio 92. Reconhecemos também que as consequências das múltiplas crises que afetam o mundo de hoje são um dos principais problemas que todos os países devem enfrentar, principalmente os países em desenvolvimento.

---

[87]. Relatório da Cúpula Mundial sobre Desenvolvimento Sustentável, Johanesburgo, 4 de setembro 2002 (A/CONF. 199/20).

Apontando para algo mais concreto, a Conferência das Nações Unidas sobre Mudança Climática de 2015, realizada em Paris, resultou em um Acordo em que 195 países concordaram em limitar o aquecimento global a 2° C, e ainda concentrar esforços para limitar este aumento a 1,5° C, reconhecendo que isso reduziria substancialmente os riscos e impactos das mudanças climáticas (Art. 2). O Acordo do Clima de Paris entrou em vigor em 4 de novembro de 2016, sendo que 189 Estados se tornaram parte dele até 2020.

Essas cúpulas têm mostrado que as preocupações ligadas ao desenvolvimento econômico e os interesses econômicos dos Estados sempre acabam prevalecendo sobre os outros aspectos humanos, sociais e ambientais do desenvolvimento sustentável, tanto que dificultam estruturalmente sua implementação (Dupuy; Kerbrat, 2010, p. 870). No entanto, notamos que até hoje pouco mudou significativamente. É certo que, da mesma maneira que no clássico direito do desenvolvimento, pode-se pensar que as regras existentes evitam o pior e que sem elas a situação seria catastrófica. Mas nada mais. Por exemplo, a avaliação geral sobre mudança climática, que afeta principalmente países pobres, é particularmente preocupante. De acordo com o Relatório de 2010 sobre os Objetivos de Desenvolvimento do Milênio da ONU[88], apesar dos compromissos específicos assumidos pelos Estados poluidores, observamos que se as emissões de CO_2 diminuíram em 2009, isso se deve principalmente à crise econômica e que, uma vez que ela passou, o aumento da população mundial e o crescimento econômico continuaram causando um aumento de quase 50% do CO_2. Em outras palavras, se os Estados mais poderosos e poluentes do planeta (incluindo os novos emergentes) não acordarem objetivos ainda mais precisos e vinculantes a serem alcançados nessa área, a situação de alguns países pode se tornar dramática, especialmente a dos pequenos Estados insulares em desenvolvimento. Alguns desses Estados, como as Ilhas Cook, Kiribati, Maldivas e Tuvalu, que são particularmente vulneráveis ao aumento do nível do mar devido ao aquecimento global, já haviam alertado a comunidade internacional em Cancun, em 2010, que, para eles, "o fim da história está à vista", uma vez que eles estão ameaçados de desaparecimento completo se nada mudar[89]. Portanto, resta saber se os Acordos adotados em

---

[88.] Ver também a avaliação muito detalhada feita por Varella (2010).

[89.] Texto disponível em: http://ecolonews.blog.fr/2010/12/01/les-etats-insulaires-proches-de-la-noyade-10095905/

Cancun (2010) e Paris (2015) no âmbito da Conferência dos Estados Partes da Convenção-Quadro sobre as Mudanças Climáticas serão efetivamente observados e se será suficiente, uma vez que alguns analistas já consideram que, mesmo supondo que sejam respeitados, não poderão parar o aquecimento global. Também resta saber se a OMC se manterá em sua posição atual de dar prioridade à liberalização do comércio sobre a proteção ambiental, apesar das diretrizes contrárias firmadas novamente no item 6 da Declaração de Doha de 2001, onde os Estados membros reafirmaram seu compromisso com o desenvolvimento sustentável (Kempf, 2009, p. 73). Essa questão também é decisiva e cristaliza todas as dificuldades de uma ordem jurídica internacional fragmentada em regimes jurídicos diferenciados onde, até o momento, qualquer nova regra que visa influenciar de fora aquelas relacionadas ao direito internacional econômico colide com a implementação autônoma desse direito: uma observação que pode deixar um leitor não internacionalista desconcertado e que se impõe por causa das características específicas do direito internacional muito distante neste ponto da ordem jurídica doméstica. Isso não significa que as regras relativas ao desenvolvimento sustentável não tenham efeito, mas simplesmente que estejam limitadas a um campo de aplicação inevitavelmente restrito.

Além disso, a mesma constatação se impõe para o desenvolvimento social, que traz de volta o mesmo tipo de problema e perde boa parte de sua força no conjunto de regras contrárias a ele. A globalização levou a um forte crescimento econômico em alguns países, mas, ao fazê-lo, aumentou significativamente a desigualdade de renda, seja em países desenvolvidos ou em desenvolvimento. O Banco Mundial verificou essa desigualdade nos países pobres[90]. Em 2008, a Organização para a Cooperação e Desenvolvimento Econômico (OCDE) também demonstrou isso para os países industrializados, observando um aumento nas desigualdades em 17 dos 20 países estudados, onde o crescimento beneficiou "desproporcionalmente" os rendimentos dos mais ricos (OCDE, 2008)[91]. Por seu lado, a Organização Internacional do Trabalho (OIT) publicou um relatório sobre a previdência social no mundo que estabelece que apenas 28% da população mundial

---

[90.] Ver o Relatório do Banco Mundial 2006, "Equidade e Desenvolvimento".

[91.] Ver na mesma linha, o Relatório do Departamento de Assuntos Econômicos e Sociais da ONU, de 2010.

possui ampla cobertura de segurança social, o que é particularmente essencial em tempos de crise (OIT, 2010-2011). Como sabemos, a compatibilidade das normas da OIT com as da OMC continua sendo uma das chaves para uma possível reversão de tendência e a promoção efetiva de um verdadeiro desenvolvimento social, mas, por enquanto, a questão da cláusula social nos acordos comerciais não avança em razão das oposições Norte-Sul nesta matéria, enquanto a prática da deslocalização permite que uma empresa viole as leis mais protetivas de seu país de origem e que a questão da responsabilidade das empresas multinacionais permaneça uma lacuna. Tanto que, nas palavras de um ex-diretor da OIT, as disposições de justiça social incluídas nas declarações da OMC parecem permanecer "vazias de significado" e a OIT simplesmente continuará "a servir de boa consciência" (Blanchard, 2004, p. 225) à comunidade internacional, se não houver acordo com a OMC e as instituições de Bretton Woods quanto à dimensão social do desenvolvimento. É verdade que na ONU existe um Comitê de Coordenação Administrativa do qual participam a OMC, o FMI e o Banco Mundial, o qual poderia ter facilitado sinergias entre as instituições econômicas e a OIT. Mas os resultados decepcionantes se acumulam ao longo dos inúmeros relatórios e, acima de tudo, demonstram o quanto predomina a preocupação de cada instituição em preservar a sua independência.

No que diz respeito ao desenvolvimento humano e à abordagem da boa governança e dos direitos humanos, é mais difícil avaliar o escopo efetivo da implementação dos seus princípios e suas práticas jurídicas. Seu escopo vinculante é variável, porque estamos lidando com um conjunto heterogêneo de textos, que variam de resoluções a grandes convenções sobre direitos humanos e normas trabalhistas, passando por acordos bilaterais e práticas vinculantes de organizações econômicas e financeiras internacionais com base na concessão de empréstimos. Os indicadores de desenvolvimento humano e de boa governança implementados por instituições internacionais permitem coletar uma grande quantidade de dados e verificar a eficácia das regras impostas ou contratadas nessa área[92]. No entanto, os resultados registrados pelas instituições são desiguais e controversos.

[92.] Mas as avaliações são baseadas em índices controversos entre os economistas. Ver Apaza (2009, p. 36).

Os resultados são desiguais. No que diz respeito à democracia e aos direitos humanos, segundo indicações do Programa das Nações Unidas para o Desenvolvimento (PNUD), o número de países que "adotaram as características da democracia" aumentou de menos de 60 em 1985 para mais de 140 em 2007, o que pode parecer particularmente satisfatório. Mas este é um número que, no momento, mascara profundas disparidades[93]. Esses números correspondem, acima de tudo, a Estados que estabeleceram eleições em seus países, mas cujas populações podem, ao mesmo tempo, sofrer exclusão política e social, ausência de serviços públicos como água potável e educação, desrespeito dos direitos civis e políticos e falta de responsabilidade política dos políticos. Em outras palavras, são democracias iliberais que ainda não têm as características de uma democracia pluralista e social (Jouannet, 2011, p. 248). No que diz respeito à governança e à luta contra a corrupção, alguns números disponibilizados pelo Banco Mundial revelam resultados aparentemente mais positivos, porque alguns países fizeram esforços notáveis nessa área. Mas acontece que, no mesmo período, a situação piorou em outros países, tanto que o Banco observa que, em última análise, a "qualidade geral" da governança dos países ao redor do mundo "não melhorou realmente na última década"[94]. Basta dizer que a situação é mais uma vez pouco animadora, pois mudou muito pouco.

Os resultados também são controversos. É claro que, além de todos esses números e avaliações, o direito internacional relativo ao desenvolvimento sustentável e humano levanta questões recorrentes. Em primeiro lugar, a própria ideia de vincular o desenvolvimento econômico dos Estados aos direitos humanos e à democracia tem sido fortemente criticada por certos países do Sul, autoritários e não democráticos, que conseguiram "decolar" economicamente. Eles questionaram ao mesmo tempo a eficácia e a legitimidade dessa nova abordagem do desenvolvimento. Esse é o sentido do famoso argumento do ex-primeiro ministro de Cingapura Lee Kuan Yew a favor dos valores asiáticos. Ele confiou no que considerava serem os valores de ordem e autoridade do confucionismo para explicar o desenvolvimento

---

[93] PNUD e Governança Democrática. Ver: https://www.undp.org/content/undp/fr/home/democratic-governance-and-peacebuilding.html

[94] Indicadores de governança disponíveis em: https://databank.banquemondiale.org/Worldwide-Governance-Indicators/id/f2d19508

econômico de seu país e demonstrar que isso não tinha nada a ver com os direitos individuais ocidentais, os quais apenas o teriam prejudicado e que, além disso, não tinham legitimidade para serem aplicados na Ásia. A briga que ele suscitou na década de 1970 (Lee, 1968; Sen, 2009, p. 412) teve um impacto muito forte na época, mas, francamente, foi formulada apenas por alguns países que não eram muito representativos de toda a Ásia e, sem ser resolvida, parece especialmente desatualizada hoje à luz das novas condições empíricas desses países e da chegada de novos líderes políticos que abandonaram esse argumento muito defasado, e reavivaram o discurso jurídico sobre direitos humanos[95].

Contudo, o novo direito do desenvolvimento humano e sustentável permanece controverso quanto a seus resultados, principalmente porque agrava, por enquanto, a dependência dos países em desenvolvimento, em particular dos mais pobres e vulneráveis, das novas condições impostas através do direito internacional. É certo que os textos internacionais atuais insistem em estabelecer uma "parceria global" (Oitavo Objetivo do Milênio) entre iguais e não em algum modelo imposto e em que os Estados assumam compromissos por meio de tratados ou compromissos unilaterais. É o caso, por exemplo, dos compromissos assumidos na Declaração de Paris sobre a Eficácia da Ajuda em 2005, ou da Nova Parceria para o Desenvolvimento da África (Nepad), adotada em Abuja em outubro de 2001, no âmbito da União Africana, que expressa a vontade dos Estados africanos de seguir o caminho do desenvolvimento sustentável, do crescimento econômico e do respeito pela democracia e pelos direitos humanos. A Nepad reflete a conscientização dos africanos de que eles mesmos devem fazer reformas e apoiar o seu desenvolvimento por transformações internas nos Estados, bem como por ajuda externa. O Ponto 1 expressa com muita clareza que a Nepad "está ancorada na determinação dos africanos de se libertarem, bem como de seu continente, do desconforto do subdesenvolvimento e da exclusão de um planeta em globalização" (União Africana, 2001). Mesmo

---

[95]. A favor de uma abordagem cultural, portanto asiática, mas baseada em direitos e democracia, uma espécie de terceira via que está sendo desenvolvida e que atende às aspirações das populações envolvidas, ver Tay (2002). No que diz respeito aos dados do campo, é difícil realizar uma avaliação. No curto prazo, o estabelecimento da democracia às vezes pode desestabilizar o país e retardar o crescimento, mas, a longo prazo, os benefícios vão na direção do desenvolvimento econômico e, *a fortiori*, do desenvolvimento humano. Ver Kaufman (2020).

O que é uma sociedade internacional justa? | 111

assim, é apenas uma "promessa" feita por alguns chefes de Estado africanos, e continua sendo verdade que a implementação de muitas das regras e princípios relativos ao novo direito do desenvolvimento ainda é feita sob a forma de uma coação mais ou menos disfarçada, que torna o Estado pobre dependente daquele ou daqueles que o ajudam a se desenvolver.

A dependência de certos países em desenvolvimento aumenta consideravelmente com o novo direito relacionado ao desenvolvimento. Vimos que os países pobres são, assim, cada vez mais forçados a aceitar os novos princípios de boa governança, democracia e respeito pelos direitos humanos se quiserem continuar a se beneficiar da ajuda ao desenvolvimento e de cooperação. Ao mesmo tempo, as obrigações do Estado beneficiário são consideravelmente aumentadas, assim como as possibilidades de restrições e limitações nas preferências ou auxílios concedidos se as condições estabelecidas não forem cumpridas. Isso é evidenciado pelo desenvolvimento do direito internacional da ajuda que, da Conferência de Monterrey ao Programa de Ação de Accra, de 2008, aumentou os meios de controle político dos países em desenvolvimento por meio das novas obrigações de respeitar direitos humanos, democracia pluralista, boa governança e luta contra a pobreza. Pode-se também considerar o Regime Especial de Incentivo ao Desenvolvimento Sustentável e à Boa Governança (SGP+) estabelecido no âmbito da União Europeia. Para se beneficiar desse regime preferencial que é mais favorável do que sua versão clássica, é necessário, em particular, que o Estado beneficiário ratifique 27 convenções: 16 convenções da ONU e da OIT relacionadas aos direitos humanos e trabalhistas e 11 convenções relacionadas ao meio ambiente e aos princípios de boa governança. Esse Estado deve então se comprometer a adotar uma legislação e medidas para permitir a aplicação interna dessas 27 convenções e, finalmente, aceitar que essa implementação esteja sujeita a revisão periódica. Além disso, existem princípios de boa governança e sanções são previstas se uma das partes violar suas obrigações, o que pode ir até a suspensão do sistema de preferências.

Resta claro, então, que essas novas práticas jurídicas ligadas a essa nova face do direito do desenvolvimento se tornaram altamente politizadas e envolvem grande intervenção nos estados pobres. A condicionalidade segue uma lógica de seletividade e de eficiência, mas é uma coação, mesmo que seja negociada, e, portanto, continua a manter a dependência do Sul em relação ao Norte. Além disso, algumas populações são duplamente punidas, tanto por causa de governos predatórios e corruptos quanto pelas sanções que então atingem o país (Cogneau; Nadet, 2007, p. 104). Em termos mais gerais, o direito internacional contemporâneo em matéria de desenvolvimento é, portanto, o instrumento de um controle social e político muito amplo, exercido sobre os países em desenvolvimento, a fim de garantir o bem-estar de suas populações. Dessa forma, ele parece ser claramente mais providencialista do que antes e não liberal pluralista como o clássico direito do desenvolvimento, visto que não é mais indiferente à soberania interna dos Estados, mas, pelo contrário, tende a impor um modelo de sociedade doméstica em termos econômicos, sociais e políticos. Portanto, possui as mesmas características e os mesmos efeitos que qualquer direito providencia. Ele se estende para cada vez mais áreas da vida social dos países em desenvolvimento, sem que haja limites à vista, pois se estende das necessidades essenciais a serem alcançadas para as estruturas sociais, políticas e econômicas a serem introduzidas, e, para além disso, para os domínios sociais a serem transformados. Ao mesmo tempo, uma burocracia internacional muito grande está se desenvolvendo, a qual emprega toda uma tecnologia e conhecimento na aplicação desse direito, criando uma situação muito perturbadora em que o progresso esperado não pode mascarar várias questões, impossíveis de abordar aqui, quanto à extensão e o funcionamento dessa nova forma de saber e poder (Jouannet, 2011, p. 298).

3.2. Avaliação da luta contra a pobreza

Os objetivos mais desejados anunciados na luta contra a pobreza e a extrema pobreza podem dar esperança de resultados mais rápidos e satisfatórios, já que esse é precisamente o resultado esperado. Se o quadro permanecia "misto", segundo o Relatório dos Objetivos de Desenvolvimento do Milênio de 2010, o Relatório de 2015 mostra diversos sucessos encorajadores em direção à erradicação da fome e da pobreza extrema, acesso ao ensino fundamental para crianças na África, a luta contra a aids, a malária e o acesso à água. Além disso, o número de pessoas que vivem em extrema pobreza tem diminuído devido ao desenvolvimento econômico da China e dos países do Sul e Sudeste da Ásia, o que marca um progresso inegável para as populações dessas regiões. Mas os sucessivos relatórios também observam que a situação permanece profundamente preocupante e, ao ler com atenção, o mínimo que se pode dizer é que é particularmente difícil tirar lições claras. Como explica Ban Ki-moon, os ganhos obtidos na luta contra a pobreza foram muito mitigados pela sucessão de crises climáticas e alimentares que ocorreram, e principalmente por causa da grande crise econômica e financeira global de 2007/2008, que pesou muito no emprego e na renda de milhões de pessoas em todo o mundo[96]. Além disso, o aumento vertiginoso dos preços dos alimentos em 2008, associado ao colapso da renda em 2009, aumentou o número de pessoas com fome crônica. Ao mesmo tempo, a Agenda de Desenvolvimento do Milênio, que havia estabelecido a data de 2015 como o prazo para a consecução dos principais Objetivos do Milênio, foi considerada apenas parcialmente atingida, dissipando algumas das novas esperanças despertadas por esses compromissos e recordando desagradavelmente os compromissos na taxa média de crescimento anual anunciados pelas Nações Unidas durante as famosas Décadas de Desenvolvimento, e de maneira que nunca poderiam ter sido realizados (Virally, 1990, p. 454). A partir de 2016, algumas dessas esperanças foram renovadas com o lançamento da audaciosa e transformadora Agenda 2030 para o Desenvolvimento Sustentável, composta por 17 Objetivos do Desenvolvimento Sustentável.

E essa é a versão mais confortável desta avaliação, porque poderia ser bem diferente se redefiníssemos os termos, reinserindo a luta contra a pobreza em uma avaliação mais global do desenvolvimento, onde seria levada em consideração a relação sistêmica entre a luta contra a pobreza e outros elementos relacionados[97]. A redução da pobreza na Ásia é muito encorajadora se a observamos de forma isolada. Mas isso obscurece o fato de que o número de pessoas pobres diminuiu devido ao desenvolvimento econômico selvagem de certos países asiáticos, o que levou a uma poluição cada vez maior e a desigualdades crescentes. Deve-se

---

[96.] Ver Relatório sobre os Objetivos de Desenvolvimento do Milênio (2010).

[97.] Sobre estas questões, ver Giraud (1996, p. 302). Além disso, nem o Banco Mundial nem os países em questão querem levar em conta a questão da desigualdade, que continua sendo um assunto controverso, e rejeitam reformas tributárias que podem ter um efeito redistributivo na luta contra a pobreza. Ver Cling & Roubaud (2008, p. 59).

reconhecer que ao buscar alcançar um objetivo específico, como a luta contra a pobreza, é possível inviabilizar o alcance de outros objetivos por desconhecimento das suas interações mútuas. Da mesma maneira, se essa redução da pobreza nos países emergentes é um progresso inesperado, ela deve ser vista em relação ao sistema econômico globalizado, que se acredita ter exacerbado a pobreza em outras partes do mundo[98]. Obviamente, isso não invalida os resultados positivos obtidos em certos casos particulares, mas permite entender o quão difícil é realizar qualquer avaliação nessa área se não nos abstivermos de vincular dados que seriam de outra forma dissociados[99].

3.3. Avaliação geral: direito internacional do desenvolvimento e direito internacional econômico

A revelação desses resultados sucessivos confirma ou piora um diagnóstico que não surpreende e requer a elaboração de uma avaliação mais geral sobre o direito do desenvolvimento. Tudo isso mostra a continuação do destino do direito internacional do desenvolvimento e de todos os princípios, clássicos e novos, pelos quais se procuram modificar os efeitos nocivos da ordem jurídico-econômica vigente nas relações internacionais[100]. Tais princípios não funcionam ou funcionam com tremendas dificuldades. Na maioria das vezes, eles não são juridicamente vinculantes, e os que são, são insuficientemente eficazes[101]. As políticas geralmente são ineficazes e as normas mais progressistas raramente são aplicadas porque são apresentadas em textos jurídicos não vinculantes. Algumas dessas regras permitem que os Estados pobres não afundem, outras até

[98.] Relatório do Banco Mundial Globalização, Desenvolvimento e Pobreza (2002). Também podemos sublinhar até que ponto a luta contra a pobreza agravou ainda mais o caráter intrusivo das políticas internacionais nos países em desenvolvimento.

[99.] Hoje, estamos diante de uma situação paradoxal em que a multiplicação de dados e pesquisas sobre pobreza não permite entendê-la melhor e, portanto, enfrentá-la, devido à inadequação dos indicadores utilizados. Sobre a África, ver Razafindrakoto & Roubaud (2003, p. 307).

[100.] Para uma das avaliações mais completas feitas até hoje nesta área, que demonstra isso com muito detalhe na Ásia, África e América, ver Agosin et al. (2007).

[101.] Uma situação denunciada há muito tempo por ser um problema intrínseco no direito do desenvolvimento. Ver Chemillier-Gendreau (2000, p. 279).

O que é uma sociedade internacional justa? | 115

pioram a situação por meio de sanções ou coações impostas. Nenhuma, em todo o caso, pode ser citada como tendo permitido realmente desenvolver um Estado ou alcançar o objetivo principal do desenvolvimento, que é reduzir a pobreza e as desigualdades socioeconômicas entre os Estados. O fato é que, desde 1970, qualquer que tenha sido o traje do direito internacional do desenvolvimento, ele permaneceu bastante limitado em seu alcance porque não apenas permaneceu sem nenhum impacto real sobre um sistema jurídico-econômico injusto, que sempre limitou consideravelmente suas possibilidades, mas, além disso, muitas vezes foi adotado pelos atores desse sistema, a fim de que ele fosse melhor aceito, dando a impressão de conceder regras mais justas. Nesse sentido, pode ter havido um desvio completo do que era pressuposto como o objetivo original do direito do desenvolvimento, já que os atuais princípios de desenvolvimento e equidade têm servido para promover "formas de submissão voluntária" à ordem existente que eles deveriam flexionar e reformar (Honneth, 2006, p. 245). E essa constatação não provém de radicais ou ideologias frenéticas, as quais podem ser desacreditadas por serem utopias terceiro-mundistas perigosas, mas é compartilhada atualmente por algumas das figuras mais proeminentes na sociedade internacional. Em 2007, o então Diretor-Geral da OMC, Pascal Lamy (2007, p. 173), afirmou que:

> [A]s relações internacionais hoje continuam marcadas por injustiças intoleráveis [...] Este estado de coisas não é por acaso. É o legado de um mundo superado politicamente, mas ainda não economicamente: o colonialismo. O colonialismo político terminou nos anos 60 do século passado; o colonialismo econômico ainda não terminou cinquenta anos depois. É uma realidade que deve ser caracterizada como tal e analisados tanto seus elementos quanto suas origens.

Na Cúpula de Johanesburgo em 2002, Kofi Annan, então Secretário-Geral da ONU, afirmou que:

> Vamos encarar uma verdade desconfortável: o modo de desenvolvimento a que estamos acostumados beneficiou alguns, mas espoliou a maioria. Logo perceberemos que alcançar a prosperidade devastando o meio ambiente e deixando a maior parte da humanidade em extrema pobreza é um beco sem saída para todos (ONU, 2002).

De acordo com o Relatório de 2004 da Comissão Mundial da OIT, baseado no estudo de setenta e três países:

> Chegamos a um nível crítico quanto à legitimidade das nossas instituições políticas, nacionais e internacionais. É urgente repensar as atuais instituições da governança global, cujas regras e políticas são amplamente desejadas pelos atores mais poderosos. A injustiça das principais regras em vigor na área de comércio e finanças reflete um sério déficit democrático no coração do sistema (OIT, 2004).

No geral, podemos identificar com Stiglitz (2006, p. 44) e, com base no Relatório de 2004 da Comissão Mundial da OIT, cinco problemas ressaltados pela globalização e pelo atual sistema jurídico-econômico. A globalização é considerada como tendo um "imenso potencial" (OIT, 2004), mas devemos observar que:

(1) As regras que governam a globalização são injustas, uma vez que são projetadas no interesse prioritário dos países industrializados avançados. É certo que alguns países emergentes puderam se beneficiar com isso, mas as regras não são justas.

(2) A globalização dá precedência a um modelo materialista de consumo que prevalece sobre outros valores, como o meio ambiente ou os fins humanos.

(3) O direito internacional econômico e financeiro da globalização restringe a soberania dos países em desenvolvimento, ou mesmo os priva de grande parte de sua soberania e liberdade de decisão em áreas essenciais ao bem-estar de seus cidadãos.

(4) Ao contrário da ideia de que a globalização beneficiaria a todos, ela fez perdedores de ambos os lados, no Norte e no Sul.

(5) O sistema político, econômico e jurídico que foi imposto com a globalização aos países em desenvolvimento é inadequado e leva a uma ocidentalização e, mais precisamente, uma americanização das suas economias e culturas.

Para ser breve, e apenas a título de exemplo, pode-se citar os acordos comerciais que são comumente reconhecidos por não serem nem livres nem justos. Grande quantidade de barreiras comerciais se mantém em

O que é uma sociedade internacional justa? | 117

vigor nos países ricos, ao mesmo tempo que muitos subsídios persistem enquanto os países em desenvolvimento são forçados a abrir seus mercados. O escândalo no mercado agrícola é bem conhecido e, ainda assim, nenhum progresso real foi feito para alterá-lo. Os subsídios dos países industrializados nessa área são estimados em mais de um bilhão de dólares por dia, enquanto 70% das populações de países pobres vivem da agricultura e subsistem com menos de US$ 1 por dia. O escândalo global do algodão é denunciado regularmente. Subsídios anuais entre US$ 3 bilhões e US$ 4 bilhões, que tornam os Estados Unidos o maior exportador desse produto, arruinaram os agricultores em vários dos países mais pobres do mundo. E o acordo provisório de 2004, assinado entre os EUA e o Brasil, não pôs fim a uma situação particularmente injusta para todos os outros produtores. As distorções resultantes dos subsídios criam, assim, uma situação de flagrante injustiça que, apesar das poucas salvaguardas impostas, é legal nos termos do direito internacional comercial existente. Da mesma forma, o acordo de 2005 alcançado em Hong Kong em favor dos países menos avançados tem sido corretamente apresentado como "o auge da hipocrisia e do cinismo" (Sitglitz, 2006, p. 161). Os Estados Unidos abriram seu mercado notavelmente a toda uma gama de produtos cuidadosamente selecionados para excluir aqueles que são realmente importantes para eles. Daí resulta, por exemplo, que um país como Bangladesh agora está livre para exportar motores de aeronaves que não pode produzir, mas é proibido de exportar os tecidos e roupas que são sua principal produção. E essa desigualdade no jogo das regras existentes é encontrada em toda parte, seja em questões financeiras relacionadas a investimentos, em produtos básicos ou em transferências de tecnologia e conhecimento.

CAPÍTULO 4

Perspectivas e alternativas

O balanço que acabamos de fazer pode obviamente ser refinado ou criticado em um ou outro ponto particular, com relação a qualquer regra específica, e não temos nem a ingenuidade nem a pretensão de esgotar a questão, já que nos limitamos a resultados gerais e apontamos algumas dificuldades particulares. No entanto, é difícil rejeitar a tendência geral, uma vez que a sucessão de relatórios, números e resultados converge para sublinhar uma impotência conjunta do direito e da política nesta área, que torna o direito do desenvolvimento ilusório e até revela um lado obscuro desse direito, se ele realmente apenas ajudar a mascarar a estreita lógica mercantil e financeira do direito internacional econômico. O valor das tentativas de flexibilizar o modelo econômico neoliberal de desenvolvimento reside, contudo, nas dificuldades que encontram, pois mostram que um questionamento sobre o clássico e o novo direito do desenvolvimento é inseparável de um questionamento sobre o direito internacional econômico. De acordo com o projeto deste livro de enfocar, em primeiro lugar, os recursos jurídicos para enfrentar as desigualdades socioeconômicas entre os Estados, objetivo principal do direito do desenvolvimento, nos perguntaremos sobre as opções disponíveis hoje nessa área, com base em uma reflexão sobre a ordem jurídico-econômica existente[102]. Em outras

---

[102]. Ao focar nos aspectos da questão ligados apenas ao direito internacional econômico, outros aspectos deste problema multidimensional são ignorados. Por exemplo, o caráter equitativo das regras do sistema econômico não mudaria outros problemas fundamentais, como o fato de alguns países sofrerem com desvantagens estruturais de crescimento e fraqueza institucional que os excluem de um acesso igual ao mercado e ao processo do desenvolvimento global. Ver Cogneau & Naudet (2007, p. 104). Além disso, seria necessário destacar os

O que é uma sociedade internacional justa? | 119

palavras, deixaremos de lado outros aspectos do problema, em particular os relacionados aos direitos humanos ou a certos aspectos hegemônicos do novo direito do desenvolvimento, para destacar essencialmente três possíveis soluções jurídicas sustentadas por teorias políticas e econômicas opostas sobre como combinar justiça social e eficiência econômica em nível global.

4.1. As soluções relativas à ordem jurídico-econômica existente

a) Primeira solução

A primeira solução consiste em apostar tudo apenas no direito internacional econômico atual e em manter o sistema mundial existente, considerando que sua injustiça faz parte de um processo natural que, em última análise, trará mais igualdade entre os Estados. Esse primeiro tipo de solução para os problemas do Terceiro Mundo se impôs completamente com a queda do Muro de Berlim, o que significou o fracasso de caminhos alternativos ao desenvolvimento capitalista. Isso significa que devemos continuar a praticar a maior abertura possível dos mercados e a desregulamentação em benefício dos atores privados, manter as regras existentes da OMC para modificá-las apenas marginalmente, dependendo do equilíbrio de poder existente e manter o curso adotado pelas instituições financeiras internacionais. Nessa perspectiva, o direito privilegiado é o direito privado ou o direito público da simples regulamentação. Não é um direito que almeja determinar ou introduzir equidade na situação material de povos e Estados, nem planejar voluntariamente todas as regras em benefício do desenvolvimento sustentável. O que conta acima de tudo é que os direitos privados de propriedade sejam garantidos, contratos sejam protegidos, comércio seja assegurado e os empréstimos sejam reembolsados

---

fatores internos objetivos específicos dos Estados pós-coloniais (em particular a demografia) e sua responsabilidade subjetiva pessoal na situação de baixo desenvolvimento de suas populações, como mencionado antes, que fazem com que não se possa mais atribuir, como o Movimento dos Não Alinhados, todos os problemas econômicos e sociais que eles experimentam ao único sistema jurídico-econômico existente. As elites dominantes ainda costumam usar as desigualdades e injustiças do sistema internacional ou instituições internacionais como bodes expiatórios, a fim de evitar o cumprimento de suas próprias obrigações. Nesse sentido, ver Beigzadeh & Nadjafi (2008, p. 224).

para incentivar as pessoas a trabalhar e investir[103]. E também significa que qualquer mau funcionamento do mercado se deve ao não cumprimento dos princípios neoliberais e que a responsabilidade pelo "atraso" no desenvolvimento é atribuída apenas aos próprios países em desenvolvimento, à sua má governança, à sua instabilidade, à sua corrupção e ausência do Estado de direito, mas nunca ao próprio sistema.

Contudo, a força dessa corrente não pode ser subestimada. Não é um movimento que resulta do simples instinto de ganância e apreensão dos principais grupos econômicos, mesmo que isso seja inquestionável (Stiglitz, 2010), mas é também o resultado de uma ideologia coerente que hipostasia a crença no mercado, a liberdade individual e a desregulamentação. O sistema existente é baseado em uma ideologia neoliberal específica que, ao contrário do que pode ter sido sugerido, não renuncia à justiça da sociedade (interna e internacional) nem à ideia de preservar o meio ambiente, mas que simplesmente considera que eles resultam do jogo espontâneo do mercado. A desigualdade de condições materiais entre os Estados é, portanto, parte da ordem do mercado que não deve ser perturbada, porque o jogo do mercado deve promover as chances de todos e levar por si só a uma melhoria geral da condição de cada um. O resultado é uma visão utilitária da sociedade mundial, na qual se considera que o aumento global de riquezas, bens e benefícios terá "repercussões" positivas para o maior número e, portanto, que essa sociedade será mais justa à medida que reúne mais recursos e crescimento econômico. Da mesma forma, a exigência de uma Nova Ordem Econômica Internacional (NOEI), de uma ordem internacional justa e equitativa, baseada em um direito ao desenvolvimento intervencionista e práticas discriminatórias, é considerada como um contrassenso total e uma falha, porque não apenas atrapalha a ordem do mercado mundial, que é espontaneamente criadora de riqueza, mas, além disso, privilegiando um grupo de Estados particulares, atenta contra a igualdade de oportunidades para que todos possam lucrar com o mercado.

A situação atual mostra, no entanto, que, se essa solução é parcialmente eficaz economicamente, permanece socialmente desigual. Se a ordem jurídico-econômica existente demonstrou que pode promover o

---

[103.] Para uma exposição detalhada, ver Brasseul (2008).

desenvolvimento de certos Estados e a redução da pobreza, é, portanto, um elemento da solução. Mas também é uma grande parte do problema, porque contribui para manter e gerar mais pobreza e novas desigualdades em proporções inaceitáveis e seguindo um movimento desta vez transversal que atinge o Norte e o Sul, mesmo que seja o Sul muito mais vulnerável, que sofre mais. Em outras palavras, os próprios fatos provam que a visão utilitarista da sociedade mundial é uma ilusão, porque mesmo se aumentarmos a riqueza mundial, não haverá "repercussões" positivas para o maior número, nenhuma justiça espontânea que emerja do mercado mundial e nenhuma distribuição equitativa dessa riqueza produzida. A mais recente fase da globalização econômica que o sistema existente favoreceu levou a um crescimento sem precedentes no comércio mundial, da produção e dos investimentos, que beneficiou vários países, mas também criou novos desequilíbrios: a marginalização dos Estados mais pobres, a distribuição cada vez mais desigual da riqueza e a constante desestabilização dos mercados e economias devido às grandes crises recorrentes que têm consequências humanas e sociais devastadoras[104]. O resultado disso é que o atual direito internacional econômico legitima uma ordem que é inerentemente desigual. O fato de que a riqueza mundial está aumentando e de que um grande número de Estados estão se desenvolvendo economicamente, não garante que a distribuição global será justa[105]. Fala-se até de um "retorno a Marie Antoinette" para descrever os picos recordes de desigualdade na distribuição da riqueza atual (Fitoussi, 2004, p. 8)[106]. De fato, como o próprio Banco Mundial observou em 2005, hoje vivemos em um mundo que nunca foi tão rico e ainda

---

[104]. Ver os dois dossiês: *Crise: la faute à la... finance? Problèmes économiques,* janvier 2009, n° 2963 e *La mondialisation sous le choc de la crise, Problèmes économiques,* juillet 2009, n° 2976.

[105]. Não é completamente eficiente economicamente a longo prazo para o mundo como um todo, pois alimenta tanto crises e instabilidade quanto riqueza. Portanto, a necessidade de reintroduzir os fins humanos e sustentáveis da economia, e também os múltiplos retornos a Keynes, que estamos testemunhando na economia depois que os neoliberais assumiram o controle. Ver Gazier (2009, p. 104). Por sua vez, os neoliberais não realizam nenhuma autocrítica e pensam que se o sistema não é suficientemente eficiente economicamente, é porque tem sido constantemente contrariado por medidas políticas intervencionistas. Eles, portanto, defendem realmente o *laissez-faire* para os mercados. Ver Salin (2010).

[106]. No que se refere aos países ricos e emergentes, ver: *Les inégalités responsables de la crise?, Problèmes économiques,* n° 3023, juillet 2011.

experimenta "privações extraordinárias" e "desigualdades persistentes" (Banco Mundial, 2006). A questão de saber se alguns ganharam é menos importante do que saber se a distribuição dos ganhos foi equitativa. "Enquanto o compartilhamento dos possíveis ganhos da globalização for percebido por muitos indivíduos e grupos como injusto, as desigualdades [...] serão consideradas inaceitáveis"[107].

b) Segunda solução

A segunda solução é o oposto da primeira, mesmo que as duas se unam basicamente para condenar qualquer direito internacional do desenvolvimento. Ela é proposta pelos pós-desenvolvimentistas e consiste em defender o abandono de qualquer ideia de desenvolvimento, mas também do sistema econômico mundial e, portanto, de todo o direito internacional econômico e de todo o direito internacional do desenvolvimento. Os pós-desenvolvimentistas denunciam a busca do desenvolvimento pelos países pobres na famosa tarefa coletiva conhecida como "recuperação", que mobiliza recursos financeiros consideráveis e, muitas vezes, é derrotada porque contribui para manter a exclusão e piorar a pobreza que pretende eliminar. Tanto é que todas as práticas jurídicas e econômicas que a acompanham continuam aumentando um pouco mais o fosso que deveriam preencher (Latouche, 2006; Rist, 2007, p. 17). O direito internacional do desenvolvimento é, portanto, visto como uma máquina de fabricar excluídos e miséria, ao mesmo tempo que fabrica desenvolvidos e riquezas, em razão das mesmas premissas econômicas liberais, de livre comércio e capitalistas nas quais permanece fundado. Por uma espécie de astúcia cínica da história, ele até contribuiu para perpetuar o sistema econômico mundial e, portanto, certo estado de relações de

---

[107.] *Ibid*. Assim, a África experimentou um processo de crescimento muito positivo desde que o continente se liberalizou, em particular graças a um aumento significativo no fluxo de investimento estrangeiro direto. Mas nem todas as economias africanas se beneficiam da mesma maneira e a liberalização deixa os Estados mais pobres completamente marginalizados. Ver análises e figuras em *L'Afrique à la recherche de financements*, *Problèmes économiques*, janvier 2009, p. 32. Além disso, as desigualdades que explodem como resultado do próprio sistema contribuem para as crises, revelando um verdadeiro círculo vicioso nessa área. Ver *Les inégalités responsables de la crise*. *Problèmes économiques*, juillet 2011, n° 3023.

poder em benefício daqueles que realmente se beneficiam, a saber, os fortes e os ricos.

A crítica pós-desenvolvimentista é particularmente convincente em denunciar essa louca perseguição de Estados por um crescimento cada vez maior e sem fim que, a longo prazo, significa a exaustão dos recursos do planeta e, portanto, sua própria extinção. Mas a questão é saber que alternativa propor para remediar essa situação, mas também as desigualdades socioeconômicas entre os Estados. No entanto, é claro que as soluções apresentadas aqui são muito menos convincentes, pelo menos por enquanto. Eles frequentemente defendem uma espécie de visão antimodernista e provincial – ou até mesmo cultural – da economia, do direito e da sociedade, até mesmo uma decadência da economia, cujos efeitos parecem particularmente caros aos olhos das populações em um mundo tão interdependente, aculturado e híbrido como o nosso. O problema é que, no momento em que todas as sociedades são interdependentes, é difícil imaginar o retorno a uma comunitarização tradicional e quase autárquica das sociedades, com um direito internacional mínimo que não seja apenas viável, mas que, além disso, corresponda às aspirações reais e à experiência atual das populações. Deixar os países do Sul em situação de pobreza/frugalidade longe das misérias industriais ocidentais pode ser um mito naturalista que recorda de maneira simetricamente inversa o mito evolutivo baseado no crescimento econômico a todo custo. É preciso considerar também que o progresso já alcançado na Europa, na América do Norte e agora na Ásia será reservado aos que já se beneficiam dele e o resto do planeta será uma espécie de conservatório da fauna, da flora e das comunidades humanas tradicionais para garantir que elas não serão mais prejudicadas. Assim, não é de surpreender que essa posição pós-desenvolvimentista seduza alguns dos que estão no Norte, mas não aqueles que estão no Sul, já que boa parte do antigo Terceiro Mundo continua desejando ardentemente um desenvolvimento industrial igual ao que ocorreu no Ocidente. É por isso que as posições daqueles que querem escapar do desenvolvimento parecem levar a uma solução tão radical à luz do nosso contexto atual que, apesar de suas denúncias salutares, essa solução parece, pelo menos por enquanto, não ser eficaz economicamente ou mesmo equitativa socialmente. No entanto, o debate permanece aberto, porque a necessidade de mudar o modelo econômico é sentida cada vez mais por causa das grandes crises sociais e ecológicas que ele tem gerado, e não é vedado imaginar que as futuras reflexões nessa área serão completamente convincentes e imporão as suas soluções[108].

c) *Terceira solução*

Enquanto isso, optaremos aqui pela terceira solução. Por mais crítica que ela seja com os erros e ilusões do passado criados pelo direito internacional do desenvolvimento e pelo direito internacional econômico, a terceira solução se apoia no próprio princípio do desenvolvimento e da economia de mercado. Ela consiste, de fato, em embarcar novamente no caminho de uma reforma do direito internacional econômico existente com o objetivo de estabelecer uma nova NOEI, uma ordem jurídico-econômica compatível com o estabelecimento de justiça social internacional. Ela consiste em estabelecer uma ordem internacional que seja economicamente eficiente e socialmente justa. Se as várias normas do direito internacional do desenvolvimento e as lutas mais direcionadas contra a pobreza foram simples medidas paliativas que não alteraram em nada as desigualdades socioeconômicas e o paradigma economicista em vigor, isso significa que qualquer nova resolução ou convenção, qualquer novo compromisso jurídico que não ataque o caráter desigual do sistema será sempre tendencioso e inevitavelmente limitado em seu impacto. Agindo dessa forma, continuaremos a consagrar "décadas" e jornadas à pobreza ou ao desenvolvimento e os discursos jurídicos encantadores contarão uma história consensual e tranquilizadora, mas que, na realidade, só repetirão os erros do passado. A terceira solução, portanto, visa modificar as regras do sistema econômico mundial, revisar as instituições financeiras de Bretton Woods e modificar as regras do Acordo Geral sobre Tarifas e Comércio (GATT) de uma maneira mais equitativa, para finalmente reequilibrar as relações entre os diferentes países do Norte e os do Sul. Não se trata mais de apenas refazer a fachada do edifício pela enésima vez,

---

[108]. No momento, ainda não existe um pensamento econômico e político suficientemente amplo e coerente para encontrar uma alternativa realmente satisfatória nesse sentido, mas a multiplicação dos trabalhos nesse campo sugere que ele está em processo de ser construído. Ver Fremeaux (2011, p. 61).

O que é uma sociedade internacional justa? | 125

adicionando regimes de exceção, medidas discriminatórias temporárias ou regimes paralelos ao sistema existente, uma vez que são ineficazes ou limitados em seus efeitos. É necessário tentar modificar o sistema econômico sob seu duplo aspecto normativo e institucional, introduzindo o princípio da equidade no cerne desse sistema.

Para dizer a verdade, a ideia de uma globalização justa se tornou precisamente a palavra de ordem nas primeiras décadas do século XXI, lembrando diretamente a reivindicação geral por equidade que acompanhou de maneira subjacente a NOEI na década de 1970. Um novo discurso, identificado na economia, parece, portanto, impor-se nos anos 2000. Já em 1992, a Agenda 21 falou da necessidade de "tornar a economia mundial mais eficiente e mais justa" e, em 1995, em San Francisco, durante as cerimônias do cinquentenário da ONU, o seu Secretário-Geral, Boutros Boutros-Ghali, pediu um "novo contrato social" entre o Norte e o Sul, a fim de obter uma melhor distribuição da riqueza mundial. Em 2000, a Declaração do Milênio, que sintetizou os compromissos da comunidade internacional para o novo século, mencionou no segundo parágrafo "equidade" como um princípio a ser defendido em nível mundial, com a dignidade humana e a igualdade. Também se afirma que o "principal desafio" para o novo milênio é garantir que a globalização seja "justa" para todos, especialmente para os países em desenvolvimento e os países em transição. Em 2001, a Organização Mundial do Comércio (OMC) lançou uma nova rodada de negociações de liberalização comercial em Doha, no Catar, mas dessa vez para o "desenvolvimento". Esse programa reconhece os vínculos entre comércio e desenvolvimento e coloca as necessidades e os interesses dos países em desenvolvimento no centro de futuras negociações. Em 2002, na Cúpula Mundial sobre Desenvolvimento Sustentável, em Johanesburgo, os delegados adotaram uma resolução comprometendo-se a "construir uma sociedade humana global equitativa e generosa, ciente da necessidade de respeitar a dignidade humana de todos". No mesmo ano, o Consenso de Monterrey reafirmou o objetivo de uma globalização justa (Ponto 1, 7). Em junho de 2004, a Conferência da UNCTAD voltou a redirecionar seus objetivos por meio do Consenso de São Paulo, que se propunha a ser uma reação ao Consenso de Washington. Para isso, mostra que a globalização apresenta "dificuldades particulares para os países em desenvolvimento" e exige, em particular, "conciliar os objetivos de eficiência e equidade" (UNCTAD, 2004). Em 2006, o Prêmio Nobel de Economia e Nobel de Paz, economista e fundador da primeira instituição de microcrédito, o bengalês Muhammad Yunus, foi recompensado por seus esforços para "promover o desenvolvimento econômico e social de baixo para cima" e pediu a criação de um Alto Comitê por uma globalização justa. No mesmo ano, o Banco Mundial publicou um relatório intitulado "Equidade e desenvolvimento". Em 2007, no fórum da Organização Internacional do Trabalho (OIT), a União Europeia prometeu promover medidas em favor de "uma globalização justa" (OIT, 2007). Em 10 de junho de 2008, a OIT aprovou por unanimidade a Declaração sobre Justiça Social por uma globalização justa, inspirada na Declaração da Filadélfia e que defende a "necessidade de dar uma forte dimensão social à globalização para que os resultados sejam melhores e compartilhados equitativamente por todos". Em suma, o debate sobre a globalização se torna um debate sobre justiça social em uma economia globalizada (OIT, 2004).

Resta saber se essas declarações relativas à equidade da globalização e do sistema econômico permanecerão na ordem do discurso "encantado" dos atores da sociedade internacional, e assim não passarão de uma cortina de fumaça, ao permitir que o mesmo sistema continue a se impor concretamente. Isso configuraria um movimento pendular sem consequências onde, depois de um momento muito liberal, voltamos a um momento mais social, mas sem realmente mudar nada no que diz respeito à prática jurídica e econômica vigente. Pior ainda, a noção de equidade pode ser usada pelos principais tomadores de decisão e instituições internacionais com o único objetivo de aceitar melhor as dolorosas consequências sociais da mesma política ultraliberal, instrumentalizando o recurso à equidade da mesma maneira que a luta contra a pobreza. E temos motivos para ser prudentes, quando conhecemos as múltiplas declarações sem efeito tomadas pelos principais atores internacionais. O fato de a Rodada de Doha até agora ser um fracasso não é reconfortante[109].

Para não permanecer no estágio discursivo, é necessário especificar a natureza e o escopo jurídico da equidade nesse contexto. O que exatamente significa globalização justa ou ordem econômica justa no âmbito do

---

[109.] É o reflexo das ambiguidades da declaração. Ver Boisson De Chazournes & Mbengue (2002).

direito internacional? Como traduzir isso juridicamente? Essas formulações incorporadas em resoluções ou compromissos não vinculantes parecem indicar uma nova direção muito geral, cujas aplicações concretas são difíceis de visualizar, não apenas na economia, mas também na forma de regras jurídicas, porque a equidade é frequentemente oposta ao direito. Parece perfeitamente possível conceber o princípio da equidade como um princípio jurídico que serve de base para qualquer discussão sobre as normas substanciais e formais do sistema econômico internacional. Não se trata aqui de tomar a justiça como equidade em seu sentido técnico ou legal e usá-la no estágio de aplicação do direito, mas de usá-la como um princípio geral para a criação ou revisão da norma jurídica e, para isso, retornar ao seu significado original como regra de justiça ligada à igualdade e aplicada a uma dada situação: segundo a equidade, são tratadas igualmente as coisas iguais e desigualmente as coisas desiguais (Virally, 1990, p. 407). Se retivermos esse significado original do princípio para aplicá-lo ao nosso tópico, a equidade como objetivo e fundamento terá por consequência lógica ir além da simples igualdade formal entre Estados, para que se possa operar certa igualdade real entre eles. Mas contrariamente às regras do clássico direito internacional do desenvolvimento que já previam isso de maneira limitada, essa nova perspectiva que visa equalizar situações em favor dos países em desenvolvimento e dos países menos desenvolvidos não pode mais se manter como simples exceção em um sistema que os torna ineficazes[110]. A consideração da equidade deveria estar no cerne de qualquer revisão dos acordos existentes, no cerne do atual sistema jurídico-econômico. Ela deve se tornar uma regra jurídica fundamental da ordem internacional, tanto no nível institucional quanto normativo, e, portanto, na forma dupla de um *princípio orientador* da OMC, do FMI e do Banco Mundial, e na forma de um *princípio geral do direito internacional econômico*[111]. A partir daí, por sua generalidade e flexibilidade, o princípio da equidade pode levar a toda uma gama de soluções jurídicas para os problemas colocados. Ele pode orientar a negociação das regras substanciais e procedimentos formais

---

[110]. Alguns, portanto, defendem uma extensão de tratamento especial e diferenciado em nome do princípio da equidade. Isso foi recomendado em 2002 pelo Relatório do Grupo de Alto Nível sobre o Financiamento do Desenvolvimento na Conferência de Monterrey sobre esse assunto, onde mais uma vez falou-se da necessidade de um "comércio justo" (ONU, 2002).

[111]. Alguns até sugerem torná-lo um bem público global. Ver Martin (2002 p. 55).

em vigor, de maneira a tornar justas as capacidades econômicas efetivas que os Estados têm para se desenvolver de acordo com seus projetos sociais e políticos, ainda que por causa de suas condições desfavoráveis, alguns Estados não possam alcançá-los.

No que diz respeito às regras substanciais, o uso de princípios justos deve logicamente levar a uma rediscussão dos termos do "livre comércio" em favor de um "comércio justo", a anular ou pelo menos limitar ainda mais o peso intolerável da dívida externa, a criar um Fundo Alimentar para recursos alimentares básicos[112] e a negociar o estabelecimento de uma tributação internacional como um instrumento corretivo e redistributivo que visa restaurar certa igualdade na situação econômica e social entre os Estados[113]. Porém, a revisão das regras para uma nova NOEI também envolve a modificação das regras formais, porque nisso reside, sem dúvida, a maneira mais realista de obter regras substanciais que sejam mais justas. A mera existência de um sistema processual desigual em questões de representação e negociação produz, de fato, regras substanciais injustas, que são precisamente as características do sistema atual. São sempre os países ricos que redigem os textos que servem de base às negociações e decidem questões econômicas essenciais, inclusive as relacionadas ao desenvolvimento. Os meios para chegar a uma verdadeira equidade de situação entre países pobres e países ricos passam, assim, pelo restabelecimento de uma reivindicação antiga e essencial do Terceiro Mundo: o desejo de obter uma melhor representatividade nos organismos internacionais e de poder ter uma voz equitativa nas negociações sobre normas e em sua implementação. Trata-se nem mais nem menos do direito dos países em desenvolvimento e dos menos desenvolvidos serem verdadeiramente tratados como iguais, com o mesmo interesse que todos os outros e com o mesmo respeito devido a qualquer Estado[114].

---

112. Proposição argumentada de Bedjaoui (2011, p. 201). Ver também as cinco propostas de Schutter (2011).

113. Por exemplo, para uma análise jurídica sobre investimentos e o conceito de "tratamento justo e equitativo", que parece cada vez mais fundamental na jurisprudência, ver Dupuy & Kerbrat (2010, p. 795). Para uma análise filosófica, desta vez, sobre tributação internacional e o princípio de um sistema que é redistributivo em escala global, ver Pogge (2007, p. 202) e Ferry (2004, p. 46).

114. O confisco do poder pelas antigas potências é justamente contestado pelos novos países emergentes, que estão na vanguarda de certas mudanças nessa direção. O ex-embaixador de

No entanto, a extrema complexidade dos dossiês técnicos atuais significa que, mesmo que eles sejam equitativamente representados, os países menos desenvolvidos estarão em grande desvantagem nas negociações internacionais se não for fortalecida a sua capacidade de negociar em igualdade de condições. Isso implica, de antemão, a possibilidade de manter representações permanentes na OMC, quando algumas ainda não o podem fazer. Também significa ser capaz de ter acesso equitativo às informações para poder fazer escolhas estando bem informado. Poderíamos multiplicar os exemplos de situações em que os países em desenvolvimento são mantidos afastados das principais negociações e de forma alguma podem mudar uma situação de desigualdade em questões comerciais e financeiras, porque eles não têm o poder de estar bem informados, de serem ouvidos e serem capazes de influenciar as negociações de qualquer maneira. Por exemplo, é sabido que o aquecimento global ameaça perturbar as condições de vida dos habitantes de áreas costeiras de baixa altitude, como as pequenas ilhas e áreas semiáridas, mas os Estados em questão são incapazes de influenciar nas negociações globais sobre o clima.

Além disso, os países pobres ficam ainda mais desfavorecidos quando celebram acordos bilaterais, razão pela qual certos países ricos preferem essa opção. Por mais injusto que o Acordo sobre Aspectos dos Direitos de Propriedade Intelectual Relacionados ao Comércio (TRIPs) possa parecer, elaborado principalmente por uma dúzia de juristas do setor industrial (Sell, 2003)[115], ele representa uma norma internacional multilateral, sujeito a estudos e controles aprofundados, enquanto muitos acordos bilaterais recentes firmados entre os Estados Unidos e alguns países em desenvolvimento (Chile, Jordânia, Vietnã, Marrocos etc.) incluem regras para a proteção dos direitos de propriedade intelectual mais restritivas para os países pobres. E a Emenda ao Acordo TRIPs, adotada na OMC em 2005, mostra que o processo de discussões e negociações multilaterais da OMC permite mobilizar

---

Cingapura no Conselho de Segurança Kishore Mahbubani apontou a contradição: "O século XXI conhece um sério paradoxo: são as nações mais democráticas do mundo, as nações ocidentais, que fazem de tudo para manter essa ordem mundial antidemocrática. Nesses países, nunca uma minoria poderia impor decisões à maioria: é exatamente o que o Ocidente faz em escala mundial" (Marchesin, 2010, p. 19).

[115]. Historicamente, um acordo internacional nunca foi tão favorável às multinacionais como o Acordo TRIPs, o que explica a sua contestação em 2001.

melhor a opinião pública e alcançar avanços impossíveis bilateralmente. Pela primeira vez um texto oficial da OMC afirmou claramente que a proteção da saúde pública tem precedência sobre a propriedade intelectual e que ele deve ser usado na interpretação do TRIPs nessa área específica.

Todas as propostas de reforma que mencionamos brevemente já foram detalhadas de várias maneiras e agora são bem conhecidas e, além disso, sob a influência da crise de 2008, foram feitos progressos nos últimos anos no que diz respeito às regras formais de representação, como mostram as novas composições do novo Conselho de Estabilidade Financeira ou do Comitê de Supervisão Bancária de Basileia ou a mais recente reforma do FMI (Chavagneux, 2011). Mas este é apenas um começo muito discreto.

A ascensão do princípio da equidade está no centro de um esforço para reconstruir uma nova ordem econômica da sociedade pós-colonial global. A equidade pode se tornar o princípio fundamental, ao mesmo tempo o meio e o fim, que deve orientar as disposições jurídicas do direito internacional econômico e do direito internacional do desenvolvimento. A terceira solução, portanto, defende a transformação da ordem jurídica e econômica atual em uma ordem justa, o que corresponde a uma ordem social liberal. É social porque são criados mecanismos de solidariedade, de redistribuição de fundos e de discriminação positiva em benefício dos Estados desfavorecidos. Mas continua sendo liberal, pois conserva o princípio do mercado e do livre comércio, mesmo redesenhado como um comércio justo. Como tal, podemos esperar que seja economicamente eficiente e, ao mesmo tempo, socialmente equitativa. Essa terceira opção social-liberal também mostra que é necessário diferenciar na mente das pessoas e nos fatos uma forma de liberalismo econômico e político que faz parte da solução em nível global e que não é de modo algum o ultraliberalismo desregulado, desenfreado e cheio de instabilidade que o mundo está experimentando atualmente. Isso está longe de ocorrer, porque o modelo neoliberal contemporâneo tende a gerar um consenso ferozmente antiliberal que parece tão excessivo em suas conclusões que, ao condenar qualquer modelo de direito econômico liberal, ele se engana de adversário e se abstém de pensar em uma alternativa a partir do liberalismo do próprio direito internacional, em uma versão social e justa capaz de garantir as chances de desenvolvimento sustentável para todos.

Sem que seja possível aqui desenvolver esses aspectos, deve-se enfatizar que a introdução da equidade no direito internacional econômico também implica recomendar uma ação dupla: uma ação a favor do desenvolvimento sustentável que consagre um princípio de equidade inter-geracional e reordene a economia inteiramente a serviço de um desenvolvimento moderado, social e ambientalmente amigável e uma ação internacional específica em favor dos mais desfavorecidos do planeta, para levar a cabo os Objetivos de Desenvolvimento do Milênio. Sobre o primeiro ponto, a reorientação do direito internacional a serviço da equidade inter-geracional e do desenvolvimento sustentável (incluindo seus fins humanos e sociais), consagrada no Preâmbulo do GATT 1994, é considerada como o resultado final de toda essa reconstrução. Mesmo supondo que a ordem jurídica e econômica existente seja socialmente equitativa para todos os Estados, de que adiantaria essa reforma se continuar sendo uma ordem que propaga um modelo de crescimento ilimitado e consumo irrestrito? Quanto ao segundo ponto, as reformas recomendadas com vistas à equalização das condições dos Estados não visam À completa igualdade de resultados, mas, obviamente, isso não vale para situações de grave sofrimento humano em relação às graves doenças, a fome, a extrema pobreza ou mesmo o analfabetismo, porque nesses casos a obrigação do resultado é essencial. Esse ponto é essencial e resgata os Objetivos de Desenvolvimento do Milênio como uma prioridade absoluta em uma sociedade internacional mais justa reconfigurada pela equidade, onde os mais desfavorecidos devem poder se beneficiar de uma ação internacional específica e direcionada. Nesse caso, todo o esforço para tornar obrigatórios os direitos fundamentais mencionados antes, como o direito à água, à saúde e à alimentação, também são decisivos. Mas desta vez a legalização desses direitos fundamentais e a ação em favor de objetivos específicos para combater as situações humanitárias mais graves seriam integradas a uma reforma global de ordem econômica, que, portanto, não seria mais sistematicamente limitada em seus efeitos por uma ordem que constantemente produz tanta miséria e desigualdade quanto gera riqueza.

4.2. A possível implementação de uma nova NOEI?

As fortes críticas vertidas nos últimos anos contra o modelo neoliberal, a desconstrução das práticas jurídicas que o acompanham e a proliferação de textos internacionais que defendem uma globalização "justa", no entanto, podem representar um ponto de inflexão que não excede o nível da linguagem e, portanto, não levarem a uma alternativa jurídica (e econômica) realista e juridicamente vinculante. Não é por acaso, por exemplo, que a última rodada do GATT, dedicada ao desenvolvimento, a Rodada de Doha, que visa não apenas abrir mais mercados, mas também corrigir certos desequilíbrios globais, está há muito tempo em ponto morto, pois mostra, sem surpresa, uma forte relutância em seguir nessa direção e tensões muito grandes subjacentes às negociações. Tendo em vista a amplitude das mudanças que são invocadas com a introdução do princípio da equidade, surge a questão de saber como esta nova utopia de reformular as regras do sistema jurídico-econômico existente através do princípio da equidade, esta nova NOEI, pode ser considerada mais realista do que em 1974, quando a primeira NOEI foi proclamada. Essa questão é crucial à luz da história e das tentativas abortadas de impor a primeira NOEI e constitui, ao que parece, um tipo de teste real a partir do qual é necessário pesar as condições empíricas de realização da terceira solução. É nessa perspectiva que podem ser expressos três argumentos que permitem pensar que existe hoje um contexto mais realista para influenciar a ordem jurídico-econômica em um sentido justo.

Em primeiro lugar, o desafio desta nova NOEI é reavivar os pressupostos de uma crítica ao sistema jurídico e econômico dominante, mas levando em consideração as lições do passado. O contexto internacional mudou totalmente de qualquer maneira. É necessário reformular as regras econômicas existentes, não se baseando na repetição de *soft law*, em resoluções que, no final, criam amargura e desilusão, ou em uma base ideológica que se tornou muito questionável. É necessária uma reformulação das regras juridicamente baseadas no princípio da equidade e pragmaticamente baseadas em lutas jurídicas direcionadas e na negociação da revisão de acordos existentes e nos estatutos das instituições econômicas internacionais em todos os principais setores envolvidos: comércio, investimento, finanças; e no novo setor tributário internacional. O que era impossível na década de 1970 devido a fortes clivagens ideológicas e a um clima apaixonado, compreensível à luz dos eventos, é sem dúvida mais acessível e viável no contexto pragmático das primeiras décadas do século XXI.

Em segundo lugar, parece necessário livrar-se de denominações frequentes em textos internacionais relacionados à "globalização justa",

O que é uma sociedade internacional justa? | 133

uma vez que a globalização não é mais justa do que desigual por si só, é um processo de interdependência complexo, considerado aqui do seu ângulo econômico, que não tem nada a ver com justiça, que não tem como objetivo produzir justiça ou injustiça, equidade ou iniquidade. Apoiar o inverso é de fato repetir, infelizmente, essa confusão de ordens minuciosamente denunciadas por André Comte-Sponville em relação ao capitalismo (Comte-Sponville, 2004, p. 92). Não há mecanismo regulatório interno no processo de globalização que possa agir quando se trata de questões éticas, de modo que tentar tornar o processo de globalização econômica intrinsecamente justo é utópico. Por outro lado, é perfeitamente possível impor limites jurídicos externos com base no princípio da equidade. Essa visão leva a duas considerações subsidiárias. Ela sugere que a globalização não é um processo econômico inevitável e irreversível, o qual podemos culpar dos fracassos políticos e econômicos ou as sucessivas crises globais ou nacionais que abalam o planeta, exonerando os líderes políticos, no Norte como no Sul, e os operadores econômicos e financeiros do planeta de sua própria responsabilidade em manter um sistema desigual e instável. Ela também pressupõe que seja atacada a "crise do direito" pela qual a sociedade internacional está passando neste campo desde o final da Guerra Fria, de modo que a lei do mercado deixe de ser quase sistematicamente a lei do mais forte (Supiot, 2010, p. 91)[116]. Voltamos à ideia de que a economia deve estar subordinada à política e aos limites jurídicos que ela pode introduzir, para evitar a despolitização final de todas as relações internacionais buscadas pelos neoliberais. Na realidade, tal abordagem também exige uma investigação aprofundada, que não poderá ser realizada aqui, sobre o papel do Estado e dos centros oficiais de poder e de decisão que foram recompostos de maneira diferente em favor da globalização, porque a revalorização do direito e da política supõe antecipadamente saber como identificar aqueles que agirão de acordo com as normas ou as obstruirão. Assim, por exemplo, muitos atores privados, como empresas multinacionais, os ecritórios de auditoria anglo-saxãos, as associações profissionais ou mesmo cartéis internacionais influenciam diretamente

---

[116]. Como economista e especialista em desenvolvimento, Joseph Stiglitz (2006, p. 18) também denunciou fortemente o fato de que as instituições internacionais apresentam a globalização ultraliberal como inevitável quando existem alternativas e escolhas econômicas sempre possíveis.

a formulação das regras da globalização, a fim de reforçar seus próprios interesses, de tal forma que é essencial pensar em reformas que levem em devida conta o peso e a influência desses novos poderes se quisermos que elas sejam eficazes[117].

Em terceiro lugar, pode-se pensar que o recurso à equidade coincide com o interesse dos Estados e até dos operadores privados de tal forma que ele seja realmente privilegiado. Qualquer mudança no sistema jurídico-econômico existente parece realista em apenas três hipóteses: se corresponde ao interesse dos Estados, a uma motivação fundamental de suas opiniões públicas ou se ambos estão cientes das catástrofes planetárias que os ameaçam[118]. Mas mesmo se o catastrofismo e a reação da opinião pública começarem a se mobilizar em relação ao meio ambiente (mas não à pobreza), fica claro que, no momento, apenas o mecanismo de interesse ainda prevalece, de modo que apenas o interesse parece fazer as coisas acontecerem. Em outras palavras, uma reforma justa do sistema existente só pode ser realista se ela servir não apenas os Estados pobres, mas também os interesses econômicos dos mais poderosos atores públicos e privados. É interessante notar que talvez seja exatamente nesse nível que as coisas podem mudar em comparação aos anos anteriores. Acontece que as últimas teorias econômicas parecem agora apoiar a introdução da equidade na economia. Atualizando um antigo debate sobre a relação equidade/eficiência, elas mostram que uma situação mais equitativa é favorável à eficiência econômica dos mercados e, portanto, lucrativa para todos (Banco Mundial, 2006, p. 260). Se a sociedade mundial se tornar mais equitativa, proporcionará mais oportunidades para todos, Estados ricos e Estados pobres, porque "fundamentalmente, as boas instituições econômicas são equitativas: para prosperar, uma sociedade deve criar condições que incentivem grande maioria [...] para investir e inovar" (Banco Mundial, 2006, p. 11). Desigualdades muito grandes levam a conflitos, frustrações, concorrência desleal no nível dos próprios Estados, impossibilidade de alguns terem acesso ao mercado, falta de inovação e criatividade e total

---

[117.] Ver Chavagneux (2011, p. 20) e Strange (1996, p. 16). De qualquer forma, é necessário pensar em uma "refundação de poderes" em nível internacional, como demonstrado de maneira convincente por Delmas-Marty (2007).

[118.] Sobre a opinião pública, ver Habermas (1998, p. 121). Para um pensamento catastrófico, ver Dupuy (2002).

improdutividade econômica. Também sabemos que as políticas econômicas e sociais defendidas apenas funcionam realmente se os países em desenvolvimento e suas populações se apropriarem delas e realmente participarem delas. No entanto, esse processo de apropriação só pode ser feito se Estados e populações tiverem a sensação de que o modelo dominante contém princípios de justiça social, tanto dentro dos Estados (democracia e direitos humanos) como também entre os Estados[119]. E é ainda mais importante levar em conta que, até agora, muitas medidas impostas pelo sistema e a condicionalidade das ajudas alimentam uma enorme sensação de desamparo, frustração e ressentimento. Em resumo, essas novas análises tendem a mostrar que só pode ser realmente eficiente economicamente um modelo socialmente equitativo, uma vez que a equidade é um fator de maior eficiência. Dessa forma, até os Estados dominantes e os grandes operadores privados poderiam ver seus interesses atendidos por essa reforma, e, portanto, tornar menos irrealista a perspectiva dessa nova NOEI como um caminho essencial para resolver os problemas de desigualdade e pobreza no mundo.

Na realidade, nos mantemos muito pessimistas enquanto formulamos essa possibilidade, porque existe uma ambivalência fundamental nesse uso da equidade que pode reproduzir os velhos problemas que enfrentamos hoje nesta área devido à ambivalência intrínseca e originária das práticas jurídicas ligadas ao desenvolvimento. O novo discurso econômico e jurídico da "globalização justa" pode ser uma simples retórica recuperada pelos atores públicos e privados da globalização e desviada do seu objetivo principal, isto é, longe de redirecionar o modelo neoliberal de desenvolvimento, ele pode, pelo contrário, assegurar a sua aquiescência através da redução das duas mais dolorosas consequências humanas e sociais (Gosovic, 2000, p. 507; Favereau, 1995, p. 65; Boyer, 1992, p. 33). Portanto, como alguns sugerem, pode ser que apenas nos restem as lutas de resistência social, a partir de baixo, com base no uso "contra-hegemônico" do direito internacional

---

[119]. O conceito de "apropriação" tornou-se um dos novos *leitmotivs* dos doadores e das grandes agências de desenvolvimento, e permanece suscetível a múltiplas manipulações. No entanto, apesar das fortes críticas ao sistema existente, alguns dos autores mais radicais do Sul insistem nessa re-apropriação do desenvolvimento econômico pelas populações do Sul e a reforma do sistema. A "redefinição conceitual dessas questões" deve ser feita em prioridade a partir do Sul (Tandon 2009, p. 204).

do desenvolvimento, o que pode realmente trazer uma reforma do direito internacional econômico e do desenvolvimento. Mas na verdade mesmo aqueles que defendem isso também parecem duvidar de sua capacidade de realmente mudar as coisas (Rajagopal, 2003).

4.3. O princípio da igualdade em questão: da igualdade formal à equidade

Por fim, continua sendo necessário fazer um balanço das mudanças que estão ocorrendo no direito internacional, mostrando como o princípio da igualdade tem sido profundamente problematizado à luz delas. Uma nova lógica de igualdade tem sido implementada com o direito internacional do desenvolvimento, a qual busca restaurar certa igualdade material e econômica entre os Estados sem se restringir ao antigo direito internacional, o qual era baseado inteiramente no princípio de uma igualdade soberana concebida abstratamente. Não se trata mais apenas da ausência de discriminação formal entre Estados, mas de agir positivamente para favorecer deliberadamente os Estados mais pobres, que, devido à sua situação econômica e social, são *de fato* discriminados. É por isso que não é mais realmente a igualdade, mas a equidade que é invocada para transformar o direito internacional. Se a introdução da equidade não surpreende à luz das demandas da justiça econômica e social nos Estados pobres, ela ilustra uma evolução complexa do princípio da igualdade no direito internacional, para o qual devemos retornar para concluir esta primeira parte, a fim de entender melhor as tentativas atuais de reformulá-lo, levando em consideração as circunstâncias particulares de sociedade internacional pós-colonial.

A sociedade colonial e imperial dos dois últimos séculos não era uma sociedade de Estados iguais, mas uma sociedade hierarquizada e desigual, baseada na distinção entre Estados civilizados, sujeitos do direito internacional, Estados semicivilizados, beneficiando-se de certas normas particulares de direito internacional, e povos não civilizados que não podiam se beneficiar do direito internacional (Jouannet, 211, p. 154). Povos não civilizados ou bárbaros e Estados insuficientemente civilizados eram percebidos essencialmente de maneira etnocultural pelos Estados civilizados

O que é uma sociedade internacional justa? | 137

que estavam convencidos da necessidade de dominá-los e guiá-los rumo à civilização e, portanto, ao clube de Estados iguais e soberanos, sujeitos plenos de direito internacional. Num contexto latente de racismo e todos os tipos de preconceitos, sua inferioridade era considerada perfeitamente natural, justificada por sua natureza inferior e diferente. Considerado intrinsecamente ligado às suas características etnoculturais, seu baixo desenvolvimento tecnológico e econômico também foi invocado para justificar seu status juridicamente inferior. Os povos não civilizados foram reduzidos ao status jurídico de objetos do direito internacional, enquanto os Estados semicivilizados não desfrutavam de personalidade e capacidade total e completa em termos de direito internacional. Portanto, nenhum deles poderia gozar de igualdade de status e direitos com os Estados civilizados, e todas as relações que o direito internacional clássico codificou entre Estados civilizados e não civilizados tinham em comum a dependência e a desigualdade. Isso foi resumido pelo internacionalista Antoine Pillet (1894, p. 24):

> Não há igualdade de direitos entre Estados civilizados e Estados não civilizados ou menos civilizados [...] Entre a condição de alguns e a condição de outros, há uma desigualdade flagrante e essa desigualdade é, na matéria, a verdadeira base de seus relacionamentos.

Em suma, por uma completa inversão de seus princípios, o direito internacional clássico consolidou e justificou uma superioridade do direito, do poder e de organização em benefício das nações civilizadas, que foram diretamente contra os princípios liberais de igualdade e liberdade soberana que se aplicavam aos Estados civilizados entre si. No entanto, a descolonização acabou com esse sistema jurídico discriminatório e permitiu estender a igualdade jurídica do direito das gentes clássico a todos os Estados ou entidades políticas constituídas como Estados soberanos. Quando eles conquistam a independência, esses povos constituídos como Estados se tornam sujeitos plenos do direito internacional e, portanto, Estados formalmente iguais aos antigos sujeitos do direito internacional, mesmo que sua situação material fosse claramente desfavorável e desigual comparada a de outros Estados. Sendo juridicamente iguais, estão sujeitos aos mesmos direitos e deveres do direito internacional.

No entanto, o princípio da igualdade formal que se aplica a eles como resultado da descolonização tem efeitos contrastantes. Tem efeitos positivos. Diferentemente da antiga sociedade colonial e imperial, que era desigual e hierárquica e que compartimentalizava cada Estado em seu lugar, a nova sociedade pós-colonial baseia-se na igualdade de status de todos os Estados, novos e antigos, e se apresenta como uma sociedade aberta. É certo que o mundo pós-colonial não ignora as desigualdades reais e todos estão perfeitamente conscientes das enormes disparidades na situação entre os Estados após a independência, mas essas diferenças de fato não mais colocavam os povos ou certos Estados em um status jurídico diferente e inferior. Portanto, obteve-se uma conquista fundamental: a eliminação de uma heterogeneidade radical entre Estados, a qual justificava a impossibilidade de igualdade de status e de direitos internacionais. O direito internacional pós-colonial não os considera juridicamente como incapazes ou semi-incapazes devido a uma suposta natureza etnocultural não civilizada ou semicivilizada e a uma condição econômica deficiente que os manteria em uma posição inferior a outros Estados. Os Estados descolonizados não se enganaram sobre a importância desse reconhecimento. Uma vez descolonizados, eles exigiram primeiramente a aplicação dessa igualdade de status e direitos, como evidenciado por uma das grandes resoluções da época, a Resolução 2.625, de 24 de outubro de 1970 (Declaração relativa aos princípios do Direito Internacional sobre Relações amigável e cooperação entre Estados), uma vez que afirma como princípio fundamental do direito internacional pós-colonial o da igualdade soberana entre os Estados: "Todos os Estados gozam de igualdade soberana. Eles têm direitos e deveres iguais e são membros iguais da comunidade internacional, apesar das diferenças econômicas, sociais, políticas ou outras".

No entanto, essa nova igualdade jurídica entre Estados soberanos, puramente formal, não apagou as diferenças e muito menos as desigualdades socioeconômicas; e é nesse estágio que surgem as dificuldades, porque, ao mesmo tempo, não foi suficiente para restaurar a igualdade de oportunidades de desenvolvimento econômico para todos, e em particular para os países em desenvolvimento que acabaram de emergir da colonização. O princípio da igualdade formal entre Estados também tem aspectos negativos sobre os quais a NOEI (e o clássico direito do desenvolvimento) queria agir, mas que complicam o escopo de seus princípios e daqueles

O que é uma sociedade internacional justa? | 139

que hoje são relativos a uma "globalização justa". Há uma mudança da luta pela igualdade de status e, portanto, pela igualdade de direitos entre os Estados, para uma demanda por um direito à diferença de tratamento. A igualdade formal está preservada, mas depois de ter sido percebida como um poderoso instrumento para a libertação de Estados descolonizados, é gradualmente percebida como capaz de ser também um instrumento de opressão em benefício dos Estados ricos e dominantes, porque obscurece desequilíbrios flagrantes na situação econômica e social entre Estados. Em outras palavras: existe um contraste gritante entre "a alocação igual de direitos e a distribuição desigual de bens" (Ricoeur, 2004, p. 312). Então ela provoca um desencantamento e leva ao desejo de estender a igualdade de direitos para uma equalização de condições e, portanto, de encontrar regras de repartição justa em uma sociedade profundamente desigual, que parece condenada a sempre pagar pelo desenvolvimento em termos de riqueza por meio de novas desigualdades. No entanto, levar isso em conta significa reintroduzir distinções de status que precisamente a igualdade formal pretendia superar. Assim, depois de obter a supressão das diferenças de situação que costumavam justificar a discriminação negativa, os Estados descolonizados querem se apoiar nas diferenças socioeconômicas para estabelecer dessa vez uma discriminação positiva. Depois de sofrerem de um status jurídico desigual, eles reivindicam um status jurídico tanto igual como desigual. Obviamente, isso complica a questão da igualdade porque a nova reivindicação jurídica de tratamento diferenciado não é um substituto, mas coexiste com a igualdade formal entre Estados. Daí, por exemplo, a demanda por desigualdade compensatória em benefício dos países desfavorecidos, que coexiste com o princípio da igualdade formal de todos os Estados. Alguns enxergam nos textos internacionais uma inconsistência entre as disposições que afirmam a igualdade dos Estados "sem discriminação" e as que pedem para levar em conta suas diferenças para estabelecer um regime preferencial. É uma lógica contraditória que está em ação aqui, mas, ao mesmo tempo, a aposta da introdução do princípio da equidade na ordem jurídico-econômica internacional envolve aprofundar o princípio da igualdade jurídica entre Estados, e para fazê-lo em um sentido justo, deve levar em consideração as desigualdades de fato que os diferenciam: repensar as regras jurídicas internacionais em matéria econômica que permitem proteger ao mesmo tempo a liberdade/soberania dos Estados, sua igualdade jurídica, e introduzir uma maior igualdade de condições para o desenvolvimento dos Estados.

Esse novo aspecto do princípio da igualdade, considerado do ponto de vista da equidade, responde à questão das desigualdades entre os Estados e da organização econômica e social da sociedade internacional. Ele corresponde à preocupação de pôr fim às discriminações de situações entre Estados, resultantes do período colonial, para restaurar, ao mesmo tempo que a igualdade jurídica de direitos, uma verdadeira igualdade de oportunidades dos Estados em seu desenvolvimento econômico e uma igualdade de resultados para as situações humanitárias mais graves[120]. Mas não se trata de prever uma igualdade completa de condições materiais que, aliás, nenhum Estado ou observador se atreve a advogar. Obviamente, o objetivo não é pretender alcançar uma igualdade perfeita, o que é inatingível, mas remediar a situação de profunda desigualdade de condições com respeito ao mercado, tecnologias, medicamentos e, portanto, no que diz respeito às possibilidades reais de se desenvolver. Como resultado, tem-se que as desigualdades consideradas aceitáveis sempre permanecerão e que não se trata do direito de cada Estado ter estritamente os mesmos recursos e se beneficiar da mesma renda[121]. Tal ponto de vista emerge de um igualitarismo estrito, que já foi objeto de muitas desconstruções e sobre o qual não há necessidade de insistir, porque não apenas é completamente irrealista, mas, além disso, é totalitário nos seus efeitos, uma vez que corresponde a uma nova forma de dominação baseada na mais completa equalização possível das condições de cada um e na eliminação de todas as formas de diferença[122].

---

[120]. Sobre essas distinções, ver Koubi & Guglielmi (2000).

[121]. Nem toda a desigualdade é considerada injusta, mas, no que se refere às circunstâncias e requisitos vinculados ao princípio da equidade, são consideradas como injustas as desigualdades reparáveis resultantes da existência de um sistema econômico e social injusto. O mesmo pode ser dito das situações injustas, mas não desiguais, que também são corrigíveis. Sobre a noção de injustiça reparável, ver Sen (2009, p. 12).

[122]. Ver Rosanvallon (1999, p. 232). O autor também mostra que isso implica acabar com a representação de um único espaço econômico global, fluido e homogêneo.

CONCLUSÃO

A situação atual mostra que a questão do desenvolvimento continua sendo um dos problemas mais fundamentais da sociedade internacional, um problema que é pelo menos tão essencial ou inseparável das questões relacionadas com a paz e a segurança internacionais. Isso é o que os redatores da Carta das Nações Unidas vislumbraram, acrescentando o objetivo de desenvolvimento ao da paz internacional (Art. 1) e, portanto, a promessa de alcançá-los em conjunto porque a paz foi concebida em 1945 como dependente a longo prazo do desenvolvimento econômico e social dos Estados e vice-versa. A história do antigo Terceiro Mundo fornece uma melhor compreensão de todas as evoluções que se seguiram e da lógica jurídica em funcionamento desde a década de 1950, com o direito do desenvolvimento tentando pôr fim às imensas desigualdades socioeconômicas existentes entre Estados após a descolonização. Esta história também revela o lado sombrio desse direito, que sempre foi parcialmente instrumentalizado para se voltar contra aqueles que dele deveriam se beneficiar e para estabelecer um poder hegemônico ocidental, subordinando-o a uma ordem jurídica e econômica desigual e mantendo uma dependência econômica, política e social dos padrões liberais que ainda não foram totalmente recuperados ou reformulados de dentro pelas populações envolvidas. Portanto, é apenas com a condição de ser "repensado seriamente", particularmente em conexão com a reforma do direito internacional econômico, que o direito internacional do desenvolvimento poderá traduzir a esperança de justiça social que ele incorpora desde os primeiros pedidos de reforma jurídica do Terceiro Mundo da década de 1970 (Rajagopal, 2003).

Apesar de seus efeitos ambivalentes, o direito internacional do desenvolvimento, clássico e novo – o que nós definimos com muita precisão no contexto deste estudo como distinto do direito internacional econômico existente –, também reflete a aspiração a uma sociedade internacional equitativa e humana e, portanto, uma exigência fundamental de justiça

O que é uma sociedade internacional justa? | 143

social em nível global ligada ao surgimento da sociedade pós-colonial. A esse respeito, também deve ser enfatizado que o objetivo de uma ordem jurídico-econômica mais equitativa, a serviço de um verdadeiro desenvolvimento humano e sustentável, agora potencialmente preocupa todos os Estados do planeta, porque desde o fim da Guerra Fria estamos imersos em um sistema econômico globalizado que, na velocidade de seu crescimento e de suas múltiplas crises, vai continuar fazendo novos vencedores e novos perdedores. E é bem possível que em pouco tempo sejam os antigos dominados que estejam lutando com mais afinco para manter regras desiguais que então estarão usando para seu próprio benefício. Os novos grandes Estados emergentes que no passado criticaram a ordem jurídica e econômica existente, agora apenas raciocinam em termos de se aproximar do modelo de acumulação e produção de riqueza e não se pode deixar de notar que esses Estados, que aceitaram plenamente as regras neoliberais do direito internacional econômico, são paradoxalmente hoje mais temidos pelo Norte do que aqueles que, na década de 1970, denunciavam violentamente a injustiça das regras da ordem econômica mundial. Isso não significa que todas as injustiças e desigualdades socioeconômicas decorrentes do passado estejam resolvidas e terminadas. Longe disso, significa simplesmente que serão combinadas com novas desigualdades no Norte, ligadas ao advento de uma sociedade global ultraliberalizada.

Esse ponto merece alguma atenção, pois a situação parece mais complexa do que em certos discursos. Um tipo particular de discurso sobre a globalização tende a considerar obsoleta a existência das fraturas pós-coloniais que fundaram nossa história global, considerando-as definitivamente ofuscadas por trás da representação de um mundo unido e sem fronteiras, que não experimentaria mais uma grande divisão estrutural, que seria gerenciado por uma governança global caracterizada pelo livre comércio, pela democracia e pelos direitos humanos, e que finalmente encontraria uma verdadeira unidade após a bipolarização anterior do mundo (Fukuyama, 1992). No entanto, se o mundo realmente mudou de várias maneiras e se as desigualdades são transversais ao Norte e ao Sul, como foi enfatizado aqui, não podemos concordar com essa representação. Ela não apenas parece errada na imagem consensual do presente que ela pretende retratar, mas, além disso, permite oportunamente ocultar as desigualdades econômicas e sociais herdadas do passado. Certamente não se trata de se apegar desnecessariamente ao passado, mas de levar em conta sua realidade e seus efeitos persistentes ao longo do tempo. Além disso, o projeto que consistiria em remover completamente esse passado dos problemas econômicos e sociais atuais seria ainda mais indesejável, já que o fim da Guerra Fria deu origem a outro tipo de reivindicações baseadas na identidade e na memória. É difícil vislumbrar como essas aspirações podem ser satisfeitas evitando a história. Ao contrário, esse encobrimento poderia até as exacerbar profundamente.

PARTE II

Direito internacional e reconhecimento: uma sociedade internacional decente?

Existe atualmente no plano internacional uma demanda por reconhecimento que é tão forte que assume a forma de um fenômeno social internacional da mesma natureza que o gerado pelas expectativas de desenvolvimento. Para se convencer disso, é necessário apenas considerar as múltiplas reivindicações que foram feitas nas três últimas décadas neste campo e que provêm de todos os lados: vários grupos sociais como, por exemplo, minorias, povos indígenas, mulheres, homossexuais ou até mesmo, e este é sem dúvida o aspecto mais desconcertante, alguns próprios Estados manifestaram seu desejo de ter reconhecido plenamente no nível internacional aquilo que lhes confere igual dignidade, mas também sua identidade específica, e ao mesmo tempo pôr fim aos atos insuportáveis de estigmatização ou marginalização de que eles se consideram ser objeto. Embora possa estar ligada a elas, essa necessidade de reconhecimento está em um plano completamente diferente das expectativas em termos de desenvolvimento, porque as reivindicações de reconhecimento se referem ao respeito pelas identidades e culturas de cada um. Em outras palavras, não nos perguntamos mais sobre como remediar as diferenças socioeconômicas entre os Estados, mas sobre as representações culturais e simbólicas nas quais eles evoluem e os meios que podem revalorizar identidades desprezadas ou culturas dominadas.

Essa explosão de questões relacionadas ao reconhecimento cria um novo problema para o direito internacional, uma vez que até agora ela foi tratada apenas de maneira muito subsidiária e sem dar a ela nenhum

O que é uma sociedade internacional justa? | 147

interesse real. Isso é evidenciado pelo fato de que nenhum dos principais textos internacionais após 1945 fala a esse respeito e que o princípio de tal reconhecimento nunca foi mencionado diretamente na Carta das Nações Unidas. A própria ideia da necessidade de reconhecimento e seu tratamento jurídico não veio à mente dos tomadores de decisão após a Segunda Guerra Mundial, mesmo que pedidos já estivessem sendo feitos por Estados anteriormente dominados se sentindo estigmatizados ou pelas minorias que haviam tanto embaraçado a Europa desde o século XIX, e, ainda assim, certos textos do pós-guerra procederam, sem formulá-lo como tal, a um primeiro passo fundamental de reconhecimento jurídico dos Estados e dos indivíduos como sujeitos do direito. O fato de a necessidade de reconhecimento e seu tratamento legal não terem surgido até a década de 1990 não foi uma surpresa, pois foram as circunstâncias particulares do contexto pós-Guerra Fria que suscitaram no cenário internacional as questões relacionadas ao reconhecimento e o início de uma nova era cada vez mais dominada por essas questões. No entanto, não é certo que a emergência desse fenômeno de reconhecimento no plano internacional tenha recebido toda a importância que merece, embora toda uma série de novos instrumentos jurídicos demonstre o interesse dos tomadores de decisão nessa matéria. Existem várias razões para isso, duas das quais nos parecem principais. Primeiro, apesar de hoje ser apresentado como um fato incontestável, as identidades, que são a base do reconhecimento, são consideradas perigosas por alguns e, portanto, devem ser escondidas e não valorizadas pelo direito (Wieviorka, 2005, p. 40). Segundo, de acordo com a prática internacional usual, os instrumentos legais adotados na área de reconhecimento foram adotados de forma aleatória, de acordo com as várias necessidades expressas de maneira fragmentada. Portanto, eles permanecem dispersos, sem necessariamente construir um elo entre eles e sem que se possa perceber que o reconhecimento é precisamente o seu fio condutor. No entanto, deve-se prestar atenção a eles se quisermos compreender as mudanças mais essenciais do direito internacional, porque aqui está outra evolução decisiva do princípio da igualdade formal do antigo direito liberal clássico, mas também da justiça social internacional, tal como começou a surgir com os instrumentos jurídicos baseados no desenvolvimento. Como Nancy Fraser destacou para as sociedades domésticas, desde o fim da Guerra Fria as novas lutas por reconhecimento deslocaram parcialmente a natureza e os critérios da justiça social, mas desta vez para uma escala global. Elas se sobrepõem e se cruzam com as antigas reivindicações de natureza econômica, dando origem à ideia de uma sociedade internacional que gostaríamos de ver não apenas se tornar *equitativa*, graças a um direito de desenvolvimento que finalmente é eficaz, mas também *decente*, isto é, com base no respeito pelo outro, graças ao direito internacional do reconhecimento (Margalit, 1996)[123].

Ainda é necessário analisar e entender as traduções jurídicas, mas também as implicações dessa segunda evolução, uma vez que ela ainda não foi apresentada dessa forma em termos de pesquisa, pelo menos não para o nosso conhecimento, e que, além disso, cria toda uma gama significativa de dificuldades. Portanto, exige ser estruturada e questionada em profundidade, e ser colocada em uma perspectiva histórica à luz da qual, sem dúvida, seremos capazes de entender melhor sua emergência e sua importância. Por causa do novo contexto criado pela queda do Muro de Berlim, o reconhecimento se tornou um novo paradigma da sociedade internacional, que pode ser apresentado como a contrapartida do paradigma de desenvolvimento nascido após a Segunda Guerra Mundial, e despertou, portanto, um direito internacional do reconhecimento como remédio para múltiplos ataques à identidade e à cultura (Capítulo 5). É possível identificar toda uma série de regras e práticas jurídicas que podem ser agrupadas, uma vez que têm o mesmo objetivo de atender a novas expectativas nessas áreas. Sem prejudicar uma pesquisa mais global e mais técnica que deverá ser realizada posteriormente, estudaremos aqui apenas aquelas questões que nos parecem mais significativas, porque expressam de forma muito particular as apostas vinculadas à preservação de culturas e identidades e a lógica jurídica que as distingue: é o caso da preservação e promoção da diversidade de expressões culturais através da Convenção da Unesco de 2005 (Capítulo 6), da existência de direitos específicos relacionados a identidades, incluindo os direitos humanos (Capítulo 7), e da reparação dos danos históricos ligados ao racismo e ao colonialismo (Capítulo 8). Embora dadas como certas, mas também consideradas problemáticas, todas essas regras e práticas jurídicas requerem uma reflexão geral sobre

---

[123]. Margalit aborda esta questão apenas do ponto de vista moral, e não do direito e da justiça, onde nos situamos.

a arquitetura geral que está gradualmente tomando forma graças a essa segunda evolução, em particular na maneira como elas se sobrepõem ou são articuladas aos dois outros ramos do direito internacional que também foram citados no contexto deste estudo, a saber, o direito internacional de desenvolvimento e o direito internacional econômico (Capítulo 9).

CAPÍTULO 5

Evolução do reconhecimento no plano internacional

O atual fenômeno do reconhecimento está enraizado em um mundo internacional que sempre foi heterogêneo e multicultural, mas que apenas tardiamente aceitou essa realidade de maneira completa. Ele inclui todas as formas de reivindicações vinculadas a gênero, nação, idiomas, história, culturas ou religiões e atravessa o planeta inteiro, de Leste a Oeste e de Norte a Sul. No entanto, a existência mais específica de um direito internacional relacionado ao reconhecimento não é evidente e resulta de uma evolução por etapas que nos convida a entender que esse ramo do direito, como o reconhecimento em que se baseia, abrange vários significados. Essa evolução destaca uma jornada complexa e singular, ligada em parte ao difícil legado da colonização, onde a expectativa de reconhecimento internacional se refletia, antes da Guerra Fria, em uma demanda por igualdade de status e direitos. No novo contexto pós-Guerra Fria, as expectativas de reconhecimento assumem eletivamente a forma de uma reivindicação inversa, especificada em um direito à diferença. Essa dissociação de expectativas e respostas jurídicas que têm sido dadas sucessivamente através do direito internacional não deve surpreender, uma vez que é apenas um reflexo das diferentes modalidades possíveis de reconhecimento. Longe de ser um processo homogêneo, o reconhecimento é um fenômeno que pode variar de acordo com as circunstâncias da sociedade internacional, as expectativas daqueles que o constituem em um determinado momento e a natureza das próprias negações de reconhecimento.

O que é uma sociedade internacional justa? | 151

5.1. Do direito internacional das nações civilizadas ao direito internacional pós-colonial

Até a descolonização, o direito internacional era em si um direito estigmatizante, que refletia apenas a distorção de poder entre Estados, o sentimento de superioridade de toda uma classe política e o racismo latente de uma época inteira. Ele era em si um instrumento de negação de reconhecimento e de dominação, porque se baseava inteiramente na discriminação fundamental feita entre Estados civilizados e não civilizados. Assim, após a descolonização, o reconhecimento de igual status para todos será a manifestação por excelência do reconhecimento da identidade dos novos Estados. Esse reconhecimento de status, que pôs fim à discriminação do período colonial, não reside na afirmação de um direito à diferença, mas no de um direito à igualdade que não leva em conta as diferenças e que é justamente indiferente às diferenças.

a) O direito internacional das nações civilizadas

Como observado, o direito internacional clássico estabeleceu a distinção entre Estados civilizados, que eram sujeitos do direito internacional, e Estados ou povos não civilizados ou semicivilizados, que não eram sujeitos do direito internacional. A distinção era feita com base em um critério cultural/civilizacional, ou, mais especificamente, etnocultural, porque considerações étnicas e raciais estavam subjacentes aos critérios culturais e civilizacionais (Hornung, 1885, p. 456). É verdade que a diferença na situação socioeconômica e a falta de desenvolvimento tecnológico e industrial de Estados e povos não europeus também foram fatores que os fizeram ser considerados pelos europeus como "retardados" ou "imóveis", razão pela qual não podiam reivindicar o status de Estado totalmente civilizado e, portanto, sujeito de direito. Mas a base para a diferenciação de status introduzida pelo direito internacional clássico era acima de tudo cultural. Mais precisamente, o direito internacional clássico impunha a existência de um "padrão de civilização" com o qual deveriam se conformar todos os povos que desejassem se tornar um sujeito de direito internacional e que não era senão o da civilização euro-americana. De acordo com James Lorimer em

1884: "Apesar dessa tendência de generalização, um direito internacional comum, tácito e permanente apenas existirá entre nações cujos padrões morais e a cultura intelectual sejam idênticos" (Lorimer, 1884, p. 335).

Sem surpresa, a civilização e a cultura euro-americanas foram consideradas incontestavelmente superiores pela quase maioria dos juristas da época – principalmente brancos e ocidentais –, os quais, apesar de seus esforços para tentar mostrar interesse em outras culturas, mal escondiam seu desprezo e desconfiança delas, e muitas vezes também seu racismo. Esta civilização e cultura embasava de maneira subjacente todo o direito internacional euro-americano desde o Iluminismo. Tratava-se da famosa tríade racionalismo, humanismo e liberalismo, a qual foi considerada como tendo gerado o progresso tecnológico e industrial, a prática do contrato, a existência de jurisdições independentes, a abolição da escravidão e o respeito às liberdades civis e políticas. Os Estados ou povos que ainda não haviam integrado seus valores eram vistos como desprovidos desse grau de razão, de vontade e de maturidade, o que impedia considerá-los como pessoas jurídicas e, portanto, a sujeitos de direito capazes de criar e usar as regras do direito internacional. O internacionalista Raymond Piédelièvre (1984, p. 19) resume a opinião geral de seus contemporâneos ao afirmar que o:

> [D]ireito internacional pressupõe essencialmente a reciprocidade, ou seja, uma consciência suficientemente desenvolvida entre as nações cujas relações externas são governadas por ele, bem como sua vontade deliberada e persistente de aplicar às suas relações mútuas os preceitos do direito e da justiça.

Assim, uma das justificativas mais conhecidas para o processo de colonização estava totalmente integrada ao direito internacional: a "missão sagrada da civilização" justificava a colonização, reconhecida como perfeitamente lícita pelo direito internacional, pois ela deveria permitir que os não civilizados acessassem a civilização euro-americana através da mudança gradual da sua identidade de povos não civilizados para a de povos civilizados. Como Berman (2008, p. 277; 2007, p. 150) mostra, não se queria remover completamente as características identitárias, mesmo que fossem não civilizadas, dos povos dominados, mas, de uma maneira que é

O que é uma sociedade internacional justa? | 153

mais sutil e mais ambivalente, metamorfoseá-las para que se encaixassem na civilização ocidental, que era considerada o estágio final de toda civilização, para a qual todo ser humano deveria tender naturalmente. Berman cita a esse respeito o dossiê do governo francês no caso dos Decretos de Nacionalidade na Tunísia e no Marrocos (CPJI, 1923), onde foi explicado que a missão civilizatória da França no norte da África era "libertar" a verdadeira identidade dos árabes que não era francesa, mas que, no entanto, "evoluiria dentro do quadro mais amplo das concepções ocidentais"[124]. O governo francês deveria assim, através da colonização, atuar sobre a identidade pré-colonial dos povos dominados, dando origem a uma nova identidade, mais plena e completa que, em última análise, "seria a revelação aos árabes de sua verdadeira identidade".

Além disso, é particularmente interessante notar que a possível inclusão de certos Estados no círculo de sujeitos do direito internacional euro-americano se baseou na técnica jurídica de *reconhecimento*. O reconhecimento era definido como o ato jurídico unilateral, individual ou coletivo, pelo qual os Estados civilizados atestavam o grau suficiente de civilização e, portanto, a maturidade de uma entidade política para fazer parte da "comunidade de Estados civilizados", atribuindo-lhes, assim, um novo status como Estado totalmente civilizado, totalmente soberano e totalmente sujeito de direito internacional[125]. Em outras palavras, esse ato de reconhecimento punha fim à situação de exclusão e desqualificação de uma entidade política, que anteriormente havia sido discriminada por ser insuficientemente civilizada[126]. O reconhecimento era, portanto, um ato absolutamente essencial do direito internacional clássico, a chave para entrar no clube dos Estados civilizados, sujeitos do direito internacional. Mas ele era restritivo e discriminatório. O ato de reconhecimento da época não implicava um reconhecimento da diferença constitutiva do Outro e de sua identidade. Ao contrário, era um ato de reconhecimento da semelhança de valores e do grau de civilização alcançado por um Estado ou um povo que havia sido anteriormente considerado diferente de um ponto de vista etnocultural. Ao fazê-lo, como se

---

[124]. Documento apresentado em nome do governo da República Francesa: Caso de decretos de nacionalidade na Tunísia e Marrocos. CPJI, 1923, série C, nº 2, p. 3.

[125]. Ver o *Annuaire de l'Institut de droit international* (1928).

[126]. Ver sobretudo os três tipos de reconhecimento inventados por Lorimer (1885, p. 104).

baseava na semelhança, o reconhecimento não pretendia conceder status jurídico igual aos novos sujeitos, apesar de suas diferenças, mas um status jurídico igual com base nas semelhanças culturais e civilizacionais. A integração na "comunidade dos Estados civilizados" e a concessão de uma igualdade de status e direitos foram feitas por assimilação forçada e uniformização, ou seja, quando o novo Estado reconhecido tivesse apagado, pelo menos na aparência, as diferenças culturais ou civilizacionais que o opunham aos Estados euro-americanos e apresentasse um grau aceitável de "consciência civilizada". Segundo Fauchille (1922, p. 30):

> A participação dos Estados no direito internacional positivo supõe certa identidade ou semelhança entre os hábitos, os costumes, as instituições sociais ou jurídicas, uma prática comum dos mesmos procedimentos, uma reciprocidade nos modos de relação.

Na realidade, a apreciação do critério civilizacional deu origem a todas as manipulações políticas possíveis e o certificado de "Estado civilizado" era concedido de acordo com a evolução da diplomacia internacional. O reconhecimento obedecia a considerações eminentemente políticas e pragmáticas. Turquia, China, Japão e os Estados sul-americanos foram assim integrados de acordo com a evolução das relações internacionais, enquanto foram constantemente excluídos todos os Estados africanos, exceto a Etiópia – que acabou sendo ocupada pela Itália –, e vários países da Ásia. No entanto, além das considerações políticas e econômicas que guiaram o ato de reconhecimento, os povos dominados que quisessem ser reconhecidos como Estados civilizados eram forçados a adotar certas instituições, certos direitos públicos e privados e algumas das práticas mais fundamentais dos Estados euro-americanos, começando pelo princípio do Estado moderno e pela noção ocidental de direito. Isso é evidenciado pela maneira pela qual a Turquia se obrigou a reformar seu direito judicial, comercial, civil e criminal para imitar o modelo francês e, portanto, veiculando valores que às vezes eram difíceis de conciliar com sua tradição islâmica. O exemplo do Japão também chama a atenção pelo mimetismo ao qual os Estados não euro-americanos foram forçados para poder exercer um papel no cenário internacional. A transformação da política educacional japonesa por volta da década de 1870 marcou, assim, um dos principais pontos de inflexão do país em direção ao Iluminismo Europeu e sua completa e deliberada reforma para os moldes do Estado e da modernidade ocidental (Gluck, 1985). E, gradualmente, os governos dos Estados orientais acabaram adotando instituições de inspiração ocidental. Esse mimetismo se espalhou ainda mais na época, na medida em que a crença na superioridade da civilização euro-americana era amplamente compartilhada por parte das elites dos países não ocidentais. O que Jalal Al-e-Ahmad (1988) chamou de "ocidentalidade" para o Irã, por exemplo, foi uma época em que havia um desejo constante de copiar os costumes e estilos de vida do Ocidente (Memmi, 1985, p. 17). A civilização euro-americana traduzia de maneira geral – assim como o direito internacional que era seu produto puro – algo moralmente bom e desejável, o que dotava os europeus da época de uma forma eminente de prestígio e os destinava naturalmente, mesmo aos olhos da elite de muitos povos dominados, a ser seu propagador para todos aqueles que não a conheciam.

Além disso, não se pode deixar de notar que a necessidade de cumprir o código cultural e civilizacional euro-americano obedeceu a uma lógica de dominação que existiu em todas as regiões do mundo. Até o século XX, os sistemas de relações exteriores de outras regiões do mundo eram de fato cosmogonias sujeitas ao domínio de um Estado e de uma cultura dominantes que decretavam que os outros eram inferiores, inclusive europeus. Foi assim que a Porta Sublime se considerava o centro de um sistema islamocêntrico até o século XVIII (Numa, 2000, p. 33). E se ela concedia um sistema de capitulações, isentando estrangeiros de cumprir a lei turca, era também porque estava fora de questão que os infiéis pudessem ser submetidos ao mesmo direito que os verdadeiros crentes. Com uma civilização com mais de 4.000 anos, a China se autodenominava o "Império do Meio", e sujeitava os seus vizinhos a seu código cultural e considerava os euro-americanos como bárbaros. Portanto, não surpreende que os conflitos ligados ao imperialismo britânico na China tenham se cristalizado com negações de reconhecimento e situações de humilhação que foram vivenciadas como tais nos dois lados[127].

[127.] Em particular, a recusa de ritual de reverência pelo embaixador inglês Lord Macartney em 1793, que, segundo Alain Peyrefitte (1989, p. IX), está na origem do conflito cultural permanente que opõe a China aos ocidentais.

Após a Primeira Guerra Mundial, a Liga das Nações manteve completamente a colonização do mundo através do sistema de mandatos e do princípio de um direito internacional civilizado, baseado na distinção entre povos civilizados e não civilizados. Na mesma época, certos intelectuais do mundo colonizado, incluindo os grandes pensadores do Renascimento indiano, Sri Aurobindo ou Rabindranath Tagore, já estavam advertindo fortemente o Ocidente quanto a ideia de estabelecer uma ordem mundial livre e universal que não reconhecia o direito dos povos à autodeterminação e que não acabava com "a visão dos povos infantis colocados sob tutela pelas nações adultas" (Mattelart, 2006, p. 19). Além disso, é anedótico, mas particularmente significativo, ver que os redatores do Pacto da Liga das Nações se recusaram a incluir no Pacto o princípio de igualdade dos povos e raças propostos pelos japoneses, o que foi sentido por eles como uma verdadeira humilhação. Depois de muitas discussões contestando essa proposta, o princípio da "igualdade de tratamento das nacionalidades em todos os países" foi adotado, o que não teve nada a ver com a proposta japonesa. É certo que, na época, o Japão teve o cuidado de não falar de sua própria política discriminatória em relação a outros povos asiáticos, mas o fato é que rejeitar o princípio da igualdade de raças era reconhecer implicitamente o princípio de sua desigualdade e, assim, inevitavelmente criar um terrível sentimento de estigmatização e discriminação.

As coisas só começaram a mudar depois de 1945, uma vez que a Segunda Guerra Mundial reorganizou as cartas nessa direção e a Carta das Nações Unidas registrou certos princípios fundamentais nesse ponto. Deve-se observar que, apesar de sua aparente abertura, ela permanece baseada nos princípios mais discriminatórios do sistema colonial, o que limita imediatamente o escopo dos princípios exibidos. O texto da Carta das Nações Unidas consagra, portanto, em nível internacional, toda uma série de princípios que poderiam ter trabalhado na direção de um vasto movimento de reconhecimento, como o direito à autodeterminação dos povos, os direitos humanos, o princípio da não discriminação racial e aquele da igualdade entre homens e mulheres, bem como entre "nações grandes e pequenas" (Preâmbulo, "2"). Retomando a luta do Japão na Liga das Nações, a China exigiu que a questão racial fosse reexaminada por representantes de São Francisco. Por um raciocínio simples, mas incontestável, à luz do estado de espírito da época, ela argumentou que seus nacionais eram

O que é uma sociedade internacional justa? | 157

tratados como sub-humanos nos Estados Unidos porque ela mesma havia sido considerada um sub-Estado, racialmente inferior. Como todos os Estados emancipados em 1945, mas ainda sentindo o estigma da discriminação passada, a China solicitou em 1945 que a igualdade racial fosse reconhecida, assim como sua identidade como Estado e como povo com igual dignidade aos outros para que seus nacionais desfrutassem de uma genuína igualdade de tratamento no exterior e não de um status inferior (De Frouville, 2001). O resultado foi satisfatório com a proclamação solene do princípio da igualdade e a proibição de discriminação com base na raça entre povos, Estados e indivíduos.

Mas, mesmo que os redatores da Carta endossassem esses novos princípios, a contradição estava inscrita no cerne da Carta, uma vez que foi instituído o regime dos territórios não autônomos (Capítulo XI) e o regime de tutela (Capítulo XII), que assumiu o lugar do sistema de mandatos da Liga das Nações e, assim, perpetuou o sistema de dominação colonial das potências vitoriosas (Mazower, 2009). O direito à autodeterminação dos povos inscrito como objetivo das Nações Unidas (Art. 1, "2") era, por sua vez, muito limitado em seu escopo e poderia dar origem ao mesmo mal-entendido causado por certos discursos de Woodrow Wilson entre 1917 e 1918. Ele não era destinado aos povos colonizados, mas aplicável aos povos já livres, que deveriam poder decidir sua forma de governo independentemente de qualquer influência estrangeira. Além disso, a Carta e o direito internacional após 1945 continuaram a estabelecer uma diferenciação jurídica entre os povos de acordo com seu nível de desenvolvimento e sua capacidade de administrar a si mesmos (Arts. 73 e 76), bem como seu grau de civilização. Os territórios não autônomos eram expressamente definidos em termos etnoculturais, conforme indicado pelo trabalho do Comitê Especial da época. Segundo esse Comitê, presumia-se que um território era "não autônomo" se fosse "geograficamente separado ou étnica ou culturalmente distinto do país que o administra"[128]. Todos os novos princípios potencialmente emancipatórios ainda eram dominados por uma concepção de relações políticas internacionais herdadas do colonialismo,

---

[128]. Já citado por Virally (1990, p. 334). O Comitê é responsável por opinar sobre os princípios que devem inspirar os membros ao interpretar as disposições do Capítulo XI, conforme a Resolução 147 (XIV), de 12 de dezembro de 1959.

porque, mesmo que tenha sido dado lugar a esses princípios na Carta, ela continuava compartilhando com o antigo sistema colonial a mesma estrutura política, social e cultural estigmatizante que o caracterizava.

b) O direito internacional pós-colonial

Um real processo de reconhecimento que acabasse com as representações culturais e sociais do passado pressupunha transformações muito mais profundas do que as escritas no texto de 1945 e foi somente com o grande movimento de descolonização das décadas de 1950 e 1960 que toda distinção etnocultural entre os povos foi finalmente abandonada como condição para garantir a personalidade jurídica internacional e o status de Estado soberano. O movimento pelas independências causa uma inserção quase generalizada dos antigos povos dominados e colonizados no círculo dos sujeitos do direito internacional, com base na licitude do direito à autodeterminação dos povos (Resolução 1.514, de 14 de dezembro de 1960), e não no critério da civilização e na antiga técnica jurídica de reconhecimento. Os povos descolonizados desfrutam automaticamente de personalidade e capacidade jurídica como um novo Estado, e um status jurídico igual ao de seus antigos Estados colonizadores. Ao fazê-lo, os efeitos estigmatizantes do direito internacional clássico, induzidos pelas noções de Estado semicivilizado ou de povos não civilizados e não autônomos, finalmente desaparecem, assim como a diferença de status que decorria deles. Na mesma época, o conceito de "comunidade de Estados civilizados" foi abandonado em favor do de "sociedade internacional". A ideia de sociedade realmente significa unidade, respeitando a pluralidade dos valores culturais e civilizacionais de todos, enquanto o conceito de comunidade refletia a necessidade de compartilhamento dos mesmos valores (Jouannet, 2011, p. 170).

Portanto, foi nesse momento, e não em 1945, que um primeiro fenômeno de reconhecimento do Outro realmente ocorreu internacionalmente, com o direito internacional colocando um fim – pelo menos juridicamente, se não de fato – a séculos de desvalorização e estigmatização dos povos colonizados através da sua adesão automática e generalizada ao status de Estado e sujeito pleno do direito internacional. O mero fato de os antigos povos colonizados serem considerados sujeitos do direito internacional iguais a outros, em particular aos antigos colonizadores, com os mesmos direitos e obrigações, é de fato uma modalidade fundamental do reconhecimento da sua identidade, uma vez que são finalmente considerados e tratados juridicamente como tendo igual dignidade um do outro (Honneth, 1992; Taylor, 1992). Além disso, esse desenvolvimento jurídico não causou profundas revoltas internas no direito internacional, porque na realidade é uma questão de se aplicar plenamente a todos os Estados do planeta, sem usar mais critérios discriminatórios, os princípios liberais pluralistas da liberdade soberana e da igualdade formal sobre a qual estava fundado o direito internacional desde o velho direito das gentes moderno do século XVIII. O que ele representava para os Estados euro-americanos até a descolonização agora é simplesmente estendido para todos. Tratava-se de um direito formal que, a partir das guerras da religião na Europa, foi corretamente construído sobre a neutralidade e a tolerância no que diz respeito às escolhas culturais, políticas e religiosas dos Estados, sejam elas quais forem, e que, portanto, foi usado para justificar a exclusão de países não europeus apenas por causa de uma apropriação indevida de seus preceitos fundadores. Agora estendido a todos, ele se mostra pelo que ele era originalmente, um instrumento jurídico de emancipação que proclama a igualdade formal de todos e sua indiferença às diferenças, consagrando o respeito ao pluralismo cultural *de jure,* que, diferentemente dos seus princípios originais, tinha anteriormente imposto a uniformização de acordo com um mesmo modelo civilizacional.

c) Os limites do processo de reconhecimento

Na verdade, essa "neutralidade" do direito internacional e o respeito ao pluralismo cultural não podem esconder o fato de serem então mais fáceis de proclamar, pois, na década de 1960, todas as sociedades humanas do planeta estavam em processo de reformulação nos moldes dos Estados ocidentais e de seus valores subjacentes. A colonização e a dominação europeia, o critério do padrão civilizatório, já tinham começado a produzir seus efeitos, redefinindo a identidade dos povos não europeus através do prisma da cultura política e jurídica europeia e, ao fazê-lo, causando uma contínua erosão de suas formas e conteúdos tradicionais para pensar o direito e a política. Não conseguindo penetrar nas profundas estruturas culturais e sociais dessas sociedades, a colonização e até a simples dominação resultaram frequentemente na imposição de tudo o que constitui os principais elementos da juridicidade ocidental (Xifaras, 2007, p. 185). Além disso, durante os anos seguintes às independências, o movimento de ocidentalização jurídica continuou e até aumentou. Assim que se tornaram independentes, os novos governos estabeleceram Estados modernos, com base nos antigos valores do poder colonizador, porque viam nessa forma de Estado uma promessa de modernidade e desenvolvimento. O *impetus* mimético estava mesmo no auge para poder "modernizar" o país. Em outras palavras, a descolonização completou paradoxalmente o processo de "civilização" devido à submissão voluntária das jovens nações independentes ao legalismo ocidental e ao direito internacional existente. Não sem uma cruel ironia, a descolonização continuou a reformular a identidade daquelas nações como povos não ocidentais nas categorias jurídicas do direito internacional existente e, portanto, contribuiu com a ocidentalização do mundo.

Além disso, mesmo que valesse a pena reconhecer para os novos Estados sua identidade como povo livre e soberano, o acesso ao status de sujeito de direito igual aos demais não pôs fim da noite para o dia aos sentimentos de negação de reconhecimento de suas culturas e identidades porque as mudanças jurídicas e sociais que ocorreram não removeram as representações culturais e simbólicas estigmatizantes subjacentes a todas as relações internacionais, herdadas de um passado tão longo de dominação. Por um lado, a era do direito do desenvolvimento começou desde os anos 1950 e, com ela, a mesma lógica implícita de discriminação entre Estados desenvolvidos e subdesenvolvidos e os mesmos efeitos inevitavelmente estigmatizantes (Nahavandi, 2009, p. 30). Não foi por acaso, como dissemos, que as jovens nações independentes preferiram se qualificar como de "Terceiro Mundo" ou se estabeleceram como "países não alinhados", porque assim afirmaram seu orgulho recuperado e combateram indiretamente o lado sombrio do direito do desenvolvimento. Léopold Sédar Senghor expressou isso muito bem ao dizer que a Conferência de Bandung, de 1955, traduziu em escala planetária "a tomada de consciência de sua eminente dignidade pelos povos de cor" e "a morte do complexo de inferioridade" (apud Ben Achour, 2003, p. 155). No entanto, o fato de os novos Estados estarem na base da pirâmide do desenvolvimento permaneceu profundamente estigmatizante e as repetidas falhas das políticas de desenvolvimento apenas aumentariam esse sentimento. É somente com o sucesso dos grandes Estados emergentes que o sentimento de orgulho e de autoestima parece ter se tornado realidade para alguns deles, não porque esse sucesso rompe a estrutura simbólica humilhante de escala de desenvolvimento e o que ela pressupõe, mas porque, no mínimo, esses Estados agora são encontrados no topo da escala e não mais embaixo.

Por outro lado, ser culturalmente dominado permaneceu um ponto de confronto contínuo com o Norte. A ambivalência trágica dos Estados descolonizados, ainda sujeitos à hegemonia econômica ocidental, dividida entre o desejo de se modernizar e o de reencontrar sua identidade, permanecerá uma constante no mundo pós-colonial contemporâneo. Essa é uma das razões pelas quais a demanda por reconhecimento evoluirá com o tempo, até assumir atualmente a forma de um direito de preservar juridicamente suas culturas, bem como, para alguns, um pedido de compensação por danos históricos infligidos a identidades feridas e desprezadas pela colonização. Dessa forma, suas novas demandas fazem parte de um movimento muito mais global que afeta toda a sociedade internacional pós-Guerra Fria e que desta vez reside na demanda por um direito à diferença.

5.2. Culturas e identidades durante e após a Guerra Fria

Essa imagem renovada do reconhecimento como direito a preservar sua diferença étnica, cultural ou civilizacional tem suas raízes na preocupação dos Estados descolonizados de revalorizar seu patrimônio cultural e histórico esquecido e passa pela reabilitação da noção bastante desconcertante de identidade cultural. Mas foi após o final da Guerra Fria que se tornou uma reivindicação verdadeiramente fundamental para muitos grupos sociais, incluindo os antigos Estados descolonizados, pois a partir desse momento a necessidade de reconhecimento se tornou mesmo um fenômeno social total que atravessa todas as sociedades (Caille, 2007).

a) Durante a Guerra Fria

A questão das identidades culturais não é nova e faz parte da lógica do movimento de independência e do desejo de retornar às origens por parte dos Estados emancipados, para não apenas afirmar sua independência, mas também recompor sua singularidade[129]. A partir da descolonização, os novos Estados ou os anteriormente dominados não deixaram de defender sua independência cultural e, para isso, reivindicaram uma identidade baseada nas suas próprias culturas, ou seja, aquelas que possibilitam sua distinção dos antigos colonizadores e revelam o valor de sua herança pré-colonial (Lara, 1984, p. 309). Em 1956, um congresso fundador foi organizado em Paris, onde grandes escritores do Terceiro Mundo africano se reuniram em torno de Alioune Diop, diretor da *Présence africaine*, incluindo Léopold Sédar Senghor, Aimé Césaire, Richard Whright e Frantz Fanon. Alioune Diop acolheu assim os participantes:

> Se desde o final da guerra o encontro de Bandung constituiu o evento mais importante para as consciências não europeias, acredito que posso afirmar que este primeiro Congresso Mundial de Homens da Cultura Negra representará para nossos povos o segundo evento desta década (Diop, 1956, p. 9).

A denúncia dos estragos do colonialismo nas culturas indígenas e o empobrecimento em benefício da dominação europeia estão no centro de certas apresentações. Foi falado sobre culturas invadidas, destruídas e humilhadas, e foram afirmados – notavelmente graças à antropologia estruturalista – a equivalência entre culturas, o reconhecimento da singularidade de cada cultura como fonte da identidade de povos e indivíduos, de sua dignidade, seu florescimento e sua criatividade. Também foram redescobertas as memórias históricas pré-coloniais que participam da constituição dessa identidade. No entanto, além desse diagnóstico compartilhado, as intervenções são divididas em dois campos e refletem uma

---

[129]. No plano doméstico, esse tipo de reivindicação remonta a mais longe, ao "anticolonialismo subordinado" e depois ao anticolonialismo das elites, antes da independência (Sivandan, 2006, p. 118).

oscilação, que encontraremos constantemente mais adiante, entre aqueles que radicalizam uma divisão completa entre a cultura do colonizador e a cultura dos colonizados e aqueles que privilegiam uma abordagem dialética entre os dois, como Aimé Césaire, com o conceito de criolização, ou Léopold Sédar Senghor, com o de negritude (Césaire, 2000; Sengor, 1988). Da mesma forma, a interação com as várias culturas divide os intelectuais quanto à importância que lhes é dada nos novos Estados de libertação nacional. Segundo alguns, a nova cultura nacionalista não deve se afastar da Europa e do mundo, mas entender outras culturas e enriquecer-se com o seu contato. Por outro lado, outros serão muito mais radicais em oposição ao Ocidente e na defesa de culturas nacionais fechadas em si mesmas, uma atitude que acreditam ser necessária para restaurar identidades.

O fato que importa é que, para além das posições dos grandes intelectuais do Terceiro Mundo, a preservação e o florescimento de sua cultura se tornam um objetivo comum de todos os novos Estados que lutam pela "descolonização de suas identidades" (Renaut, 2009) e pela reapropriação de suas culturas destruídas ou marginalizadas pelo domínio colonial. Em 1966, no contexto revolucionário da Conferência Tricontinental de Havana, que reuniu oitenta e dois países não alinhados da África, Ásia e América Latina, os delegados proclamaram na Declaração Final o direito dos povos a conservar e desenvolver sua herança cultural e comprometeram-se a lutar contra o "imperialismo cultural" ocidental para fazer com que suas "verdadeiras" artes e culturas frutifiquem. Em 1976, em Port Louis, os Estados da Organização da União Africana adotaram a Carta Cultural da África. Esse texto lembra no preâmbulo que:

> A dominação, no nível cultural, levou à despersonalização de uma parte do povo africano, falsificou sua história, sistematicamente denegriu e combateu os valores africanos, tentou substituir gradual e oficialmente suas línguas pela do colonizador.

Os Estados africanos afirmaram o seu compromisso com a diversidade cultural, o retorno aos valores e idiomas africanos, a conservação do patrimônio cultural e muitas outras medidas em favor desse retorno às origens. Em Bogotá, em janeiro de 1978, os Estados da América Latina e do Caribe tornaram ainda mais clara a "identidade cultural" como "a base da vida dos povos" que, ao mesmo tempo, "brota de seu passado e é projetada para o futuro para que nunca seja estática, mas ao mesmo tempo histórica e prospectiva, estando sempre no caminho de sua melhoria e desenvolvimento" (Unesco, 1978). Na Cidade do México, em 1982, a Unesco adotou uma Declaração sobre Políticas Culturais que valorizava essa ideia e pedia o combate a todas as formas de dominação cultural. A Declaração afirma em particular que "a identidade dos povos contribui para a libertação dos povos" e, portanto, que "inversamente qualquer forma de dominação nega ou compromete essa identidade". Afirma-se também o vínculo com o desenvolvimento, ou seja, a necessidade de adotar um desenvolvimento econômico e social que possa preservar identidades culturais, e que também seja cultural em si, porque a cultura é considerada como "uma dimensão fundamental do processo de desenvolvimento", que permite "a satisfação das aspirações espirituais e culturais do ser humano". Começamos a pensar que o desenvolvimento dos países pobres não teve êxito porque o fator cultural foi negligenciado e, portanto, o desenvolvimento econômico deve ser conciliado com os diversos contextos socioculturais. Todas as teorias anteriores do desenvolvimento, quaisquer que fossem, tinham em comum a ideia de que a economia deveria ter precedência sobre fatores culturais. Os vários atores envolvidos visam, portanto, a um processo de desenvolvimento diferente, que se basearia mais nos recursos oferecidos pelas populações envolvidas e mais respeitoso das suas especificidades culturais.

A reivindicação identitária e cultural será traduzida de diferentes maneiras, de acordo com os diversos Estados. Bessis (2003, p. 314) mostrou perfeitamente o gerenciamento paradoxal dessa questão em muitos Estados pós-coloniais que oscilavam entre o mimetismo ocidental e o retorno à tradição. As elites dominantes atuam constantemente nas duas frentes. Algumas tendem a fazer prevalecer uma cultura estritamente nacionalista e igualitária, outras a se abrirem para a mistura de culturas ou mesmo para copiar a cultura ocidental enquanto tentam preservar suas tradições, como o caso do Irã, enquanto outras, ainda, insistirão de maneira muito mais radical no retorno às suas raízes, origens ou religiões, como o caso do Zaire ou alguns países árabes. Em 1962 foi criada em Meca a Liga Islâmica Mundial (Rabita al-Alam al-Islami), que em sua Declaração Final afirmou que "aqueles que negam o Islã e distorcem sua mensagem sob o pretexto de nacionalismo são os inimigos mais traiçoeiros dos árabes" (Sindi, 1980,

p. 186). Na mesma década de 1960, o tribalismo foi reinventado com Joseph Désiré Mobutu, que empreendeu a "zairianização" do Congo e, portanto, o que ele considerava ser a herança cultural do Zaire em sua forma mais pura. O objetivo era desenvolver formas de identidade (tribalismo, religiosidade, culturalismo), que às vezes eram reinventadas, nas quais embasar a legitimidade. Estas formas de identidade são diferentes do nacionalismo do Terceiro Mundo que se caracterizava pelo secularismo e socialismo igualitário (identidade nacionalista) e das exigências de hibridizações de culturas (miscigenação cultural ou identidades múltiplas)[130].

A questão cultural ou identitária certamente não foi negligenciada pelo Terceiro Mundo durante a Guerra Fria. No entanto, as formas de dominação e estigmatização, ligadas à cor, cultura e história dos povos colonizados ainda eram tratadas de maneira menor e secundária no nível internacional (e doméstico) em relação às questões econômicas e sociais. Os países recém-descolonizados não fizeram uma reivindicação fundamental porque não apenas estavam preocupados principalmente em promover seu desenvolvimento econômico, mas, além disso, muitos acreditavam que seria suficiente garantir sua prosperidade material para obter uma sociedade pós-colonial liberada e apaziguada, onde as identidades e as culturas encontrariam todo o seu potencial para florescer. As prioridades estavam, portanto, em outros lugares, o que não é surpreendente à luz das condições de privação material de certos Estados e das constantes preocupações ligadas ao desenvolvimento. Mas acontece que, além do fato de que as soluções econômicas e sociais não funcionaram bem, muitas das reivindicações de identidade que se pensava serem secundárias eram, na realidade, igualmente decisivas e demandaram se expressar. O fim da Guerra Fria as fez ressurgir como sendo absolutamente cruciais e demonstrou que as várias manifestações desse desejo de identidade, que já tinham se expressado antes, eram a indicação de que se tratava de uma demanda tão fundamental quanto inescapável. Além disso, o fenômeno assumirá tal magnitude que rapidamente se oporá, e com razão, contra os Estados descolonizados porque, ao mesmo tempo que eles denunciam fortemente as negações de reconhecimento de que são alvo por outros

---

[130]. Na maioria das vezes, refletem um racismo inverso daquele do ex-colonizador. Ver Cervello (2003, p. 971).

Estados, aplicaram muito pouco as técnicas de reconhecimento em suas próprias sociedades. Ao contrário, os próprios novos Estados geraram ou permitiram que fossem geradas múltiplas situações de estigmatização ou marginalização de certos grupos sociais, religiões, culturas ou etnias.

b) Após a Guerra Fria

A partir de 1989, a questão ressurgiu e se generalizou porque transcendeu o mero contexto de descolonização. Em todos os lugares e em todos os continentes surgiram reivindicações ligadas a identidades e culturas, um sinal de que, longe de estar resolvido, o problema é muito profundo, a tal ponto de agora tornar-se um dos elementos mais emblemáticos e preocupantes da nova sociedade globalizada. As novas demandas assumem várias formas, dependendo de cada contexto particular, mas são particularmente impressionantes quando estão na origem de conflitos muito mortais, como em Ruanda ou nos Bálcãs (Holsti, 1996; Thual, 1995). Essa irrupção às vezes muito violenta da questão da identidade perturba e surpreende um mundo pós-Guerra Fria, que pensava estar consensualmente reunido em torno de valores comuns. Na realidade, ela é explicada em razão de dois eventos que estão intimamente ligados: o fim da Guerra Fria e a nova globalização.

Embora questões identitárias e culturais tenham sido discutidas longamente por movimentos de libertação nacional e Estados descolonizados, a Guerra Fria ajudou a reprimir a maioria das reivindicações provenientes de grupos e minorias devido a rivalidades estratégicas entre os dois blocos e a divisão ideológica Leste-Oeste que impôs em todos os lugares dois modelos sociais com reivindicação universal. As identidades culturais (religiosas, linguísticas, nacionais, étnicas) foram até percebidas por vários governos como perigosas para a integridade do Estado e suas demandas foram devidamente reprimidas (PNUD, 2004). Com o fim da Guerra Fria, testemunhou-se sem surpresa a emergência de um novo mundo de diversidade, o despertar de múltiplas aspirações de povos, minorias e indivíduos – que eram capazes de falar por eles mesmos –, para encontrar sua identidade maltratada pelo jogo Oriente-Ocidente e pelas políticas nacionalistas e, para fazer isso, reativaram sua cultura, religião ou nacionalidade,

O que é uma sociedade internacional justa? | 167

afirmando inclusive sua identidade contra as demais, quando necessário, um fenômeno que é muito conhecido nas ciências sociais (Cuche, 2010). E nesta nova sociedade internacional que não é mais carregada pelas grandes ideologias sociais transformadoras da Guerra Fria, os sofrimentos e injustiças começam a ser expressos em um registro diferente e mais pessoal, que toca a personalidade dos indivíduos e dos grupos.

A isso deve ser adicionado o impacto da nova globalização. Como sabemos, ela não é apenas de natureza econômica, mas também designa elos de crescente interdependência entre povos, ideias, culturas e saberes. No entanto, visto de um ângulo cultural, teve resultados paradoxais[131]. Por um lado, foi aclamada como geradora de verdadeiras hibridizações de culturas pela proximidade e a aproximação que ela implica. Ela também reduziu a sensação de isolamento que prevalecia em muitos países pobres e proporcionou um acesso ao conhecimento que não existia. Mas, por outro lado, ela era vista como favorável à hegemonia de um único modelo cultural ocidental (principalmente americano) em todo o planeta. Considera-se que essa hegemonia se apoia em novos meios de comunicação, mas também nas regras jurídicas do comércio internacional ultraliberalizado, que permitem que produtos culturais americanos ou ocidentais se imponham nos mercados internos (Warnier, 2008). Ao fazer isso, a globalização ainda hoje suscita medos coletivos quanto a uma possível homogeneização dos modos de vida e de pensamento. Portanto, o paradoxo não é trivial ao constatar que a globalização contribuiu assim para ressurgirem reações culturais e identitárias quando pensávamos que ela significaria seu desaparecimento.

Foi na lógica desse processo paradoxal que a globalização teve repercussões particulares sobre as relações Norte-Sul, uma vez que agravou o antigo sentimento de dominação cultural ao mesmo tempo que estreitou os vínculos entre as populações. Enquanto ainda estão muito ansiosos pelo que a globalização traz, vários países e populações do Sul ainda temem que sua identidade cultural continue sendo negada globalmente por um Norte que continua a garantir seu domínio cultural via globalização econômica liberal e o despejo de produtos culturais ocidentais, porque quebram

---

[131]. Indubitavelmente, favorecendo o surgimento da "cultura mundial" no sentido dado a esse termo por Lipovetsky & Serroy (2008, p. 9), que traduzem o "fim da heterogeneidade tradicional da esfera cultural" e "a universalização da cultura de mercado". Uma "cultura mundial" que aqui se torna global.

as tradições e desmantelam as especificidades culturais do antigo povo colonizado ou dominado. Tal percepção reforça o sentimento, nascido no momento das independências, de que a memória, a história e as culturas do Terceiro Mundo continuam sendo marginalizadas ou destruídas por causa do imperialismo do Norte. Além disso, a revolução das comunicações ligada à globalização fez com que todos ficassem cada vez mais conscientes dessas disparidades, o que levou de forma mais rápida e massiva a frustrações coletivas, sentimentos de injustiça e revoltas esporádicas contra efeitos que são vistos como inaceitáveis. Os próprios Estados foram dominados por fenômenos identitários em razão de seu enfraquecimento pós-Guerra Fria, mas também porque, em alguns casos, eles pagaram o preço pela exacerbação – que um dia eles suscitaram – de um sentimento de identidade nacional e cultural que foi definido em oposição sistemática ao Ocidente. Prova disso é a situação de países como a Argélia ou a Tunísia que, tendo finalmente escolhido a "abertura" ao Ocidente, tiveram que enfrentar fortes reações religiosas ou identitárias, principalmente islâmicas, isto é, daqueles cuja ideologia religiosa e identidade radical foram por um tempo favorecidas por eles.

No entanto, não devemos exagerar no tropismo das relações Norte-Sul para avaliar um fenômeno que é transversal a todo o planeta e que, portanto, se estende para muito além da fratura pós-colonial. Assim, as reações culturais afetam as relações Sul-Sul e Norte-Norte, sem que se possa desenvolver suas ramificações aqui: no Norte, entre os países do Leste e os países do Oeste, ou entre a Europa e os EUA; no Sul, entre os países africanos e asiáticos. Além disso, essas reações são internas e externas aos Estados do Sul e do Norte, do Leste e do Oeste, que conhecem todas as dores do despertar das identidades religiosas, culturais ou étnicas e que opõem maiorias às minorias. Essa efervescência é particularmente evidente no Norte, nos países anglo-saxões, onde as antigas colônias de povoamento precisam enfrentar as novas demandas dos povos indígenas que eles há tanto tempo ignoram, ou na Europa após o colapso dos regimes no Leste, onde populações e minorias procuraram reconstruir sua identidade destruída pelos grilhões ideológicos do comunismo. Mas também afeta todos esses países em função dos vastos movimentos migratórios que deram origem a sociedades multiculturais inéditas, as quais acabaram com certa ideia de homogeneidade nacional. Tais movimentos podem ser

O que é uma sociedade internacional justa? | 169

fontes de miscigenação social e cultural, mas podem ser percebidos inversamente como uma ameaça à coesão social dos antigos Estados nacionais. Além disso, vários governos aproveitaram para manipular de maneira irresponsável os medos que esses movimentos suscitam para recuperar uma maioria ou consolidar um poder pelas vias do "nacionalismo cultural" ou do princípio de uma "identidade nacional" que seria ameaçada (Huntington, 2004). Quase não há necessidade de insistir nesse ponto, mas pelo menos podemos ver o quão "total" o fenômeno se torna e continua alimentando medos que às vezes são irracionais. Sabe-se que não é ignorando o problema que se encontrará uma solução. O fato é que foram adotadas medidas muito mais inovadoras e ousadas no plano internacional do que em muitas legislações domésticas. Para apreciar plenamente essas novas práticas jurídicas, é preciso perceber que um verdadeiro paradigma de reconhecimento se impôs no mundo em três décadas.

5.3. Direito internacional e reconhecimento

a) Um novo paradigma

O despertar das identidades e as múltiplas aspirações contemporâneas de reconhecimento cresceram a tal ponto que podemos falar do surgimento de um verdadeiro paradigma de reconhecimento, ou seja, de um novo sistema de representação que influencia e condiciona a maneira como os atores domésticos e internacionais agem e reagem nessa área. O fato de ele ter adquirido esse status não deve surpreender, porque, quaisquer que sejam suas manifestações, traduz de maneira semelhante essa necessidade fundamental de reconhecimento que, agora sabemos, é uma das realidades mais essenciais dos indivíduos e dos grupos, e da qual nos tornamos mais conscientes a partir do fim da Guerra Fria e do advento da nova globalização (Todorov, 2008, p. 129)[132]. A necessidade de reconhecimento foi analisada e questionada pela primeira vez na década de 1990, por vários autores contemporâneos, com relação à situação das sociedades democráticas,

---

[132.] Sobre as causas e manifestações desse fenômeno do ponto de vista sociológico, ver Caille (2007).

em dois eixos principais: o de uma política que respeite as diferenças culturais nas sociedades que se tornaram multiculturais e o das negações de reconhecimento existentes em qualquer sociedade democrática atual. No que diz respeito ao primeiro eixo, Charles Taylor, por exemplo, mostrou que a questão das identidades e das diferenças culturais estava no centro das lutas por reconhecimento em sociedades cada vez mais etnoculturalmente diversas, que elas alimentavam numerosos conflitos políticos e sociais e que exigiam uma política geral de reconhecimento que fosse "hospitaleira ao contrário" (Taylor, 1993; Savidan, 2009). Com relação ao segundo eixo, o trabalho de Honneth (1992) inaugurou uma reflexão geral baseada no desprezo e no desrespeito. Com base em uma releitura particular do trabalho de Hegel, Honneth (1992, p. 113) mostrou que todos desejamos escapar do desprezo e ter um reconhecimento autêntico do que somos em três esferas distintas: na esfera privada e familiar, onde buscamos o amor dos entes queridos, na esfera da cooperação e do trabalho, onde aspiramos à estima social que nos é devida de acordo com nossa produtividade, e na esfera pública do direito e da política, onde se espera respeito jurídico, ou seja, igual reconhecimento jurídico de nosso status e dos nossos direitos[133].

Outros autores adotaram essas ideias ao reintroduzir/aprofundar a noção de identidade ou vinculá-las à demanda por justiça. Podemos, portanto, considerar que a necessidade de reconhecimento parece basear-se de maneira mais geral na ideia de que o indivíduo ou o grupo visa de maneira semelhante ao reconhecimento de sua identidade individual e coletiva (Ollier, 2009, p. 8) e que essa identidade é condicionada em parte pela relação com o outro. De fato, a noção de identidade refere-se a um sistema de representação mental de si e do outro, inscrito nas profundezas de cada indivíduo (e de cada grupo) e que contribui para defini-lo. No nível individual, ela implica que as pessoas sejam definidas não apenas de maneira abstrata por uma identidade comum, com igual dignidade dos outros, mas também por uma identidade específica, determinada por pertencerem a culturas e valores específicos. A identidade das pessoas está

[133.] Ver também a interpretação de Ricoeur (2004, p. 293). Várias análises desses trabalhos fundadores foram feitas no âmbito da filosofia moral, política e social, mas também do ponto de vista sociológico, antropológico e psicanalítico.

O que é uma sociedade internacional justa? | 171

intimamente ligada aos sistemas culturais em que indivíduos e grupos evoluem, às suas mudanças e à sua transmissão de geração em geração (Hall, 2008). E a necessidade de reconhecimento dessa identidade é analisada sociologicamente como um requisito fundamental do ser humano, o qual não pode mais ser definido apenas pela busca de seu interesse e não pode mais ser reduzido ao *Homo economicus* dos utilitaristas, mas pelo fato de que ele aspira tanto, se não mais, a ser reconhecido e valorizado pelos outros pelo que ele é (Caille, 2009, p. 5).

Daí também o fato, segundo alguns observadores, de que existem injustiças específicas que são relacionadas a questões culturais, e não socioeconômicas (Fraser, 2005, p. 13)[134]. As injustiças resultam mais precisamente do que chamaremos aqui de "negações de reconhecimento" em sentido amplo, que surgem do desprezo por essa identidade comum ou específica, do desprezo pelo valor de uma cultura, de um modo de vida, da dignidade de um indivíduo como pessoa e dos ataques à sua integridade física[135]. Tais negações de reconhecimento podem ser atos de marginalização, estigmatização ou mesmo de dominação cultural que fazem com que indivíduos, povos, minorias, grupos ou mesmo certos Estados não apenas não possam se sentir plenamente membros de uma sociedade (doméstica ou internacional), mas, além disso, não sejam respeitados em sua identidade, pelo que são, e não podem viver e agir de acordo com suas preferências culturais. Essas negações provocam sentimentos de indignação, falta de autoestima, humilhação e, finalmente, injustiça, que causam

---

[134.] Para permanecer dentro dos propósitos deste estudo, resumimos abruptamente aqui um tema que é obviamente mais difícil de analisar e que é objeto de muito debate. Por exemplo, transpor a questão do reconhecimento para o sistema de justiça é um ponto controverso. Ver nesse sentido as trocas entre Honneth & Fraser (2003). Além disso, Nancy Fraser baseia-se principalmente na noção de "identidade social" e não individual e permanece muito relutante com o que chama de "políticas de identidade", que ela interpreta de maneira muito restritiva. Sobre essas questões, ver em particular Markell (2003, p. 19). É por isso que, ao usar a formulação dupla de justiça que ela introduziu e nos colocar como ela no campo da justiça, estamos muito mais próximos das análises de Taylor sobre identidade, que, além disso, são mais relevantes para tentar conceituar a prática jurídica internacional existente.

[135.] Hoje, o uso do reconhecimento tornou-se tão comum que designa todo um conjunto de experiências, injustiças e sofrimentos que podem parecer de naturezas diversas. Aqui, juntamos muitas dessas experiências que às vezes são consideradas diferentemente pelos autores e não necessariamente do ponto de vista da injustiça. Para diversos pontos de vista, ver Honneth (1992, p. 161) e Fraser (2005, p. 83).

sofrimento insuportável e que podem se radicalizar, gerando os conflitos assaz violentos que conhecemos. Para evitá-los e satisfazer a necessidade fundamental de reconhecimento identitário que está em todos, é necessário garantir o respeito a essa identidade por parte de terceiros e da sociedade como um todo, que, por serem ataques culturais, envolvem modificar as representações culturais ou simbólicas da sociedade. A partir daí, segue-se toda uma série de medidas que são suscetíveis de ser adotadas política e juridicamente, e que vão desde a concessão de um status de igualdade até a reavaliação de identidades desprezadas, incluindo a modificação de modos de comunicação e representação em uma direção favorável às identidades e à proteção ou promoção de produtos culturais de grupos ou pessoas discriminadas.

Nesse contexto se compreende melhor o gesto que, no plano internacional, constituiu-se em adotar vários instrumentos jurídicos relacionados a identidades e culturas e a responder, assim, a vários tipos diferentes de negações de reconhecimento, com o desejo mais ou menos claramente manifestado de se encarregar deles, o que atesta uma evolução bastante notável no direito internacional nesse sentido.

b) Um novo ramo do direito

Portanto, em uma sociedade internacional pós-Guerra Fria cada vez mais complexa e menos estável, que é atravessada por múltiplas demandas por reconhecimento de identidades e culturas, surgiu um novo ramo do direito internacional que é o do reconhecimento. Ele não é formulado como tal em nível internacional, mas é claramente percebido, em nossa opinião, tanto nas múltiplas reivindicações identitárias quanto culturais formuladas na linguagem do direito como nas diferentes soluções jurídicas oferecidas pelo direito internacional que convergem igual e claramente nesse sentido. Portanto, é conveniente identificá-lo pelo que ele é, e permitir-se falar de um direito internacional do reconhecimento para descrever um conjunto de instituições, discursos, práticas e princípios jurídicos que até então não haviam sido suficientemente teorizados e agrupados, ainda que tenham o mesmo objeto que os distingue dos outros, na medida em que emerge precisamente da necessidade de reconhecimento.

O que é uma sociedade internacional justa? | 173

Consequentemente, esse direito internacional do reconhecimento parece ser a contraparte exata do direito internacional do desenvolvimento e constitui um outro componente essencial do que poderia ser uma sociedade internacional justa.

No entanto, ainda é necessário especificar em que consiste mais precisamente essa necessidade de reconhecimento, à qual o direito internacional contemporâneo tenta responder, uma vez que difere do primeiro processo de reconhecimento do Outro que levou à descolonização e que se baseava em uma política de "igual dignidade". Agora, para usar uma formulação muito sugestiva de Alain Touraine, os povos, mas também os Estados, grupos e minorias, querem ser reconhecidos pelo direito internacional como "iguais, mas diferentes" (Touraine, 1997). Eles não reivindicam apenas, como fizeram os Estados descolonizados, uma igualdade jurídica que concede um mesmo status jurídico a todos, apesar das diferenças, mas também o reconhecimento jurídico de certas diferenças que preservam justamente sua diferença. Em outras palavras, eles não se satisfazem mais em serem reconhecidos pelo direito internacional como simplesmente iguais, o que implica direitos iguais, mas querem ser respeitados como diferentes, como pertencentes a uma cultura ou grupo que são reconhecidos como singulares e que fundam a sua identidade – o que pode implicar desta vez direitos diferentes (Taylor, 1992, p. 56). As disposições adotadas em função do reconhecimento não têm caráter provisório como o direito do desenvolvimento, baseiam-se na maioria das vezes na diferença de situação entre os Estados para chegar a certo nivelamento de condições, mas que, se fossem alcançadas, as faria desaparecer. O direito do reconhecimento visa consagrar de forma permanente e definitiva as diferenças existentes. À luz dessas distinções, também entendemos que essa nova forma de reconhecimento envolve uma representação completamente diferente da identidade, porque não é mais uma identidade compartilhada por uma igualdade de status que reivindicamos, mas uma identidade específica que faz com que Estados, povos, grupos e indivíduos se considerem genuinamente únicos (Mesure & Renaut, 1999, p. 9). E onde o direito internacional pós-colonial da Guerra Fria ainda permanecia baseado exclusivamente em princípios liberais abstratos de igualdade formal e igualdade de direitos, o direito internacional pós-Guerra Fria tornou-se menos abstrato e gradualmente endossou uma política internacional de reconhecimento baseado no direito de ser diferente e no direito de preservar sua identidade cultural.

Resta, portanto, realizar um estudo mais aprofundado da prática jurídica existente para mostrar como e por que o direito foi mobilizado em nível internacional em certos casos específicos para responder aos problemas de identidade e cultura e as aspirações de reconhecimento. Propomos realizar essa investigação, concentrando-nos em três campos que compõem este novo direito internacional relacionado ao reconhecimento, porque se referem a três elementos essenciais à preservação de identidades e culturas. O primeiro campo é o do reconhecimento da diversidade de culturas, que visa, em particular, combater os fenômenos de dominação cultural ligados à globalização. O segundo campo é o da concessão de direitos específicos que permitem preservar a identidade de um grupo ou indivíduo. O terceiro campo é o do reconhecimento dos danos causados no passado e a reparação de crimes históricos, campo que desta vez se relaciona com a construção de identidades no tempo, e não mais no espaço, e pelo qual vemos como os Estados, os povos e os indivíduos tentam, através disso, reconstituir sua "identidade narrativa". Ao estudá-los, fica muito claro que um status jurídico da diferença está sendo gradualmente estabelecido no direito internacional que convive com o status jurídico da igualdade e que essa evolução realmente responde a uma necessidade muito profunda de nossos dias atuais. Mas também é certo que essa evolução permanece singularmente delicada em certos aspectos e levanta muitas questões que não estão necessariamente resolvidas, bem como vários lados obscuros. Como satisfazer juridicamente a necessidade contemporânea de reconhecimento no plano internacional? Como identificar as identidades para reconhecer e proteger? As identidades de quem? Como todas as pessoas querem ser reconhecidas, isso significa que todas as culturas e identidades devem ser juridicamente consagradas? E ainda: que compatibilidade existe entre a preservação jurídica dessas certas culturas e identidades e outros ramos do direito, incluindo os direitos humanos e o direito internacional econômico? É fato que a "sede geral de reconhecimento" que caracteriza nosso tempo tem efeitos ambivalentes. Ela reflete as aspirações de reconhecimento legítimas provenientes de grupos, povos, Estados ou indivíduos que foram estigmatizados por muito tempo e encontra no direito uma possível via de solução. Mas às vezes ela também expressa a todo o custo

O que é uma sociedade internacional justa? | 175

a necessidade de segurança social em um mundo globalizado que priva indivíduos, grupos ou povos de seus marcos, mesmo dentro de sociedades mais comunitárias. Isso, pode-se ver claramente, poderia levá-la a manipular certas regras do direito do reconhecimento para se assegurar a proclamação de identidades radicais e fundamentalistas que afetam diretamente os direitos fundamentais das pessoas (Maalouf, 1992; Sen, 2010; Appadurai, 2009).

CAPÍTULO 6

O direito relativo à diversidade cultural

O pluralismo etnocultural é um fenômeno muito antigo na história da humanidade, uma vez que as sociedades humanas sempre foram vetores de milhares de culturas diferentes devido ao entrelaçamento e movimento de populações, comércio e também aos múltiplos conflitos que as opuseram. É essa diversidade, intrínseca à vida humana, que acabou sendo levada em consideração pelo direito internacional pós-Guerra Fria, devido a um consenso que se formou subitamente nessa direção com a nova convicção de que todo um "patrimônio da humanidade" deveria ser protegido. A principal explicação para esse amplo acordo encontra-se na atração sem precedentes do paradigma de reconhecimento e na demanda por proteger imperativamente as culturas e, através delas, as identidades, algumas das quais pareciam até mesmo ameaçadas de extinção (Savidan, 2009, p. 35).

Sem dúvida, poderia ser aprofundada a natureza dos fenômenos sociológicos envolvidos aqui, mas pode-se tomar por evidente pelo menos que as culturas traduzem o que torna a especificidade distintiva dos grupos humanos e, portanto, sua identidade coletiva, dentro da qual identidades culturais individuais são construídas[136]. Portanto, é fácil entender que

---

[136.] Os debates sobre a definição de cultura são recorrentes. Adotamos aqui a definição proposta pela Unesco, que tem o mérito de ser relacionar à prática internacionalista que propomos estudar. De acordo com a Declaração Universal da Unesco sobre Diversidade Cultural, "a cultura deve ser considerada como o conjunto de traços espirituais e materiais, intelectuais e emocionais distintivos que caracterizam uma sociedade ou um grupo social" e "engloba, além das artes e letras, estilos de vida, modos de viver juntos, sistemas de valores, tradições e crenças". Preâmbulo, Declaração de 02 de novembro de 2001.

O que é uma sociedade internacional justa? | 177

qualquer coisa que defenda e promova a diversidade de culturas pode desempenhar um papel fundamental no florescimento das identidades culturais, e isso se reflete com muita precisão na Convenção sobre a Proteção e Promoção da Diversidade de Expressões Culturais da Unesco, adotada em 2005. É importante não esquecer que a Convenção não reflete apenas a preocupação de salvaguardar os interesses econômicos no campo cultural, ainda que eles obviamente tenham seu lugar, mas também a necessidade de se adaptar a um mundo que, desde o final da Guerra Fria, tem sofrido certo deslocamento do "político" em direção ao "cultural", que vê questões de identidade, cultura e economia se entrelaçarem e que faz do respeito às identidades culturais um novo requisito.

Nesse sentido, o impacto da globalização mencionado antes foi decisivo para o sucesso da Convenção de 2005. Como foi visto, a globalização propicia as aproximações e as trocas, mas também os conflitos entre culturas diversas e plurais que não são mais sufocadas pela divisão ideológica binária da Guerra Fria. Esses conflitos também são alimentados por Estados que temem ser dominados por uma cultura específica cuja expansão pode ser incentivada pela disseminação do livre comércio e da desregulamentação atual em benefício dos mais poderosos. É claro que, mais do que qualquer outra, e isso não é surpreendente, a hegemonia cultural dos EUA é especialmente temida. Lembre-se, a esse respeito, que na década de 1980, quando o consenso econômico ultraliberal de Washington foi desenvolvido, os EUA de Ronald Reagan e a Grã-Bretanha de Margaret Thatcher bateram à porta da Unesco. O objetivo desses dois líderes políticos era estabelecer claramente uma ordem neoliberal ocidental o mais completa possível nesse campo, em benefício das indústrias culturais anglo-saxônicas, e colocar fim ao que eles consideravam ser a deriva antiocidental do sistema ONU. Vinte anos depois, os ataques de 11 de setembro de 2001 e a luta contra o terrorismo islâmico que se seguiu deram origem a novos pontos de confronto, mais culturais do que econômicos, entre culturas ocidentais e não ocidentais, e convenceram certos ocidentais da necessidade de fazer prevalecer sua própria cultura, ameaçada pelas outras civilizações ou pelos novos "bárbaros" (Hassner, 2006). Mas a esses fortes pontos de tensão e à predominância cultural ocidental também foram acrescentadas formas de hegemonias regionais Sul-Sul, as quais não devem ser subestimadas porque reproduzem em menor escala a mesma lógica de dominação que a dos Estados Unidos em escala global. Nesse contexto pode-se atentar à hegemonia cultural do Egito sobre o mundo árabe, do Brasil e do México sobre o mundo latino-americano e da Índia e China sobre uma grande parte da Ásia.

Todos esses fenômenos de dominação cresceram a tal ponto que acabam privando aqueles que deles sofrem da possibilidade de desenvolver suas próprias culturas e, portanto, preservar sua identidade. Basta dizer que, portanto, foi essencial que os Estados consagrassem o princípio jurídico da "diversidade de expressões culturais" em 2005.

6.1. Da exceção cultural à diversidade de expressões culturais

a) O princípio da exceção cultural

O princípio da "exceção cultural" é aquele que foi primeiramente invocado com mais frequência no direito internacional e que, durante o período posterior a 1945, serviu para defender os Estados europeus contra a hegemonia cultural americana. Naquele momento, não era uma questão que envolvia o Sul. Desde o pós-guerra, o princípio da exceção cultural esteve no centro de uma amarga controvérsia jurídica e política que opunha os europeus aos americanos, devido às grandes questões comerciais das quais os americanos queriam tirar proveito durante o Plano Marshall, mas também das diferentes concepções de cultura que eles tinham. Sem voltar às múltiplas facetas das discussões que ocorreram sobre esse assunto, pode ser lembrado que duas concepções foram e ainda são opostas. A concepção europeia considera que bens e serviços culturais não são apenas mercadorias, mas também criações que enriquecem a vida cultural de cada povo e a sua identidade de tal forma que não podem ser sujeitos às mesmas regras jurídicas que outras mercadorias. Eles devem se beneficiar de um regime excepcional que leva o nome de "exceção cultural". A concepção americana vê nos bens e serviços culturais mercadorias como todas as outras e, portanto, devendo estar sujeitas às regras comuns do livre comércio.

Esse princípio de exceção cultural reapareceu durante as negociações comerciais de 1994 entre os Estados membros do Acordo Geral sobre Tarifas

O que é uma sociedade internacional justa? | 179

e Comércio (GATT) na Rodada do Uruguai, sobre o Acordo Geral sobre o Comércio de Serviços (GATS). Ele foi incorporado de maneira muito limitada na forma de ausência de oferta no setor audiovisual e através de uma série de exceções à cláusula da nação mais favorecida, o que permite subtrair parcialmente certas produções culturais da lei do mercado (Regourd, 2004, p. 11). Contudo, muitos observadores consideraram que houve um fracasso em relação às questões em jogo e, a partir de então, expressaram o desejo de não se limitar à Organização Mundial do Comércio (OMC) e aos aspectos comerciais para discutir o status jurídico da cultura e do intercâmbio cultural. Nesse contexto, a Unesco parecia ser o foro natural para revitalizar a reflexão jurídica nessa área. E nesse momento ocorreu uma reviravolta porque, efetivamente capturando essas questões, a Unesco resgatou a antiga noção de "diversidade de culturas" ao proclamar uma Declaração Universal sobre esse assunto e trabalhando na elaboração de um instrumento jurídico vinculante que pudesse realmente preservar essa diversidade e até promovê-la.

No entanto, essa orientação, que será consagrada com a adoção da Convenção em 2005, não era evidente à luz da história da Unesco, por mais surpreendente que possa parecer, porque o princípio da proteção da diversidade cultural foi considerado apenas tardiamente como um objetivo da comunidade internacional. Isso é verificado se esta evolução é colocada em uma perspectiva histórica.

b) O princípio da diversidade de expressões culturais:
  Convenção da Unesco de 2005

A cultura tornou-se realmente uma questão global após a Segunda Guerra Mundial, com a criação da Unesco em 16 de novembro de 1945. Mas essa nova organização nasceu inteiramente de preocupações relacionadas à guerra, percebida na época como uma derrota real do pensamento, e não estritamente de um desejo de se abrir para o mundo e de descentralização cultural das posições ocidentais. O estabelecimento da Unesco respondeu acima de tudo ao desejo de paz de um mundo euro-americano traumatizado pela guerra, sem que a diversidade cultural apareça como um objetivo original da organização.

Antes de tudo, deve-se lembrar que são principalmente as questões de informação e comunicação que vão opor os Estados no âmbito da Unesco durante a Guerra Fria. Desde 1973, os Estados do Terceiro Mundo, liderados pelo Movimento dos Países Não Alinhados (MNA), tentaram impor na Unesco uma Nova Ordem Mundial de Informação e Comunicação (Nomic), que poderia ser a contrapartida da NOEI (votada em 1974 pela Assembleia Geral da ONU). Eles denunciavam o desequilíbrio em seu desfavor das trocas em matéria de informação e os ataques que isso implicava à sua independência política e econômica. Eles também demandavam pela preservação jurídica de uma multiplicidade de fontes e canais de informação que provavelmente garantiriam sua independência. No entanto, a Nomic perdeu toda a sua credibilidade porque os Estados que a reivindicavam se envolveram em políticas nacionais de repressão à liberdade de informação e controle autoritário de toda a mídia. O contexto histórico da época fez com que muitos Estados, incluindo a URSS, pleiteassem o estabelecimento de uma Nomic no plano internacional, apesar de estarem violando domesticamente os direitos mais básicos de informação. Ao fazê-lo, a Nomic rapidamente se tornou uma questão política que cristalizou as oposições ideológicas dos dois campos e provocou a mais grave crise que a Unesco já havia conhecido com a saída dos EUA e do Reino Unido na década de 1980.

Na sequência, tratando-se de cultura propriamente dita e não mais de informação, percebe-se que a diversidade cultural não era originalmente um objetivo da Unesco. É verdade que o Artigo 1, "3" do seu ato constitutivo estabelece que os Estados membros terão garantia "da independência, integridade e fecunda diversidade de suas culturas e sistemas educacionais"[137]. No entanto, esse Artigo é no máximo uma cláusula clássica de competência nacional que não visa preservar a diversidade, mas simplesmente impedir qualquer intervenção da Organização nos assuntos domésticos dos Estados em questões culturais. Dado o contexto histórico do pós-guerra, a paz no mundo é o principal objetivo da Unesco e a cultura, portanto, parece ser um dos instrumentos privilegiados dessa paz. Em outras palavras, a cultura era um meio a serviço de um fim. O processo que se queria colocar em prática era muito simples: através da difusão da cultura esperava-se elevar "as defesas da paz" "nas mentes dos homens"

[137.] Ato constitutivo da Unesco, de 16 de novembro de 1945.

e assegurar a "cooperação de nações do mundo", a fim de combater o racismo e a intolerância (Preâmbulo). Isso pressupunha mais profundamente que o desenvolvimento das artes, ideias e conhecimentos pudesse levar os homens a compartilhar os mesmos valores e a mesma cultura. Nesse sentido, a filosofia original da Unesco parece até estar em direção contrária à promoção da diversidade cultural, uma vez que, nas palavras de seu diretor na época, Huxley (1946, p. 70), a tarefa da organização é de "ajudar a criar uma cultura global única" que daria "uma unidade ao mundo". E, sem surpresa, ao fim da guerra, a unidade cultural almejada corresponde a um "novo humanismo" de tipo ocidental, baseado na ciência e na educação, que poderia superar as diferenças entre culturas e as clivagens ideológicas, e que também transcenderia suas raízes intelectuais euro-americanas para fundar uma cultura universal.

Apesar disso, a Unesco sempre considerou que a pluralidade de culturas era um fato incontornável na base de sua ação, e a evolução mais notável nesse campo reflete a maneira como gradualmente transformaria o fato do pluralismo em um princípio jurídico da diversidade. Já em 1972, em Estocolmo, a Conferência das Nações Unidas sobre Meio Ambiente e Desenvolvimento associou o tema da biodiversidade natural ao da diversidade cultural, considerando que essas são duas realidades igualmente ameaçadas pelo modelo de crescimento ocidental. No mesmo ano, a Unesco adotou a Convenção sobre o Patrimônio Mundial, Cultural e Natural, que lançou uma política muito ativa da organização em relação à proteção dos bens culturais dos povos. Vinte anos depois, na Cúpula da Terra no Rio, foi introduzida a noção curiosa, mas altamente sugestiva, de preservar o equilíbrio dos "ecossistemas culturais". No Rio, foi adotada a Convenção sobre Diversidade Biológica, e pode-se afirmar que a Convenção sobre Diversidade de Expressões Culturais de 2005, de alguma forma, é uma decorrência dela. Em 1995, a Unesco lançou a noção de "diversidade criativa", a qual visa "o florescimento da existência humana em todas as suas formas e na sua totalidade" (Unesco, 1996). Mas, acima de tudo, essa noção vai esclarecer e consolidar a ideia de "diversidade cultural", que, por causa dos temores que provocaram a ascensão da globalização nos anos 2000, acabou sendo solenemente declarada "patrimônio comum da humanidade" (Art. 1) pela Declaração Universal sobre Diversidade Cultural, que a Conferência da Unesco adotou por unanimidade em 2001, um texto essencial que marca um ponto de inflexão neste campo. A analogia com a natureza e os seres vivos é retomada novamente, uma vez que a Declaração considera a diversidade cultural tão vital "para a raça humana quanto a biodiversidade é para a natureza". Mesmo se ela é duvidosa no nível dos princípios (Habermas, 1996, p. 226)[138], a comparação feita entre a diversidade cultural e a diversidade de organismos vivos tem, acima de tudo, um objetivo estratégico: ela quer lembrar que nós tememos pela ameaça do desaparecimento de certas formas de vida, mas absolutamente não nos preocupamos com a ameaça às artes e às línguas minoritárias que afetam a herança cultural da humanidade. No mesmo ano de 2001, as Nações Unidas declararam 21 de maio como o Dia Mundial da Diversidade Cultural para o Diálogo e o Desenvolvimento. Em 2004, o Programa das Nações Unidas para o Desenvolvimento (PNUD) dedicou seu relatório anual à "Liberdade cultural em um mundo diverso" e fez da "diversidade cultural" "um dos desafios mais fundamentais da nossa época". Por fim, toda essa evolução culmina com a adoção na Unesco, em 20 de outubro de 2005, da Convenção sobre a Proteção e Promoção da Diversidade das Expressões Culturais, a qual entrou em vigor em 18 de março de 2007[139].

Dos 154 países presentes, apenas os EUA e Israel votaram contra e apenas quatro países se abstiveram: Austrália, Honduras, Libéria e Nicarágua. Isso demonstra a amplitude do consenso internacional sobre um instrumento que, uma vez em vigor, se tornaria juridicamente vinculante para quem o ratificou. E isso aconteceu mesmo com todas as tentativas dos EUA de obstaculizar as negociações. Os EUA retornaram à Unesco em 2003 para minar as discussões sobre diversidade cultural. Segundo eles, a diversidade cultural é apenas a face cultural de uma nova Nomic que deve ser combatida. Trata-se de duas faces da mesma moeda: por um lado

---

[138.] Esta analogia é particularmente problemática, pois sugere um evolucionismo de culturas semelhante ao evolucionismo biológico das espécies (Lévi-Strauss, 1996, p. 385).

[139.] A questão da informação não foi abandonada, mas evoluiu para ser considerada menos nas relações entre Estados do que em termos de acesso à informação para a sociedade civil e a criação de mídias independentes. A nova estratégia de comunicação da Unesco, adotada em 1989, marca o fim da Nomic e reflete a mudança significativa do mundo pós-Guerra Fria, que retira o foco das pessoas e coloca na sociedade civil. Para muitos, a lição a ser aprendida com a Nomic é a proteção às culturas e aos fluxos de informação, enquanto caminha para a democratização da mídia, para maior liberdade de expressão e para o reconhecimento do direito à comunicação.

O que é uma sociedade internacional justa? | 183

objetiva impedir o livre fluxo de informações e de produtos culturais e, por outro, defende a liberdade de qualquer indivíduo de escolher a cultura e os produtos culturais que deseja. Mas quando a Nomic se desenvolveu no contexto da Guerra Fria, a diversidade cultural teve a globalização como contexto. Então, as coisas mudaram profundamente e os Estados Unidos gradualmente se encontrariam isolados. Sua evidente má-fé durante as negociações da Convenção – eles reivindicavam combater a diversidade cultural em nome da "liberdade", enquanto eles obtêm a maior parte dos lucros mundiais advindo dessa "liberdade" – fez com que quase todos os outros participantes se manifestassem contra eles, notadamente os países em desenvolvimento, "naquilo que tomou a aparência de uma luta contra a hegemonia" (Ruiz-Fabri, 2010, p. 40)[140]. Mesmo para além do fato de que os números mostram quão cínico é esse argumento em relação aos lucros dos Estados Unidos – no contexto de um desequilíbrio total nas relações de poder econômico, a liberdade apenas beneficia o mais forte –, eles não querem ver ou entender o que estava ficando evidente durante as negociações, a saber, o elo fundamental entre cultura e identidade e a necessidade de respeitar a identidade dos povos através de suas culturas. A recusa em alterar seu ponto de vista e se basear em algo que não seja sua própria experiência impediu os Estados Unidos de entender essa questão em um contexto profundamente diferente da Guerra Fria, baseado no paradigma de reconhecimento, e de ver como os europeus, os países do Terceiro Mundo e quase a maioria do planeta poderiam se sentir culturalmente dominados e afetados não apenas em seus interesses financeiros e independência soberana, mas ainda mais profundamente naquilo que constitui sua identidade.

De fato, o escopo da Convenção está longe de ser desprezível. A diversidade de expressões culturais tornou-se uma norma a ser respeitada em si mesma. A pluralidade etnocultural era um fato aceito, mas agora foi adotada uma norma, um princípio jurídico da "diversidade" que visa preservar e promover essa "pluralidade", o que gera novos direitos e obrigações que vão muito além da simples "exceção cultural". Com o advento do princípio da "diversidade de expressões culturais"[141], o princípio de "exceção cultural"

[140.] Sobre as questões econômicas, ver Theoret (2008, p. 62).

[141.] No contexto deste estudo geral, não nos aprofundaremos na distinção entre "diversidade cultural" e "diversidade de expressões culturais", os dois conceitos sendo definidos na

foi realmente colocado em perspectiva, mesmo que continue produzindo efeitos no âmbito da OMC. Na realidade, há continuidade entre os dois princípios, mas eles não foram introduzidos no mesmo plano e um é muito mais restritivo que o outro. O princípio da diversidade cultural ou da diversidade de expressões culturais visa, acima de tudo, salvaguardar as culturas e políticas culturais de cada país contra o possível domínio de um único modelo cultural devido a cada vez maior liberalização econômica e do comércio. Portanto, ele também se encaixa, como o princípio da exceção cultural, na lógica da necessidade de os Estados lutarem contra a importação excessivamente liberalizada de produtos culturais dominantes, porque a hegemonia dos Estados industrializados ou emergentes nos mercados dos países pobres ameaça a diversidade de suas expressões culturais. É igualmente baseado na ideia de que produtos e bens culturais não são mercadorias como as outras e que, portanto, devem ser removidas do regime comercial comum.

Para além dos pontos comuns, o princípio da diversidade cultural é profundamente diferente do princípio da exceção cultural em vários aspectos relacionados em particular à sua natureza e ao seu escopo, de modo que convida a examinar os problemas relacionados a ele de uma maneira completamente diferente. Sem dúvida, o mais significativo deles é notar que, desde o início, adotando a filosofia da Declaração Universal de 2001 (Art. 1), o texto da Convenção enraíza o princípio da diversidade de expressões culturais em uma concepção de cultura que muito claramente associa cultura no sentido amplo com a identidade de indivíduos e grupos (Preâmbulo da Convenção de 2005). Assim, ela nos convida a entender inequivocamente que qualquer dominação de uma cultura por outra compromete seriamente indivíduos e grupos no que torna seu caráter único e sua singularidade tão preciosa. A noção de "bem cultural", definida pouco depois, confirma esse vínculo fundamental entre cultura e identidade, uma vez que é definida como um bem simbólico que carrega "identidade, valores e significado" (Preâmbulo e Art. 1, "g"), da mesma forma que o conceito de conteúdo cultural, o qual é definido em relação às identidades (Art. 4. 2). O amplo campo de aplicação do princípio (Art. 3) permite ver de outra

---

Convenção de 2005, mas apenas o segundo sendo o objeto direto da convenção. Por conveniência, vamos usá-los aqui como sinônimos.

maneira suas perspectivas amplas e praticamente quase infinitas, se considerarmos que a cultura está em tudo, porque está longe de se limitar ao único campo audiovisual e cinematográfico, e inclui todas as "expressões culturais", um termo particularmente vago que se refere a uma interpretação inevitavelmente subjetiva e possivelmente muito ampla do assunto coberto pela Convenção. No que diz respeito ao regime jurídico previsto pela Convenção, note-se que, diferentemente da exceção cultural, o princípio da diversidade de expressões culturais não tem a natureza de uma exceção dentro de um sistema de liberalização comercial, mas o status de uma regra geral. Ao fazê-lo, onde a exceção cultural é uma luta pelo protecionismo direcionado, a diversidade cultural é de aplicação geral. Além disso, podemos identificar três elementos mais específicos desse regime jurídico geral que são bastante significativos.

Primeiramente, existe um princípio fundamental em torno do qual serão articulados todos os direitos e obrigações da Convenção, qual seja, que cada cultura seja reconhecida com igual dignidade e, portanto, com igual respeito (Art. 2. 3). Em segundo lugar, como o próprio enunciado da Convenção indica, o objetivo perseguido é duplo: não se trata apenas de preservar a diversidade de expressões culturais, mas também de promovê-la. A faculdade de preservar diferentes expressões culturais torna lícitas as medidas nacionais tomadas pelo Estado para proteger suas criações, bens e produtos culturais, o que contraria o princípio da liberalização do comércio. Mas o objetivo de promover a diversidade vai ainda mais longe, porque significa que a diversidade é considerada intrinsecamente benéfica em si mesma e obriga os Estados a incentivar cada vez mais diversidade, heterogeneidade e multiplicidade em questões culturais. De acordo com o terceiro elemento, deve-se enfatizar que os Estados têm a obrigação de aplicar em seu território o princípio da diversidade que desejam aplicar às relações internacionais (Art. 5. 2)[142]. No plano externo, o princípio da diversidade exige um tratamento igual das culturas de cada Estado e o direito de respeitar cada um no que o torna único, o direito também – que os Estados procuravam acima de

---

[142.] Ver em particular os Artigos 6, 7 e 8, 10, 11. Deve-se notar, contudo, que o parágrafo 2 do Artigo 5 estipula uma obrigação de "compatibilidade" e não de "conformidade" com as disposições da Convenção.

tudo – de estabelecer livremente suas próprias políticas culturais e de poder preservá-las. Ou seja, um Estado tem a possibilidade jurídica, dentro dos limites do respeito pelos direitos humanos fundamentais, de limitar o acesso de seus cidadãos a culturas estrangeiras, a fim de proteger sua própria cultura. Porém, internamente, os Estados também têm obrigações jurídicas, na medida em que devem proteger, mas também promover a diversidade em seu próprio território e, portanto, respeitar especialmente as culturas sub-estatais ou indígenas, bem como promover a liberdade de criação e expressão dos indivíduos. Além disso, é significativo ver que a Convenção de 2005 é apresentada pela Unesco como permitindo acima de tudo garantir "aos artistas, profissionais da cultura e cidadãos do mundo inteiro a possibilidade de criar, produzir, disseminar e desfrutar de uma ampla gama de bens, serviços e atividades culturais, incluindo os seus próprios"[143]. Através desses dispositivos, constata-se mais uma vez a mudança do direito internacional em favor dos direitos dos indivíduos e, de maneira mais geral, de uma concepção do ser humano entendida em termos de liberdade, ou seja, a quem devemos oferecer a possibilidade de fazer "escolhas" (Art. 2. 1), uma concepção humanista cuja constante reiteração através dos múltiplos instrumentos estudados mostra como ela trabalha em profundidade todo o direito internacional liberal clássico a ponto de imperceptivelmente se tornar o centro de todo o edifício internacionalista. Essa é uma tendência tão forte que teremos a oportunidade de verificar seus efeitos novamente mais tarde.

De qualquer forma, o princípio da diversidade cultural (e da diversidade das expressões culturais) adquire aqui, sem dúvida, a natureza de um princípio fundamental do direito internacional e é uma tradução essencial do novo paradigma de reconhecimento. Contra a natureza exponencial da globalização homogeneizadora, esse princípio por si só consagra o diverso e o singular, e afasta a repetição idêntica de um mesmo modelo. Que o princípio da diversidade também está no centro da defesa dos Estados de seus interesses econômicos e de suas indústrias culturais é um fato evidente que de maneira alguma tira essa dimensão forte e essencial, cujos efeitos podem ser medidos em particular no que

---

[143.] Consultar o website da Unesco: http://www.unesco.org/new/en/culture/themes/cultural-diversity/cultural-expressions/the-convention/what-is-the-convention

diz respeito à história colonial e pós-colonial do direito internacional. A consagração do princípio da diversidade cultural tende a terminar séculos de negação do reconhecimento dos costumes, culturas e tradições de certos povos que há tanto tempo são dominados ou marginalizados. E daí resulta que a Convenção de 2005 aparece como um instrumento jurídico decisivo que pode contribuir, se for corretamente aplicado, para modificar significativamente os modos de autorrepresentação e as estruturas de avaliação cultural e simbólica que ainda dominam em escala global através da posição reconhecida juridicamente e da dignidade finalmente restaurada à cultura ou civilização de cada um. Não se trata mais de aceitar passivamente a dominação de um modelo cultural, nem de tender à formação de uma cultura universal como em 1946, pois, ao contrário, o próprio princípio de "diversidade" incorpora a pluralidade de todas as culturas existentes. Da mesma forma, e além disso, a afirmação de sua identidade por qualquer ser humano ou povo dentro de sua cultura se torna bastante significativo. Supondo que, em virtude de direitos específicos atribuídos a membros de minorias ou de direitos culturais próprios, cada ser humano possa afirmar sua identidade cultural, de que valeria isso se fossem expressos em um contexto que fosse ele mesmo culturalmente dominado? De qualquer forma, é uma mudança decisiva – pelo menos do ponto de vista do direito – que começa a operar aqui e que envolve o direito do reconhecimento como remédio para um tipo particular de injustiça. Isso importa em afirmar que o direito internacional clássico anterior, o qual era liberal, pluralista e formal, era incapaz de responder de maneira satisfatória a necessidade de respeito das diferentes culturas. Igualmente deve-se reconhecer que a pretensa "neutralidade" em questões culturais – baseada no respeito pela igual liberdade soberana dos Estados em questões culturais e econômicas – não funciona e acaba por impor *de facto* uma ou mais culturas dominantes (e, portanto, uma ou mais identidades culturais dominantes). Se bem que, por uma verdadeira inversão de perspectiva, é o reconhecimento jurídico da diversidade cultural que permitirá consolidar a igualdade soberana dos Estados em questões culturais, uma vez que isso era prejudicado pelo formalismo do direito internacional liberal clássico. Em outras palavras: a consagração jurídica do princípio da diversidade cultural torna-se o instrumento de maior igualdade entre os Estados (Savidan, 2009, p. 80).

6.2. Dificuldades e interrogações

Por mais forte e interessante que pareça, o princípio da diversidade cultural levanta algumas interrogações. Além dos problemas estritamente jurídicos vinculados à Convenção de 2005 que não deixaram de surgir, duas dificuldades gerais devem ser abordadas no contexto deste estudo. Elas agora são bem conhecidas e têm sido amplamente debatidas nas ciências sociais, mas parece importante situá-las em termos de direito internacional.

A primeira dificuldade vem do medo de que o princípio da diversidade, consagrado em vários instrumentos jurídicos internacionais, seja interpretado e aplicado para fins fundamentalistas ou retrógrados, para compartimentar as culturas em si mesmas e, portanto, os indivíduos no seio dessas culturas. O princípio da diversidade consagra definitivamente em termos jurídicos o fato de que não existe mais um modelo único de civilização e cultura, mas, ao contrário, uma pluralidade de culturas e civilizações com igual dignidade e que devem ser promovidas. No entanto, alguns observadores veem isso não como remédio para injustiças culturais, mas como um mal muito maior. O risco é que os grupos ou os membros desses grupos não sejam mais definidos por afiliações plurais, pela possibilidade de uma identidade cultural híbrida ou miscigenada, mas que sejam qualificados e reconhecidos como tais em uma base puramente etnocultural, às vezes até etnorracial, que seria a de um único grupo e os fixaria definitivamente em um estatuto específico. Além disso, pode-se, por outro lado, reviver conflitos entre grupos, minorias ou Estados que percebem sua cultura de maneira totalmente irredutível para os outros e onde todos tenderiam a querer prevalecer seu próprio sistema cultural de valores. O princípio da diversidade teria então uma dupla consequência paradoxalmente retrógrada para um princípio que queria ser emancipatório: em um nível coletivo, envolveria a reativação de conflitos etnoculturais ou civilizacionais entre grupos, regiões ou Estados; e, em um nível individual, poderia significar o confinamento de indivíduos em verdadeiras "ditaduras de identidade" ou, inversamente, sua exclusão arbitrária de suas comunidades culturais. Isso provocaria novas negações de reconhecimento da cultura dos grupos e da identidade plural das pessoas.

Como visto, essa interpretação é baseada em uma visão estritamente diferencialista e relativista do princípio da diversidade, o que leva

O que é uma sociedade internacional justa? | 189

a identificar qualquer cultura como uma espécie de entidade fechada sobre si mesma, onde qualquer influência externa é percebida como um ataque à sua identidade. Para alguns isso é necessário porque se trata de manter a autenticidade como critério de identidade cultural, e para outros é um efeito irreversível da evolução contemporânea das culturas; esse desenvolvimento levaria a conflitos inevitáveis entre as grandes culturas do mundo, que naturalmente tenderiam a recusar qualquer interferência externa e, ao mesmo tempo, impor seu modelo de valores aos outros. É notadamente a tese de Huntington (2000) sobre o "choque de civilizações" que conheceu uma grande popularidade nos anos 1990 e 2000, porque reinseriu em uma argumentação coerente todo um complexo de temor dos Estados Unidos em relação à evolução do mundo pós-Guerra Fria. Numa tentativa muito interessante de compreender de maneira renovada a evolução das relações internacionais e dos futuros conflitos, Huntington partiu de um dos postulados fundamentais sobre os quais se constrói o paradigma do reconhecimento: a predominância da cultura. Isso explica, segundo ele, o fato de que as culturas, e mais ainda os grandes grupos culturais que são as civilizações, são as forças motrizes essenciais da sociedade internacional do século XXI, no lugar e ao invés do papel que desempenharam anteriormente, durante a Guerra Fria, as ideologias, as ideias nacionalistas ou as desigualdades socioeconômicas. São elas que se tornarão o novo catalisador dos antagonismos da sociedade internacional, porque as grandes civilizações, que estão ganhando força no novo contexto do fim da Guerra Fria, notadamente a confucionista e a islâmica, tendem inevitavelmente à universalidade da mesma maneira que a civilização ocidental e, portanto, chegam a ameaçar o Ocidente em seus próprios valores (Huntington, 2000, p. 265). Nesse caso, os últimos não terão outra escolha a não ser reagir e se defender para garantir sua própria sobrevivência cultural e civilizacional (Huntington, 2000, p. 456). Consequentemente, segundo Huntington, os conflitos futuros serão principalmente culturais e os novos blocos que entrarão em guerra não serão mais ideológicos, mas civilizacionais. Na verdade, concordaremos que, apesar das suas inúmeras deficiências, um estudo dessa natureza levanta mais problemas do que consegue resolver e a simplicidade de algumas de suas análises seduziu alguns leitores, mas desgostou a grande maioria. Vários observadores posteriormente ampliaram e radicalizaram o pensamento de Huntington, afirmando que os ataques de

11 de setembro de 2001 confirmaram de maneira particularmente trágica a veracidade de suas análises. A maioria, por outro lado, denunciou teses maniqueístas que ignoram completamente o fenômeno plural, complexo, fluido e interativo das civilizações, que ignoram os complexos sedimentos que compõem uma cultura, as misturas, as múltiplas hibridizações entre culturas, especialmente na era da globalização, em favor de um tal pertencimento a culturas ou civilizações que são consideradas fixas e muitas vezes mutuamente exclusivas (Benhabib, 2002, p. 187).

Além dessas críticas muitas vezes pertinentes, não se pode negar que Huntington demonstrou uma aguda consciência da importância decisiva dos fatores culturais no mundo pós-Guerra Fria e que, para além de certas aporias óbvias de seu pensamento, ele teve o grande mérito de provocar um debate real sobre essas questões essenciais, às quais se deve indubitavelmente vincular a diversidade cultural[144]. Ainda assim, deve-se perceber que o efeito obtido não foi o que Huntington preconizava, porque, paradoxalmente, ao invés da sociedade conflituosa que, segundo ele, iria surgir após aos ataques do 11 de setembro de 2001, diante do risco de um choque cultural que de repente se sentiu no seio de muitas sociedades, ocorreu uma onda internacionalista em favor do diálogo entre civilizações e o que mais pudesse favorecer o intercâmbio entre culturas e a compreensão do Outro, com a convicção renovada de que um diálogo deste tipo se tornou um elemento decisivo na manutenção da paz. Isso é evidenciado por toda uma série de ações no âmbito internacional e textos adotados na sequência com o objetivo de reinvestir aquele antigo princípio do diálogo, dando-lhe importância e vigor renovados. É o caso da sucessão ininterrupta de resoluções votadas pela Assembleia Geral nesse sentido, da associação constante feita pela Unesco entre o respeito à diversidade e o diálogo ou da criação, sob a égide das Nações Unidas em 2005, após os ataques islâmicos em Madri em 2004, da Aliança das Civilizações[145].

Contudo, se realocarmos a Convenção de 2005 em um tal contexto como sendo um instrumento adicional nesse sentido, adotado apenas quatro anos

---

[144]. A ideia de uma "guerra de civilizações" está longe de ser nova e inúmeros autores escreveram sobre esse assunto, com esse mesmo pressuposto de que uma das culturas é superior às outras (Ben Achour, 2003, p. 51).

[145]. O ano de 2001 já havia sido declarado o Ano das Nações Unidas para o Diálogo entre Civilizações (A/RES/55/23, 11 janeiro 2001).

O que é uma sociedade internacional justa? | 191

após os eventos de 11 de setembro de 2001, não é difícil de entender que o princípio jurídico da diversidade cultural que ela consagra quer precisamente se encarregar da importância atual que o fenômeno da pluralidade de civilizações e culturas assume enquanto se inscreve decididamente na perspectiva do diálogo[146]. Operando assim uma mudança imperceptível nas preocupações sobre culturas e identidades, a Convenção consagrou muito claramente um objetivo jurídico de comunicação entre culturas, a fim de evitar justamente que cada cultura fique presa em sua diferença identitária. Esse objetivo tem três formas, incluindo a de um "diálogo intercultural" que se torna o corolário necessário do princípio da diversidade (Art. 1, "c"). Se o Estado tem a possibilidade de preservar suas expressões culturais por várias medidas de proteção, ele deve também incentivar a interação entre culturas e pessoas. As exigências das liberdades de movimento, de informação, de comunicação e acesso a todas as culturas também seguem nessa direção. Desse modo, a diversidade não é concebida pelo direito como a simples justaposição de diferentes culturas sem vínculo entre si, mas como a busca de diálogos e trocas, tanto para identificar valores compartilhados quanto também para evitar situações conflituosas ligadas ao entrincheiramento identitário ou étnico diante de uma globalização cultural que permanece hegemônica. Isso resulta que uma interpretação diferencialista e estritamente culturalista do princípio da diversidade não pode ser considerada compatível com o objetivo e o objeto da Convenção de 2005 e com todos os textos internacionais atuais relacionados à diversidade cultural[147].

Reintroduzido a novos custos e com muita publicidade da mídia, o próprio princípio do diálogo está aberto a múltiplas críticas por causa da sua imprecisão, pela sua falta de força cogente, pelo fato de poder mascarar a hegemonia de uma única cultura ou do modo como ele pode ser facilmente instrumentalizado para dar uma boa consciência a uma comunidade internacional que não lida com os problemas econômicos e sociais dos países pobres, que são o leito do fundamentalismo. Todos esses são efeitos ambivalentes e possíveis lados obscuros que não devem

---

[146.] O mesmo vale para a Declaração Universal de 2001, que pede um "diálogo entre culturas" (Art. 7).

[147.] Inclusive no plano doméstico, onde o princípio da diversidade deve ser aplicado no respeito aos direitos humanos e as liberdades fundamentais.

ser subestimados. Mas, no entanto, tem o mérito de ajudar a orientar a interpretação de textos internacionais dedicados à diversidade de culturas em um sentido que não é estritamente culturalista. Ao fazê-lo, o direito internacional da diversidade cultural aparece – pelo menos em seu objetivo original – como uma tentativa de traduzir esse gesto complexo que caracteriza o paradigma de reconhecimento na globalização (Renaut, 2009; Mesure & Renaut, 1999). Por um lado, deve evitar a reprodução idêntica de um mesmo modelo cultural ou civilizacional, mas, por outro lado, a preservação das culturas que ele estabelece não deve restaurar as alteridades radicais do direito internacional no mundo colonial. A dinâmica positiva da diversidade cultural deve permitir superar as barreiras etnoculturais que a sociedade colonial havia erigido como sendo insuperáveis. Das diferenças culturais, civilizacionais e étnicas existentes, o direito internacional induziu as desigualdades jurídicas entre Estados e povos, das quais pouquíssimos conseguiram sair. Além disso, se hoje o reconhecimento jurídico da diversidade se tornou fundamental para aceitar outros povos, Estados e grupos em sua singularidade e diferença cultural, não é para fazê-los confinar-se nessa diferença e alteridade cultural, como acontecia na antiga sociedade colonial.

A segunda dificuldade reside no princípio da igual dignidade das culturas, que é a base do princípio da diversidade estabelecido na Convenção de 2005 e em outros textos internacionais, e que levanta um problema geral igualmente importante. Esse princípio estabelece uma estrita equivalência internacional entre culturas, o que é problemático, na medida em que está longe de ser certo que todas as práticas culturais podem ser consideradas equivalentes e com igual dignidade. Para usar um exemplo bem conhecido, que é particularmente esclarecedor das questões relacionadas a essa difícil pergunta: podemos considerar que uma prática cultural como a excisão das meninas seja de igual dignidade que outras? Como Taylor (1992, p. 61) apontou, responder afirmativamente a essa pergunta é cair novamente em um estrito culturalismo que é hiperbólico e particularmente questionável. Existe, portanto, um limite para a salvaguarda da integridade de cada prática cultural, que reside no respeito aos direitos fundamentais de todas as pessoas, ou seja, no respeito não da igual dignidade das culturas, mas da igual dignidade dos seres humanos, o qual é a base de todo esse edifício. É isso que traduz, entre outras coisas, e com uma força particular em

O que é uma sociedade internacional justa? | 193

relação ao exemplo escolhido, o Protocolo Adicional à Carta Africana dos Direitos Humanos e dos Povos sobre os Direitos das Mulheres na África, adotado em 2003. Em virtude desse Protocolo, agora são proibidas práticas tradicionais "prejudiciais", em particular a mutilação genital, por serem contrárias aos direitos humanos das mulheres (Art. 5, "b"). Em outras palavras, o que chamaremos de argumentos culturalistas "fortes", ou seja, estritamente diferencialistas, são aqui claramente repudiados pela própria existência de um instrumento regional. E, da mesma forma, é exatamente isso que indicam a Declaração Universal de 2001 (Art. 4) e a Convenção de 2005 (Art. 4), uma vez que afirmam claramente que não se pode nunca argumentar sobre a diversidade cultural para violar os direitos humanos.

Dito isso, essa questão pode reaparecer devido à interpretação cultural dos próprios direitos humanos de acordo com argumentos culturalistas "fracos" que permanecem relevantes. Isso nos leva de volta à necessidade de entender o papel exato que os direitos humanos desempenham no nível internacional e em que medida eles, por sua vez, refletem o imperialismo cultural. Esse é um ponto ao qual retornaremos um pouco mais tarde. No mínimo, importa destacar aqui que afirmar a igual dignidade das culturas é diferente de afirmar a igual dignidade de todas as práticas ou expressões culturais, uma vez que uma cultura não se resume a uma ou duas práticas culturais desenvolvidas dentro dela. Isso seria particularmente simplista e contrário ao espírito dos novos textos internacionais de desqualificar uma cultura inteira denunciando uma de suas práticas ou expressões culturais. Esse é um ponto raramente destacado, quando nos parece essencial para salvaguardar o que torna toda a força singular e inovadora do princípio jurídico da igual dignidade das culturas no mundo pós-Guerra Fria e pós-colonial fundado no reconhecimento, sem comprometer o princípio da igual dignidade das pessoas, mas sem renunciar também à ideia de que uma cultura não pode mais se declarar superior às outras e reviver uma política hegemônica contra a qual o princípio da diversidade foi levantado. A denúncia do caráter degradante de algumas práticas ou expressões culturais, tanto no Norte quanto no Sul, é de fato estrategicamente utilizada por alguns comentadores para lançar descrédito global sobre algumas culturas como um todo e questionar o princípio da igual dignidade das culturas e ressaltar a necessidade, perfeitamente legítima, de adaptar os direitos humanos a essas culturas (Nyamu, 2000).

CAPÍTULO 7

O reconhecimento através de direitos

No contexto da sociedade internacional pós-colonial e pós-Guerra Fria, o direito internacional do reconhecimento não se limita à consagração jurídica do princípio objetivo da diversidade cultural. Ele também assume a forma de direitos subjetivos individuais ou coletivos, que devem ser garantidos dentro dos próprios Estados e que permitem preservar e promover a identidade de indivíduos e grupos e pôr fim a múltiplas situações de estigmatização e marginalização[148]. Esses direitos são o complemento essencial ao direito à diversidade cultural, assim como a diversidade cultural é essencial para seu exercício efetivo[149]. A garantia jurídica da diversidade cultural não é em si suficiente para reconhecer o que constitui a dignidade e a especificidade de cada pessoa, se esta deve ser protegida de forma mais especial. Ela deve ser acompanhada pela concessão de direitos subjetivos que conferem a cada pessoa direitos próprios oponíveis ao Estado, mas que também conferem aos grupos mais vulneráveis – minorias, povos indígenas – os meios jurídicos para preservar sua identidade diante dos grupos majoritários dos Estados[150].

---

[148]. O processo de reconhecimento de direitos foi analisado notavelmente por Honnet e Ricoeur, mas os dois autores insistiram nos direitos comuns a todos (civis, políticos, econômicos e sociais, por exemplo) e não nos direitos específicos. Ver Honneth (1992, p. 133) e Ricoeur (2004, p. 311).

[149]. Obviamente, sujeito à interpretação dada acima do princípio da diversidade cultural, que não pode ser usada para violar os direitos e liberdades fundamentais dos seres humanos. Isso levaria novamente à espiral regressiva do confinamento cultural. Ver Sen (2020, p. 159).

[150]. Ao fazer isso, o objetivo subjacente é também lhes dar maior autonomia na busca de seus projetos pessoais ou em grupo, o que está alinhado com as ideias teorizadas por alguns pensadores como Honneth (2006, p. 254) e Caille (2009, p. 167). E isso mostra que, no nível

O que é uma sociedade internacional justa? | 195

Toda a dinâmica dos direitos subjetivos está em ação aqui e abre tanto novas perspectivas como novas dificuldades. Elas serão aqui estudadas através da distinção entre várias categorias de direitos e tentaremos mostrar como eles podem ser percebidos em uma problemática de reconhecimento que lança luz sobre certas questões essenciais menos conhecidas. Antes de tudo, podemos agrupar os direitos conferidos a grupos bastante específicos ou a indivíduos em virtude de pertencer a esses grupos: trata-se dos direitos das minorias e dos povos indígenas. Posteriormente podemos identificar os direitos conferidos aos indivíduos independentemente de pertencerem a um grupo, mas de acordo com pressupostos bastante diferentes, e assim estudaremos os direitos culturais, os direitos humanos e os direitos das mulheres. Todas essas categorias de direitos oferecem uma imagem impressionante da diversidade de práticas do reconhecimento e das maneiras pelas quais os instrumentos jurídicos respondem a aspirações que por vezes são semelhantes e diferentes. Essas práticas oscilam constantemente entre a preocupação de respeitar ao mesmo tempo a diferença dos indivíduos e grupos e de preservar sua igual dignidade.

7.1. Direitos das minorias e direitos dos povos indígenas

A dominação e estigmatização de certos grupos minoritários é tão antiga quanto a história das sociedades humanas. É certo que nem todas as minorias e povos foram estigmatizados, mas o fato é que muitos grupos o foram, e ainda o são, devido a múltiplas razões, sejam elas relacionadas a migrações, conflitos, colonizações de exploração ou de povoamento, dominação, escravidão ou movimentos populacionais forçados. É evidente que a colonização contribuiu para agravar esse fenômeno onde foi implantada. As colônias de povoamento levaram à negação completa da identidade dos povos indígenas, enquanto as colônias de exploração frequentemente geraram atitudes ambivalentes, imbuídas ao mesmo tempo de fascínio pelo Outro e rejeição, mas que, no fim, levaram à marginalização

---

internacional, a problemática do direito à diferença não se opõe necessariamente aos direitos humanos, mas pode complementar seu objetivo de autonomia da pessoa e, portanto, as "capacidades" dos seres humanos.

dos povos colonizados e, dentro desses povos, à discriminação de alguns grupos étnicos (majoritários ou minoritários) em detrimento de outros. As situações pré-coloniais, coloniais e pós-coloniais são aqui inseparáveis, porque as demandas atuais são o produto de toda essa história que entrelaça inextricavelmente o passado e o presente (Amselle, 1990). Além disso, os próprios Estados recém-descolonizados negaram múltiplas identidades e discriminaram grupos minoritários, tribais ou étnicos, em seu território, os quais na maioria das vezes foram forçados a se encaixar no molde totalmente artificial do Estado-nação.

Mas o fenômeno é global e envolve todas as sociedades domésticas, sejam elas quais forem, as situações sendo múltiplas e cada uma delas sendo intimamente dependente de seu contexto. Ao mesmo tempo, falar sobre "minorias", "povos" ou "etnias" como sujeitos de reconhecimento é um exercício extremamente delicado, porque cada país tem seus próprios grupos ou povos minoritários, e coloca suas próprias referências históricas, jurídicas e culturais por trás dessas denominações. Inevitavelmente, o problema tem suas repercussões no nível internacional e nos instrumentos jurídicos que abordam essas questões quando se trata de definir esses conceitos (Capotorti, 1990, §568). De fato, o objetivo aqui não é retornar a esse estágio da reflexão, mas sobretudo destacar por que e como um processo particular de reconhecimento jurídico de certos grupos ou povos emergiu progressivamente no nível internacional, através da atribuição de direitos específicos aos seus membros ou a eles próprios como sujeitos de direitos.

a) Direitos das minorias

Além de alguns casos muito específicos, como o regime de capitulações em solo otomano ou certas cláusulas de tratados europeus destinados a proteger minorias cristãs em terras protestantes ou católicas, foi só bem tardiamente, com o fim da Primeira Guerra Mundial, que a sociedade internacional euro-americana reconheceu direitos em benefício de grupos minoritários, a fim de encontrar uma solução para as aspirações de identidade das múltiplas minorias europeias. O famoso princípio das nacionalidades, que cristalizou essas expectativas, surgiu no século XIX na Europa, principalmente nos Bálcãs, sem, no entanto, resolver o problema.

O que é uma sociedade internacional justa? | 197

Após a Primeira Guerra Mundial, vários povos se viram numa situação de minoria nacional dividida entre vários Estados, e tal situação profundamente insatisfatória aceleraria o reconhecimento de certos direitos em seu favor. Em seu discurso histórico de 1918, consagrando o princípio das nacionalidades, o presidente americano Woodrow Wilson anunciou um regime de liberdade e igualdade para todas as "nacionalidades" e parecia iniciar um verdadeiro ponto de mutação nas relações internacionais em favor de minorias e povos dominados. Segundo ele, era necessário reconhecer "o princípio da justiça para todos os povos e nacionalidades e seu direito de viver em igualdade de liberdade e segurança entre si, sejam eles fortes ou fracos" (apud Postel-Vinay, 2005, p. 84).

No entanto, o discurso da justiça de Wilson já estava causando um enorme mal-entendido quando, ao contrário do que foi sugerido por uma fórmula tão generosa, não era universalmente aplicável e visava apenas minorias na Europa Central e Oriental. Wilson não visou de nenhuma forma aos povos colonizados. Assim, quando, após esse discurso, o líder nacionalista egípcio Saad Zagloul desejou fazer a Liga das Nações ouvir as aspirações de autonomia dos povos colonizados ou semicolonizados, o Reino Unido não só inviabilizou o projeto como também enviou Saad Zagloul e parte da delegação egípcia ao exílio (Postel-Vinay, 2005, p. 84). Esse era o triste paradoxo de uma sociedade internacional que começaria a reconhecer os direitos de alguns na Europa, continuando a violar a identidade de outros fora da Europa.

Após o discurso do presidente americano, o exercício do direito à autodeterminação dos povos e a proteção e o exercício de certos direitos das minorias europeias começaram a ser implementados com os cinco "Tratados das Minorias" de 1919-1920 (Polônia, Tchecoslováquia, Reino Sérvio-Croata-Esloveno, Romênia e Grécia) e os Tratados de Paz de Saint-Germain-en-Laye (1919, Áustria), de Neuilly (1919, Bulgária) e de Trianon (1919, Hungria). Todos esses tratados foram impostos pelos Estados vitoriosos aos Estados derrotados e aos Estados recém-formados da Europa Oriental, após o colapso dos grandes impérios multinacionais do pré-guerra. O conjunto foi complementado por vários compromissos bilaterais, algumas declarações unilaterais feitas por alguns Estados à Liga das Nações (Finlândia, Albânia e os três Estados bálticos) e pela criação em 1919, dentro da Liga das Nações, de uma comissão dos novos Estados e de proteção das minorias. Qualquer membro poderia então apresentar à Liga das Nações ou à Corte Permanente de Justiça Internacional um caso de conflito entre uma minoria e um Estado. Em 1926, o sistema foi até mesmo estendido a indivíduos. Em termos de reconhecimento, esse sistema não apenas permitia o reconhecimento da identidade da minoria como tal – pois reconhecia sua existência *de facto* (mas não *de jure* como sujeito de direito) – e seu direito à proteção nacional e internacional, mas também a aplicação do princípio de não discriminação e o reconhecimento mais específico de certos direitos concedidos a seus membros[151]. Esses direitos frequentemente incluíam o direito ao uso livre de sua língua (considerado como a prioridade), o livre exercício de sua religião e o direito a uma educação específica, em particular o direito de estabelecer escolas e ensinar em sua língua materna. Esses elementos fazem parte de sua cultura e devem ser devidamente garantidos e supervisionados em virtude de pertencerem a uma minoria protegida. No entanto, por mais inovador que fosse, esse conjunto de princípios estabeleceu apenas um regime de exceção, porque se aplicava apenas a minorias localizadas no território de Estados derrotados ou recém-formados. Portanto, não se aplicava às minorias dos Estados vitoriosos e às minorias vencidas, nem, *a fortiori*, às outras minorias ou povos do resto do planeta[152]. E se o sistema funcionou bem inicialmente, a década de 1930 marcou seu declínio com o ressurgimento do nacionalismo, o advento do fascismo e a instrumentalização da questão das minorias para fins imperialistas. O sistema da Liga das Nações não impunha e não controlava mais nada. Muitas minorias foram sistematicamente oprimidas ou assimiladas, e a política de Hitler de anexar seus vizinhos com o pretexto de reunir ou libertar as minorias de língua germânica que foram oprimidas levou à Segunda Guerra Mundial

---

[151.] O direito de reconhecimento de igual dignidade (não discriminação) foi, portanto, imediatamente associado aos direitos específicos. Isso foi afirmado com muita clareza pela CPJI *em Parecer de 6 de abril de 1935: "Ecoles minoritaires en Albanie", Recueil CPJI, 1936, Série A/B*, 64, p. 17.

[152.] Ele também não se aplicava a todas as categorias de minorias. O Tratado de Lausanne, de 24 de julho de 1923, impôs à Turquia o dever de respeitar os direitos das minorias não muçulmanas em seu território, afirmando que isso não dizia respeito aos curdos. A Turquia ainda hoje continua a recusar o status de minoria à população curda. Da mesma forma, a Grécia se apoiou no Tratado de Lausanne para reconhecer apenas uma minoria muçulmana, não uma minoria turca, o que a Corte Europeia dos Direitos Humanos contestou recentemente. CEDH, *Tourkiki Enosi Xanthis et autres c. Grèce*, 27 mars 2008, Req. N°26698/05.

O que é uma sociedade internacional justa? | 199

(Fink, 2004). Essa deriva regressiva explica que, embora a Liga das Nações tivesse apostado em uma primeira forma de reconhecimento dos direitos das minorias, o mesmo só aconteceria depois da Segunda Guerra Mundial.

Em se tratando apenas de minorias europeias, a transferência massiva de minorias foi vista no final da guerra como uma solução radical e terrivelmente brutal que atentava aos direitos humanos mais básicos das pessoas. Winston Churchill disse em 1946: "A expulsão é o método [...] mais satisfatório e sustentável. Não haverá mistura de populações que possam causar inquietação sem fim. Uma varredura limpa será feita" (apud Rousso-Lenoir, 1994, p. 45).

De fato, muitas transferências ocorreram, principalmente no que diz respeito às minorias alemãs, de acordo com os termos da Conferência de Potsdam em 1945, nas piores condições e na atmosfera de ajustes de contas no pós-guerra. O resultado foi uma redução significativa do número de certas minorias na Europa, mas o problema básico não foi de forma alguma resolvido. Foi a Carta da ONU que assinou, em nível global, o fim do sistema de proteção das minorias estabelecido sob a Liga das Nações. Ela nem sequer menciona o nome "minoria" e esse silêncio obviamente não é fortuito, porque a aparição dos direitos humanos em nível internacional coincide com o desaparecimento temporário dos direitos especiais das minorias. Os direitos humanos, incorporados pela primeira vez em um texto internacional com a Carta, transcenderão qualquer referência aos direitos das minorias. Eles são de fato considerados como uma alternativa muito mais satisfatória para a sociedade internacional porque não se baseiam na ideia de pertencer a uma minoria específica, mas na ideia de uma natureza humana comum a todos. Eles refletem um modelo de proteção que ignora justamente todas as diferenças culturais, religiosas ou linguísticas que caracterizaram as minorias e que agora são percebidas, em 1945, como geradoras de demandas violentas e nacionalistas que são fundamentalmente desestabilizadoras para a integridade dos Estados europeus e do mundo. Além disso, apenas os direitos humanos são indicados como um objetivo na Carta das Nações Unidas e, por si sós, foram objeto da Declaração Universal de Direitos Humanos, proclamada em Paris, em 1948, a qual sequer menciona as minorias. De 1945 a 1948, de Dumbarton Oaks a Paris, via San Francisco, houve uma sucessão de votos que, a cada vez, se afastavam da questão das minorias (Laroche, 1989, p. 82; Verdoodt,

1969, p. 405). Os debates anteriores à adoção da Declaração Universal de 1948 são um testemunho muito esclarecedor desse afastamento. Eles mostram que um Artigo sobre os direitos das minorias nacionais, linguísticas e religiosas foi proposto pela URSS e finalmente rejeitado com a concordância de quase todos os Estados. As razões para essa rejeição eram de duas ordens: os delegados temiam que qualquer disposição específica a favor das minorias revivesse paixões nacionalistas e fizesse com que a nova ordem internacional implodisse, e, em alternativa, que a categorização discriminatória das minorias fosse estabelecida pela diferenciação de seus membros em relação a qualquer outro indivíduo. De fato, se direitos específicos foram negados a membros de minorias, por outro lado, o princípio de não discriminação, consagrado no Artigo 2 da Declaração, proibia expressamente qualquer discriminação com base na língua, religião, sexo, raça ou "qualquer outra situação", o que visava implicitamente e em particular a situação dos membros pertencentes a minorias[153].

Desde 1945, os direitos das minorias foram protegidos principalmente em nome de dois direitos humanos fundamentais que estão intimamente correlacionados: o princípio da não discriminação e o princípio da igualdade de direitos entre membros de minorias e outros membros do Estado. O direito internacional da época não concedia direitos especiais às minorias, mas, no mínimo, garantia aos membros de grupos minoritários tratamento igual ao dos membros da maioria ou grupos dominantes e igual direito aos mesmos direitos. Para dizer a verdade, o princípio da não discriminação já era aplicado às minorias durante o período entre guerras e, portanto, não apareceu como uma surpresa, mas, enquanto ele era um princípio do direito internacional das minorias antes da Segunda Guerra, tornou-se um princípio do direito internacional dos direitos humanos no pós-guerra. Ele está estabelecido nos Artigos 1 e 55 da Carta das Nações Unidas, no Artigo 2 da Declaração de 1948 e dos Pactos de 1966 e ainda no Artigo 14 da Convenção Europeia dos Direitos Humanos e Liberdades Fundamentais de 1950, que igualmente excluiu qualquer referência direta aos direitos das minorias. Contudo, o reconhecimento da igualdade de tratamento entre membros de minorias e maiorias não foi suficiente para

---

[153.] A doutrina internacionalista confirmou essa visão compartilhada no pós-guerra (Azcarate, 1946, p. 127).

garantir a identidade cultural das minorias e, além disso, esse não era o objetivo buscado. Pode-se até pensar que a maioria dos Estados esperava, pelo contrário, pôr um fim às minorias e suas reivindicações identitárias que eram vistas como ameaça. Eles esperavam que o problema das minorias pudesse finalmente ser resolvido apenas pelos direitos humanos, por não mais almejar a manutenção das minorias como tais, mas sim pela sua assimilação bem-sucedida em toda a sociedade. Desse ponto de vista, o direito internacional dos direitos humanos após 1945 foi um fracasso sombrio, porque não apenas os direitos humanos e, em particular, o princípio da não discriminação se mostraram completamente insuficientes para combater a discriminação e a marginalização de fato sofridas por muitas minorias, mas, além disso, as tentativas de assimilar minorias somente reforçaram, por reação, suas diferenças identitárias. Tirando as lições desse fracasso, os Estados irão flexionar novamente o direito internacional, agora em favor de um reconhecimento renovado dos direitos especiais conferidos aos membros das minorias, reatando consequentemente com as intuições fundadoras e a experiência jurídica tão particular do período entre guerras.

A primeira mudança ocorrerá com o Artigo 27 do Pacto dos Direitos Civis e Políticos, de 1966, firmado no âmbito das Nações Unidas. Ele foi essencial para a época porque, pela primeira vez desde 1945, o direito internacional rompeu com a desconfiança geral demonstrada em relação às minorias e reconheceu explicitamente direitos específicos para membros de minorias e, mais especificamente, o direito de membros de "minorias étnicas, religiosas ou linguísticas" de ter "em comum com outros membros de seu grupo, sua própria vida cultural, professar e praticar sua própria religião ou usar sua própria língua". De fato, essa disposição é limitada porque impõe aos Estados uma obrigação negativa de não privar as minorias de sua própria vida cultural, mas sem impor uma única obrigação positiva. Mas, no mínimo, era uma indicação de que as mentalidades estavam mudando gradualmente e permitiria que o Comitê de Direitos Humanos apreciasse essas questões e esclarecesse essa provisão, proibindo políticas de assimilação forçada e assegurando sua aplicação pelos Estados partes do Pacto. Uma nova tendência estava em andamento, mas foi somente na década de 1990 que a existência de direitos específicos para as minorias foi plenamente reafirmada no direito internacional, de acordo com uma chave interpretativa condizente com as suas aspirações.

O fim da Guerra Fria testemunhou uma segunda e mais decisiva mudança no direito internacional nessa direção, em que a ideia fundamental era vincular o reconhecimento de direitos específicos a membros de minorias com a preservação de sua identidade e sua diferença cultural. Era hora de fazer uma avaliação, e a experiência desde 1945 mostra que, apesar do princípio da não discriminação e do Artigo 27 do Pacto de 1966, os mesmos tipos de dificuldades apareciam e nem sempre era possível preservar as minorias, as quais permaneceram grupos particularmente vulneráveis e estigmatizados. Cada vez que uma maioria em âmbito doméstico impõe seu modelo cultural, marginaliza as minorias e exacerba suas reivindicações identitárias. Portanto, não surpreende que, de acordo com os novos valores atribuídos ao reconhecimento, uma reação tenha surgido após 1989, principalmente na Europa, mas também em nível mundial. Foram adotados vários instrumentos jurídicos internacionais que, desta vez, consagraram direitos específicos e distintivos aos membros de minorias e, portanto, baseados no reconhecimento explícito de sua identidade cultural. Eles têm um escopo vinculante variável e, até o momento, são basicamente textos europeus. Pode-se citar o Documento de Copenhague da Organização para a Segurança e Cooperação na Europa (OSCE), de 1990; a Declaração sobre os Direitos das Pessoas Pertencentes a Minorias Nacionais, Étnicas ou Religiosas e Linguísticas, adotada em 1992 pela Assembleia Geral das Nações Unidas; a Carta Europeia das Línguas Regionais ou Minoritárias de 1992; os Critérios de Copenhague estabelecidos pela União Europeia (UE) em 1993 como condições para a adesão dos novos países do Leste à UE, que impõe a proteção de minorias; ou ainda a Convenção-Quadro para a Proteção das Minorias Nacionais, de 2 de fevereiro de 1995.

Adotada graças à adesão nas Nações Unidas dos novos Estados da Europa Oriental, que estavam particularmente preocupados em lidar com esse problema após a Guerra Fria, a Declaração das Nações Unidas de 1992 continua sendo o único texto de escopo geral exclusivamente dedicado a essa questão[154]. Completamente alinhada com o paradigma

---

[154.] Ela foi redigida em 15 dias graças aos novos países do Leste, quando fazia mais de quatorze anos que a ONU não conseguia chegar a um texto comum. No entanto, ela é muito geral e o uso frequente do condicional reforça seu caráter não obrigatório. Resolução AG/47/135, de 18 de dezembro de 1992, Declaração sobre os direitos das pessoas pertencentes a minorias nacionais ou étnicas, religiosas e linguísticas.

O que é uma sociedade internacional justa? | 203

de reconhecimento pós-Guerra Fria, a Resolução coloca imediatamente a questão das minorias no campo do respeito à sua identidade (Art. 1), obrigação feita aos Estados de respeitá-la e promovê-la. Ela estabelece direitos específicos que devem ser concedidos a membros de minorias para preservar essa identidade, onde se encontram, exumados do período entre guerras, os direitos ao uso da língua, ao exercício da religião e ao gozo da própria cultura (Art. 2). Após a Declaração, em 1993, a Assembleia Geral confiou ao Alto Comissariado para os Direitos Humanos a tarefa de promover e proteger os direitos das minorias consagradas na Declaração e de iniciar um diálogo com os Estados sobre esse assunto. Por sua vez, a Subcomissão de Prevenção da Discriminação e de Proteção de Minorias criou um grupo de trabalho que se tornou um ambiente de diálogo e reflexão particularmente ativo sobre a questão. Finalmente, houve também a ação do Comitê de Direitos Humanos, que desenvolveu uma interpretação do Artigo 27 do Pacto de 1966, que também está evoluindo nessa direção e apoia o movimento geral que está sendo implantado em escala global.

No entanto, a maioria dos instrumentos jurídicos foi adotada em nível europeu[155]. O fim da Guerra Fria recriou uma situação na Europa que lembra do período entre guerras. A desintegração dos grandes Estados comunistas – a URSS, a Iugoslávia e a Tchecoslováquia – reconfigurou a Europa Central e Oriental em vinte e oito Estados, a maioria dos quais com minorias nacionais que representam mais de 10% de sua população. Igualmente, fez surgir novas minorias, como minorias russas fora da Rússia ou minorias sérvias fora da Sérvia (Miall, 1997). No entanto, a transição pós-comunista despertou sentimentos nacionalistas por parte da maioria dos povos e tentações secessionistas por parte de certas minorias, de modo que se tornou novamente urgente que a Europa repensasse a questão das minorias e encontrasse uma resposta adequada ao desejo de reconhecimento e à necessidade de estabilidade. Voltando às experiências originais do período entre guerras, os Estados europeus desenvolveram, em uma década, toda uma série de instrumentos jurídicos pelos quais definiram direitos específicos para membros de suas minorias. Resumindo a

---

[155.] Obviamente, isso não significa que os outros Estados do planeta não estejam tentando proteger suas minorias ou conceder-lhes direitos específicos. Ver Manchanda (2009) e Axelrod (2002).

essência do novo paradigma centrado no reconhecimento de identidades, a Convenção-Quadro de 1995 para a Proteção das Minorias Nacionais declara em seu preâmbulo que:

> Uma sociedade pluralista e verdadeiramente democrática não deve apenas respeitar a identidade étnica, cultural, linguística e religiosa de todas as pessoas pertencentes a uma minoria nacional, mas também criar condições que lhes permitam expressar, preservar e desenvolver essa identidade[156].

Quanto ao conteúdo dos direitos especiais reconhecidos aos membros das minorias, pode-se tomar como exemplo o Documento de Copenhague, pois foi um dos primeiros textos pós-Guerra Fria adotados nessa seara e indicou os principais direitos frequentemente incluídos nos textos vinculantes[157]. Na parte IV, ele primeiro recorda o princípio da não discriminação como um direito humano a ser aplicado a membros de minorias. Mas complementa a declaração desse direito com toda uma série de direitos específicos reconhecidos aos membros de minorias que os Estados devem respeitar, em particular o direito de "expressar, preservar e desenvolver sua identidade étnica, cultural, linguística ou religiosa em completa liberdade, e de manter ou desenvolver sua cultura em todas as suas formas" (Art. 32.2), o direito de usar sua língua materna (Art. 32.1 e Art. 3), o direito de criar e manter suas próprias instituições "educacionais, culturais e religiosas" e beneficiar-se da ajuda pública nesse sentido (Art. 32.2) ou o direito de "professar e praticar sua religião" (Art. 32.3). A cada um desses direitos corresponde uma obrigação positiva do Estado para implementá-los e garanti-los, o que significa levar em consideração seus aspectos econômicos e sociais.

Não se deve subestimar o escopo de tais direitos e a extensão das mudanças que eles traduzem em termos jurídicos. Primeiramente, o novo direito internacional das minorias resgata, como dissemos, o direito do

---

[156]. No entanto, a Convenção-Quadro reduz o escopo de proteção às minorias nacionais, enquanto a Declaração de 1992 também a estende às minorias étnicas, religiosas e linguísticas.

[157]. Documento de Copenhague da Organização para a Cooperação e Segurança na Europa, de 29 de junho de 1990.

período entre guerras relativo às minorias, mas integrando-o decisivamente no novo paradigma de reconhecimento, pois se os direitos das minorias foram concedidos após 1918, foi sobretudo por causa da nova redistribuição territorial ocorrida na época, e não diretamente para preservar o direito à diferença. Isso foi uma reviravolta completa em comparação com 1945 e 1948. Ao contrário do que foi tentado após 1945, e que muitas vezes procedeu de um desejo implícito de assimilação, não é mais apenas uma questão de preservar as minorias através dos mesmos direitos concedidos a todos, sem discriminação, mas também para preservá-los graças a direitos específicos conferidos a membros de minorias, precisamente por pertencerem a minorias. Respondendo à necessidade de reconhecimento das minorias, eles garantem o que torna a especificidade de uma minoria e, portanto, mais fundamentalmente, o direito de seus membros serem diferentes e viverem de acordo com sua própria cultura. Em outras palavras, trata-se de estabelecer oficialmente a existência de um direito à diferença na igualdade. No período de 1945 a 1948 pensava-se que o exercício indiscriminado dos direitos individuais de liberdade de expressão, de opinião, de religião ou de assembleia, igualmente reconhecidos para todos, seria suficiente para as minorias viverem como entendessem. No entanto, depois de 1989, mudou-se a estratégia jurídica e optou-se pela adoção de direitos que, além das liberdades formais reconhecidas para todos, garantissem diretamente o exercício do que faz a *diferença* cultural e, portanto, do que define sua identidade. Por exemplo, mesmo que o direito à liberdade de expressão possa ser aplicado sem discriminação, a experiência mostra que ele não atende à preocupação das minorias linguísticas em preservar suas línguas minoritárias[158]. Por outro lado, a existência de um direito especial de ensinar e se expressar no seu idioma o preserva de maneira duradoura, pois cria as condições efetivas de seu uso ao longo do tempo. A esse respeito, a Carta Europeia das Línguas Regionais de 1992 chega ao ponto de afirmar que o uso de uma língua regional ou minoritária na vida pública e privada é um "direito imprescritível" (Preâmbulo). Além disso, deve-se enfatizar que, graças a essas evoluções, o próprio princípio da não discriminação

---

[158.] Recorde-se que isso já era o que a CPJI havia concluído durante o período entre guerras, no exato momento em que direitos específicos foram finalmente reconhecidos para os membros das minorias. Ver: CPJI, *Avis consultatif du 6 avril 1936, Affaire des Ecoles minoritaires en Albanie, Rec. CPJI, 1936, série A/B*, p. 17.

foi objeto de novas interpretações convergentes nesse sentido, as quais tendem a levar em conta muito mais do que no passado a diversidade dos contextos culturais concretos dos indivíduos, de modo que agora, às vezes, pretende-se não mais tratar igualmente pessoas diferentes, mas tratar de maneira diferente pessoas diferentes por pertencerem a uma minoria[159]. Sem dúvida, permanece a pergunta espinhosa de saber como encontrar uma articulação satisfatória entre o princípio da não discriminação (sempre afirmado em prioridade) e os direitos específicos das minorias, porque sua articulação nunca é claramente definida e pode representar problemas particularmente delicados de interpretação e aplicação. Mas é ao mesmo tempo toda a dificuldade e a sutileza do gesto de reconhecimento que é capaz de se expressar nessa articulação, caso a caso, uma vez que não se trata de trancar as minorias na sua única diferença cultural, mas reconhecê-los como sendo "iguais e diferentes"; e assim, finalmente, fortalecer sua igualdade de condições com as "maiorias", combatendo o formalismo do direito anterior que, longe de ser neutro e não discriminatório, favorecia constantemente os grupos majoritários.

E assim pode ser visto como, apesar de um caminho repleto de obstáculos, os direitos das minorias foram finalmente devidamente reconhecidos no direito internacional, abrindo espaço para uma nova configuração jurídica baseada na diferença, a qual é difícil imaginar como poderíamos ficar sem hoje, uma vez que corresponde a uma exigência profundamente enraizada das minorias, mas também agora de todo o nosso tempo. A amplitude das mudanças realizadas desde 1945 nessa área não deve disfarçar, no entanto, uma limitação geral que ainda provoca muitos debates: o fato de os direitos reconhecidos serem apenas direitos individuais e não coletivos; isto é, são reconhecidos aos indivíduos como pertencentes a uma minoria e não à minoria como um sujeito de direito. O não reconhecimento de um direito coletivo não deve surpreender, porque obedece a um medo muito antigo, e não sem razão, de que tais direitos coletivos sejam a porta aberta para um desejo de secessão desse novo sujeito de direito que seria a minoria. Essa é também a razão pela qual, *a fortiori*, nunca foi reconhecido o

---

[159]. Comitê de Direitos Humanos, Comentário geral 23 (1994) sobre o Artigo 27 (Direitos das minorias), § 6.2: "os Estados também precisam, algumas vezes, tomar medidas positivas para proteger a identidade de minorias e os direitos dos membros das minorias de preservar sua cultura e idioma e praticar sua religião, em comum com os outros membros de seu grupo".

O que é uma sociedade internacional justa? | 207

direito à livre autodeterminação das minorias, nem tampouco o direito à autodeterminação interna – exceto minorias nacionais muito antigas. O direito internacional das minorias tem sido historicamente construído com base em um equilíbrio frágil entre o respeito à soberania dos Estados e a necessidade de conferir certos direitos às minorias em seu território, e esse duplo fundamento explica a natureza exclusivamente individual dos direitos reconhecidos. Mas alguns observadores temem que a minoria como grupo acabe por desaparecer. Se o problema permanece muito real, em particular para pequenas minorias, os direitos individuais podem ser favoráveis à manutenção do grupo. Apesar de a minoria não ser ela mesma reconhecida como sujeito de direito, é claro que os direitos dos membros das minorias não são menos dependentes da capacidade da minoria de preservar sua identidade e sua cultura de grupo no interesse de todos os seus membros, de modo que o reconhecimento dos direitos individuais dos membros das minorias leva à preservação do grupo como tal e fortalece seu status como uma minoria (Macklem, 2011, p. 233).

b) Direitos dos povos indígenas

Testemunhando esse novo momento favorável que o reconhecimento está experimentando atualmente, as ações empreendidas em favor dos direitos dos povos indígenas tornaram possível, talvez até mais do que as relativas às minorias, perceber que certos grupos foram particularmente estigmatizados centenas de anos, que ainda o são e que tal situação não é apenas perturbadora, mas inaceitável à luz dos novos valores contemporâneos e das demandas por justiça social internacional advindas no pós-Guerra Fria. Mais fracos e mais vulneráveis do que as populações submetidas às colônias de exploração, os povos indígenas foram de fato particularmente afetados com, por quatro séculos, a quase completa espoliação de todas as suas terras e o desaparecimento de 85 a 90% de sua população[160]. Como resultado, eles agora se apresentam à comunidade internacional como "sobreviventes da história", como o grito de guerra dos

---

[160]. Ainda pior: alguns foram não apenas exterminados, mas também apagados completamente das memórias, como, por exemplo, os Arawak das ilhas caribenhas. Ver Barkan (2010, p. 117).

Aborígines da Austrália durante a celebração do bicentenário da colonização britânica em 1988: "Nós sobrevivemos!" (Etemad, 2008, p. 119). Mais uma vez, é necessário avaliar as mudanças consideráveis que ocorreram a esse respeito e que emergem da mesma mudança muito profunda de mentalidades e de comportamentos neste campo, mas também de uma situação de injustiça particularmente marcada em termos históricos.

Os povos indígenas foram definidos como os descendentes daqueles que habitavam um território antes do estabelecimento das colonizações de povoamento, as quais os avassalaram completamente. Eles são numerosos em todas as regiões do mundo, inclusive na África, onde certos grupos particularmente vulneráveis, como as comunidades de pastores e de caçadores-coletores, desejam ser reconhecidos como povos indígenas[161]. Os mais midiatizados, no entanto, são os povos indígenas da América do Sul, e os que foram colonizados pelas populações anglo-saxônicas. Mas durante muito tempo houve no direito internacional o debate apenas sobre o destino e o status dos povos colonizados fora da metrópole e não daqueles povos indígenas considerados sob a competência estritamente interna dos Estados. E enquanto os primeiros acabaram adquirindo sua independência durante as descolonizações das décadas de 1950 e 1960, os segundos continuaram sofrendo diretamente múltiplas discriminações e atos de desprezo por parte do grupo majoritário em exercício, e sendo brutalmente submetidos a seu domínio cultural, político e econômico. Já em 1947, no entanto, a Bélgica havia denunciado veementemente a diferença no tratamento jurídico e político de povos não autônomos, dependendo se eram qualificados ou não como colônias (Salmon, 2011, p. 163). Somente os territórios separados da metrópole e habitados por povos com características culturais e étnicas específicas foram considerados como colônias e, como tais, deveriam se beneficiar da proteção da Carta. Por outro lado, outros povos não autônomos, residentes em Estados soberanos, não gozavam de proteção definida internacionalmente. Mas por que, perguntou a Bélgica, não havia obrigações impostas às antigas colônias de povoamento? Por que as Nações Unidas não controlaram a maneira como a Índia tratava os Nagas, como os Estados Unidos tratavam

---

[161.] Relatório do Grupo de Trabalho de especialistas da Comissão Africana de Direitos Humanos e Povos/Comunidades Indígenas.

os nativos norte-americanos, como os canadenses tratavam os esquimós ou como os neozelandeses tratavam os Maoris, enquanto controlavam a maneira como os Estados se comportavam em relação às colônias e territórios cobertos pelos capítulos XI e XII da Carta? Por se tratar de um país colonizador, a Bélgica obviamente não estava isenta de segundas intenções, mas sua proposta teve pelo menos o mérito de expor o cinismo de certos Estados que exibiam uma postura moral anticolonialista enquanto eles mesmos continuavam exercendo descaradamente uma dominação completa dos povos originários cujo território eles haviam colonizado anteriormente[162]. No entanto, essa tentativa de impor o mesmo regime de proteção aos povos indígenas não teve êxito e foi apenas muito mais tarde que as coisas finalmente começaram a se modificar.

Gradualmente, a partir da década de 1980, a conscientização da necessidade de um regime específico para os povos indígenas se espalhou por toda a comunidade internacional. As populações indígenas envolvidas estavam na origem de toda uma série de ações e iniciativas que foi qualificada como "movimento dos povos indígenas", que soube divulgar sua causa e promovê-la em seus respectivos Estados e, em seguida, em nível internacional. Em 1982, o Conselho Econômico e Social das Nações Unidas (ECOSOC) criou um Grupo de Trabalho das Nações Unidas sobre Populações Indígenas, que seria a pedra angular para a promoção dos direitos dos povos indígenas em nível internacional. É verdade que a Convenção 107 foi adotada pela Organização Internacional do Trabalho (OIT) em 1957 sobre os povos indígenas, mas previa uma política de assimilação pura e simples, a qual foi amplamente criticada. Ela foi em seguida substituída pela Convenção 169, adotada pela OIT em junho de 1989, relativa aos povos tribais e indígenas, que, desta vez, na lógica do movimento de fundo que atravessará o mundo pós-Guerra Fria, visa substituir a perspectiva integracionista e paternalista da Convenção 107 por uma política que respeite os costumes dos povos indígenas e sua identidade cultural. A diferença de perspectiva entre a Convenção de 1957 e a de 1989 é em si mesma um resumo da evolução das mentalidades em relação a grupos e identidades culturais, e mais uma vez testemunha a entrada do mundo contemporâneo no paradigma

---

[162.] Sobre a violência dessa dominação na América do Norte e as lutas e resistências que suscitaram, as quais foram completamente ignoradas em nível internacional, ver Churchill (1993).

do reconhecimento a partir de 1989. Na esteira da Convenção 169, sob o impulso decisivo da Conferência Mundial de Viena, o ano de 1993 foi declarado Ano Internacional dos Povos Indígenas e uma primeira Década Internacional dos Povos Indígenas foi proclamada pela ONU em 1995.

Como as minorias, a maioria dos povos indígenas não busca se retirar completamente da tutela do Estado, mas obter o reconhecimento de sua existência e de seus direitos históricos desprezados, para recuperar a gestão de seus recursos naturais e pôr fim às marcas de estigmatização e desprezo social de que são objeto. Eles exigem direitos iguais, mas também o reconhecimento de sua identidade coletiva e sua diferença cultural com base em sua organização social, seu relacionamento com a terra, seus costumes ancestrais e suas artes tradicionais. Alguns deles, no entanto, também gostariam de se beneficiar do direito à autodeterminação dos povos e um vivo debate incidirá acerca da qualificação jurídica desses grupos, seja como "povo" e, portanto, capaz de exercer o direito à autodeterminação dos povos, ou como uma simples "população", não sendo titular desse direito[163]. De fato, eles podem ser caracterizados como um povo sem necessariamente levá-los ao status de um Estado independente, mas a uma autonomia interna muito grande, como foi feito para o povo Inuit do norte do Canadá em 1999. Finalmente, em setembro de 2007, a Assembleia Geral das Nações Unidas adotou uma Declaração sobre os Direitos dos Povos Indígenas que reflete essa evolução[164]. Ela foi amplamente aprovada, sendo votada por 143 Estados. Ela reconhece o direito dos povos indígenas à autodeterminação interna e à livre escolha de seu desenvolvimento econômico, social e cultural (Art. 3 e 4), mas em nenhum momento há menção ao direito à autodeterminação externa[165]. Entretanto, declara solenemente que os direitos reconhecidos "constituem os padrões mínimos necessários para a sobrevivência, dignidade e bem-estar dos povos indígenas do mundo" (Art. 43) e, embora não tenha valor

---

[163]. Questões relacionadas aos povos indígenas: Relatório do grupo de trabalho estabelecido em conformidade com a resolução 1995/32 da Comissão de Direitos Humanos, documento E/CN.4 /1997/102, 10 de dezembro de 1996.

[164]. Resolução da AG de 13 de setembro de 2007, Declaração das Nações Unidas sobre os Direitos dos Povos Indígenas, A/RES/61/295. Sobre a Declaração, ver Allen & Xanthaki (2011).

[165]. Pode-se até considerar que ela é proibida pelo Artigo 46 da Declaração, que refere o respeito necessário à integridade territorial do Estado.

O que é uma sociedade internacional justa? | 211

jurídico diretamente vinculante, ela é muito precisa quanto ao conteúdo das obrigações que estabelece, oferecendo assim uma base jurídica sólida para a ação das Nações Unidas e dos Estados nessa área. Como ponto de chegada de um longo caminho em direção ao reconhecimento de povos que até então eram invisíveis em nível internacional, a Resolução é também um testemunho particular do movimento jurídico geral a favor do reconhecimento das identidades e das diferenças culturais e se coloca explicitamente no terreno do direito de ser diferente. De acordo com o preâmbulo da Declaração, "os povos indígenas são iguais a todos os outros povos, embora reconheçam o direito de todos os povos de serem diferentes, de se verem como diferentes e de serem respeitados como tais".

Essas linhas capturam todo o espírito do processo contemporâneo de reconhecimento e o que ele tem de singularmente fértil. Os termos são emblemáticos do que poderia ser a nova fórmula de convivência na sociedade internacional, que já mencionamos sobre as minorias, e que melhor expressa a quintessência das aspirações atuais: viver "igual, mas diferente". Essa preocupação pela igualdade na diferença é a marca de um direito internacional, *soft* ou *hard*, preocupado com o reconhecimento e que segue, da mesma maneira que para as minorias, a adoção de direitos específicos para membros de povos indígenas, em virtude de pertencerem ao grupo indígena, e que não dizem respeito a outros membros da sociedade. Existem disposições sobre o direito à proteção e ao uso de sua língua, religião, costumes, artes tradicionais, conhecimento, mas também sobre o exercício de direitos relacionados à manutenção e fortalecimento de suas instituições políticas e econômicas (Art. 5), o direito de "coletivamente viver em paz, em liberdade e em segurança como povos distintos" (Art. 7.2) e direitos muito detalhados relacionados a suas terras e aos recursos ancestrais que elas contêm (Art. 26 a 30), porque se sabe até que ponto esses recursos e essas terras foram – e ainda são – saqueados e seus direitos violados pelas empresas de petróleo, mineração e florestais. A esse respeito, os textos internacionais e domésticos tendem a reconhecer mais facilmente certos direitos coletivos aos povos indígenas – direitos que são conferidos ao grupo como um todo como sujeito de direito. Esse é um ponto expressamente enfatizado na Declaração. Apesar do medo de despertar uma crescente autonomização do grupo que poderia levar à secessão, reconhecer esses direitos coletivos é agora uma necessidade que se impõe, se realmente se quiser estar no terreno do reconhecimento de sua identidade e cultura. Pode-se tomar como exemplo sua relação com a terra. A maioria dos povos indígenas tem uma conexão com a terra que é fundamental, visto que essa conexão define grande parte de sua identidade. Essa relação com a terra é ao mesmo tempo material e espiritual, porque, segundo eles, a terra pertence ao grupo e o grupo pertence à terra[166]. Forçados a adotar o discurso jurídico dos direitos para defender suas terras, acabaram reivindicando um direito de propriedade, mas coletivo e não individual. Eles querem obter a plena propriedade de suas terras ancestrais para garantir sua proteção, mas não querem que um só indivíduo a possua. E é, portanto, levando em consideração esse contexto cultural tão forte, tão intrinsecamente ligado à sua identidade e ao seu próprio ser, que os poucos textos internacionais existentes reconhecem os direitos de propriedade coletivos e de administração interna (G.I.P.T.A, 2005).

No entanto, a implementação prática de tais direitos é particularmente limitada e colide com as disposições comuns do direito interno dos Estados envolvidos. Isso é ilustrado, por exemplo, pelo famoso julgamento do caso Mabo, proferido em 1992 pelo Supremo Tribunal de Justiça da Austrália. Por meio desse julgamento, paradigmático para a futura evolução do direito internacional, o Tribunal reconheceu de maneira revolucionária um direito natural dos Aborígines sobre suas terras ancestrais, mas, ao mesmo tempo, rejeitou qualquer forma de compensação retroativa pelas espoliações anteriores a 1975 e exigiu que os Aborígines provassem a ocupação ancestral ininterrupta das terras reivindicadas para que fosse concedido um título fundiário tribal. Isso, é evidente, excluiu a grande maioria dos aborígines existentes, os quais tinham sido devidamente "destribalizados" e deslocados de seus territórios durante os últimos séculos (Merle, 1998, p. 223).

7.2. Direitos culturais

Até agora, foi feita referência ao reconhecimento dos direitos de identidade por meio da proteção dos direitos das minorias e dos povos indígenas, ou seja, devido ao fato de as pessoas pertencerem a grupos muito específicos

---

[166.] Ver Daes (2004) e Convenção nº 169 da OIT, Art. 17 e 18.

identificados como minoritários ou povos indígenas. Mas não deveríamos pensar que uma verdadeira política jurídica internacional de reconhecimento pressupõe que os direitos culturais sejam declarados e garantidos de uma maneira muito mais geral para todo ser humano, pelo simples fato de ele ser um ser humano? É claro que os direitos das minorias ou dos povos indígenas são conferidos apenas em uma base sociológica específica, ou seja, em função de pertencer a grupos muito específicos e, portanto, promovem uma concepção étnica e coletiva da cultura (Bidault, 2009, p. 3). Por outro lado, os direitos culturais individuais, concedidos sem referência a uma minoria ou a um povo, pretendem ser de aplicação muito mais geral, porque são reconhecidos sem referência étnica, antropológica, linguística ou religiosa. E, diferentemente dos direitos das minorias e dos povos indígenas, eles são parte integrante dos direitos humanos, os complementando e aprofundando no âmbito cultural. Na verdade, esses são direitos sobre os quais os debates contemporâneos colocam forte ênfase, mas nem todos são objeto do mesmo consenso e nem todos são legalmente definidos como direitos. Isso porque a sua importância foi inicialmente subestimada, já que o enfoque estava em outros direitos, ao passo que é frequentemente superestimada hoje por temer-se que justifiquem reivindicações excessivas. De maneira mais conjuntural, os direitos culturais também sofreram com o reconhecimento dos direitos das minorias e dos povos indígenas, visto que estes adiaram indefinidamente a adoção de um texto geral sobre aqueles. Sujeitos à controvérsia, marginalizados em relação a outros direitos, os direitos culturais constituem um elemento essencial do novo paradigma de reconhecimento e do direito internacional do reconhecimento e, devido às próprias questões que levantam, convidam a uma reflexão geral sobre os desafios e os limites do direito à diferença cultural.

No plano doméstico, os direitos culturais já eram os mais esquecidos dos direitos humanos oriundos das tradições francesa e americana. O singular e o particularismo que eles sugerem se opunham ao universalismo e à abstração dos direitos da primeira geração, em particular aqueles proclamados na Declaração Francesa de 1789. No nível internacional, a noção de direito cultural foi introduzida a partir de Declaração Universal de 1948, cujo Artigo 27 afirma que "todas as pessoas têm o direito de participar livremente da vida cultural da comunidade, de desfrutar as artes e de participar do progresso científico e dos benefícios que resultam disso".

Essa formulação consagrou o direito de participar da vida cultural de seu país, um direito fundamental em relação ao contexto histórico após a Segunda Guerra Mundial, porque foi redigido em reação aos decretos nazistas que proibiam a participação de judeus na vida cultural alemã. Esse direito à cultura é, portanto, um direito à liberdade de participação, criação e acesso à cultura, mas não um direito destinado a salvaguardar a identidade cultural dos indivíduos, um conceito muito pouco usado na época. É o mesmo tipo de direito cultural que foi reconhecido cerca de vinte anos depois, em 1966, com o Pacto Internacional dos Direitos Econômicos, Sociais e Culturais. Os direitos culturais são mencionados no próprio título do Pacto, o que parece lhes dar igual importância aos direitos econômicos e sociais, mas, na realidade, são claramente os parentes pobres destes últimos. Eles são definidos principalmente no Artigo 15, que aborda mais detalhadamente o princípio do direito de acesso, produção, criação e proteção em questões culturais, mas continuam a ocupar um lugar muito secundário ao lado dos direitos econômicos e sociais. Este lugar tão reduzido que lhes foi conferido não deve surpreender, uma vez que os Pactos foram adotados em meio à Guerra Fria e a cultura era um ponto de constante contestação entre os dois blocos e que, além disso, os países do Leste costumavam praticar internamente uma política de opressão em questões culturais. Soma-se a isso o fato de os direitos culturais estarem vinculados apenas aos direitos econômicos e sociais, e não aos direitos civis e políticos, de modo que também vão sofrer pela sua vinculação a direitos que, exigindo uma intervenção estatal, já são considerados menos cogentes para os Estados. Portanto, não surpreende que a questão dos direitos culturais fosse pouco discutida na época e que fosse necessário esperar até o final da Guerra Fria para que eles se tornassem realmente um objeto de debate em nível internacional em conexão direta com o ressurgimento das reivindicações identitárias e culturais e de novas expectativas em termos de reconhecimento.

A Declaração e o Programa de Ação de Viena de 1993, que conclui a primeira grande cúpula mundial sobre direitos humanos após a queda do Muro de Berlim, declara a natureza indivisível e inseparável de todos os direitos e, portanto, dos direitos culturais em relação a outros direitos humanos (Ponto 5). A Declaração também insiste para que os Estados garantam e preservem os direitos específicos dos membros de minorias

O que é uma sociedade internacional justa? | 215

e dos povos indígenas (Pontos 19 e 20). No entanto, não existem disposições específicas relativas aos direitos culturais e até agora nenhum texto jurídico específico lhes foi dedicado. As referências aos direitos culturais estão, portanto, espalhadas em vários instrumentos jurídicos internacionais dedicados aos direitos humanos e, portanto, obedecem a regimes jurídicos e de controles distintos. No nível global, eles são previstos, em particular, no Artigo 27 da Declaração Universal dos Direitos Humanos e Artigo 15 do Pacto Internacional sobre Direitos Econômicos, Sociais e Culturais, além de alguns textos adotados pela Unesco, como a Convenção sobre a Luta contra a Discriminação na Educação, de 1960, a Recomendação Relativa ao Status do Artista, de 1980, ou a Declaração Universal sobre Diversidade Cultural, de 2001. Eles também são encontrados de uma forma ou outra nos textos relativos a minorias e povos indígenas e nas várias convenções globais relacionadas aos direitos de certas categorias de pessoas, como mulheres, crianças ou trabalhadores migrantes. A prática de vários organismos internacionais, como o Comitê de Convenções e Recomendações da Unesco (Singh, 2000, p. 243), o Especialista Independente no Campo dos Direitos Culturais das Nações Unidas e o Comitê de Direitos Econômicos, Sociais e Culturais das Nações Unidas, tornou possível especificar progressivamente seu conteúdo, sua natureza e seu escopo, dando-lhes uma melhor concretização que vem preencher a ausência de um texto específico sobre o assunto. A ação convergente desses órgãos, e em particular a de um Especialista Independente das Nações Unidas[167], mostra o interesse que eles despertam no plano internacional desde o final da Guerra Fria. No nível regional, os direitos culturais são igualmente reconhecidos por todos os instrumentos jurídicos relacionados aos direitos humanos, no Artigo 13 da Declaração Interamericana de Direitos e Deveres do Homem, de 1948, no Artigo 14 do Protocolo Adicional à Convenção Americana sobre Direitos Humanos no Campo dos Direitos Econômicos, Sociais e Culturais, de 1988, e no Artigo 17 da Carta Africana dos Direitos Humanos e dos Povos, de 1981. E a jurisprudência dos tribunais regionais relacionados a esses instrumentos é essencial nessa área, em particular a extraordinária

---

[167.] Conselho de Direitos Humanos, Resolução 10/23, de 26 de março de 2009. De acordo com a Resolução, o especialista é responsável, em particular, por promover os direitos culturais, identificar obstáculos à sua aplicação, facilitar sua implementação nos Estados e garantir a coordenação com outros órgãos da ONU.

construção jurisprudencial da Corte Interamericana de Direitos Humanos que não pode ser desenvolvida aqui, mas que é verdadeiramente pioneira na maneira de considerá-los e interpretá-los para proteger identidades culturais (Cançado Trindade, 2009).

No entanto, as opiniões sobre os direitos culturais ainda não são unânimes, como evidenciado por um trabalho coletivo publicado pela Unesco em 2000, que é sugestivamente intitulado "A favor ou contra os direitos culturais?". Deve-se concordar que a própria ideia de que pode haver direitos especificamente culturais não se impõe necessariamente como óbvia porque, dependendo da concepção que temos deles, surgem questões e lógicas diferentes. Os pontos de discussão sobre essa questão estão relacionados à definição do direito cultural como a extensão da identidade *versus* o direito cultural definido como liberdade. Assim, duas visões se confrontam, as quais emergem de lógicas subjacentes distintas, mas sobre as quais se pode demonstrar que não são necessariamente incompatíveis e podem justamente se cruzar de modo a reconhecer ao mesmo tempo os valores de liberdade e identidade que definem um ser humano.

Por um lado, existem os direitos bem conhecidos que podem ser aplicados no campo da cultura e que incluem os direitos patrimoniais, direitos sociais, mas também liberdades civis de opinião, de associação, de informação, de criação e de expressão. Esses são os direitos civis, econômicos e sociais com um componente cultural, onde se encontram os direitos da Declaração Universal e dos dois Pactos de 1966. Assim, eles são frequentemente considerados ligados à existência de um regime democrático e uma organização como a Unesco tem se empenhado, em particular desde a Agenda de Democratização do Secretário-Geral das Nações Unidas, de 1996, para promover a democracia através da criação de um ambiente mais favorável ao exercício dos direitos culturais. Esses direitos incluem todos aqueles relacionados à participação na vida cultural de um Estado, incluindo, em particular, o direito de acesso e participação na vida cultural, a liberdade de expressão e criação, mas também o direito econômico de proteger os interesses relacionados a seus trabalhos. Esses direitos culturais *lato sensu* são aqueles que foram reconhecidos primeiramente em nível internacional e que, globalmente, mesmo que possuam dimensão econômica e social, estão ancorados, sobretudo, na liberdade de todo ser humano de fazer escolhas em questões culturais.

Por outro lado, existem direitos mais específicos de participar de uma determinada cultura, de suas práticas, seu idioma, seus costumes ou suas artes. Esses são os direitos de particular interesse para nós, porque estão diretamente ligados à identidade cultural dos seres humanos, de modo que passamos dos direitos relacionados à cultura em geral aos direitos relacionados à preservação das culturas e identidades culturais de cada um. Alguns desses direitos foram definidos de maneira extremamente precisa e inovadora pela jurisprudência interamericana, como dissemos, mas também podemos nos referir à Declaração de Friburgo, de 1998, para melhor entendê-los, pois os reúne em uma declaração muito curta. Essa Declaração de direitos culturais não tem absolutamente nenhum significado jurídico, porque provém de pessoas da sociedade civil, mas, sendo fruto de mais de vinte anos de trabalho, é particularmente clara e ponderada e permite uma melhor compreensão da natureza dos direitos culturais desse tipo e os desafios associados ao seu reconhecimento em um campo que permanece incerto[168]. Ela identifica como direitos culturais o direito, para todos os seres humanos, "de escolher e ter sua identidade cultural respeitada, na diversidade de seus modos de expressão" (Art. 3,"a"), o direito de "ver sua própria cultura respeitada" (Art. 3,"b"), a liberdade de "escolher se identificar ou não com uma ou muitas comunidades culturais" (Art. 4, "a"), a "liberdade de ensinar e ser ensinado tanto na sua língua como em outras línguas", e a "liberdade de criar instituições para esse fim" (Art. 6) e de participar "sozinho ou em comunidade com os outros" das políticas culturais (Art. 8). Ao ler esses direitos, percebe-se que são direitos culturais *stricto sensu* previstos pelo prisma do reconhecimento, uma vez que não estamos mais no registro de direitos civis, econômicos ou sociais, onde a cultura é considerada principalmente como criação ou liberdade de expressão, mas nos direitos em que a cultura é vista em conexão com

---

[168]. Em 1998, em colaboração com a Unesco, um grupo de especialistas chamado Grupo de Fribourg propôs uma Declaração de Direitos Culturais. Uma nova versão revisada foi publicada em 2007 (Grupo de Friburgo, 2007). Ver Meyer-Bisch (sem data, p. 24). O grupo de trabalho de Fribourg é um grupo de pessoas da sociedade civil, que se originou do trabalho do Instituto Interdisciplinar de Ética e Direitos Humanos da Universidade de Fribourg, sob a direção de Patrice Meyer-Bisch. Em seguida, expandiu-se com a participação de membros da Unesco e do Conselho da Europa e outros membros da sociedade civil. Ele apresentou seu trabalho e sua Declaração de Direitos Culturais a inúmeras organizações regionais e internacionais, ajudando a esclarecer questões relacionadas aos direitos culturais.

a construção da identidade de cada um. De fato, eles formam uma categoria separada, essencial e que não é a dos direitos civis e políticos nem a dos direitos econômicos e sociais, com os quais são frequentemente associados, mas que se caracteriza por uma compreensão nova e comum do próprio conceito de identidade cultural. É por isso que é necessário defini-los melhor e articulá-los de maneira coerente com os direitos culturais *lato sensu*. Sem entrar em desenvolvimentos abstratos muito longos que transbordariam os objetivos deste estudo, é necessário destacar brevemente como eles se relacionam e se dissociam da primeira categoria de direitos culturais *lato sensu* e os complementam fazendo referência à identidade.

Esses direitos culturais *stricto sensu* são definidos em relação à existência de "comunidades culturais" que são identificadas, de maneira muito flexível, como constituindo o ambiente social e cultural no qual as pessoas se desenvolvem de acordo com seus próprios valores e códigos culturais. A existência de tais comunidades é tão óbvia para muitos países que há pouca necessidade de insistir para atestar sua importância e sua realidade. Mas, por outro lado, às vezes tal existência é negada pelos Estados, principalmente a França, que não querem reconhecer a existência de tais comunidades culturais por medo de ver o desenvolvimento de guetos que compartimentariam os indivíduos. Na verdade, tal argumento baseia-se em uma definição estritamente comunitarista da comunidade, a qual certamente não somos obrigados a seguir, pois é rudimentar e confinada a um sentido puramente negativo do qual se deduzem inevitavelmente efeitos regressivos. Pode-se conceber as "comunidades culturais" de uma forma completamente diferente, como conjuntos permeáveis e abertos, incluindo formas múltiplas que variam em regiões e círculos profissionais e que rejeitam qualquer concepção comunitarista de comunidade que pode, por si, violar direitos culturais[169]. Para esse fim, porém, é necessário esclarecer as relações *de jure* entre o indivíduo e a comunidade, pois elas suscitam o aspecto mais problemático da nova categoria de direitos culturais. A questão é saber se o indivíduo é livre diante de sua comunidade cultural e, em sendo, de que natureza são os direitos culturais relacionados a essa comunidade. Nesse debate jurídico, a Declaração de Friburgo se posiciona a favor de uma interpretação bastante liberal desses direitos,

---

[169]. Sobre as diferentes concepções possíveis do conceito de "comunidade", ver Sandel (1998, p. 218).

O que é uma sociedade internacional justa? | 219

que não deixa de suscitar perguntas. Ela formula o direito à identidade cultural como uma liberdade que permitiria escolher ao mesmo tempo a sua identidade cultural (Art. 3, "a") e seu pertencimento ou não a uma comunidade (Art. 4,"a"). No entanto, tal posição, da qual se entendem as razões subjacentes e a consistência do argumento, também parece excessiva, porque dificilmente é compatível com o que se sabe sobre a constituição de identidades. Está muito longe de ser certo que a identidade cultural de cada um possa ser o resultado de uma escolha completamente livre e voluntária das pessoas, pois são os contextos culturais em que se vive que formam essa identidade. É precisamente nisso que se conectam identidade e comunidade, ou seja, as identidades não são construídas em abstrato, mas principalmente em conexão com grupos, comunidades, ambientes culturais que podem ser múltiplos, mas que já são existentes e que devem ser reconhecidos e preservados porque são a condição objetiva para a constituição e o desenvolvimento da identidade de cada um. Isso não significa que os direitos de identidade cultural são coletivos. Eles são direitos individuais, mas têm a particularidade de pressupor uma comunidade cultural reconhecida como pré-requisito para a constituição de um indivíduo. Além disso, sem assumir uma perspectiva comunitarista, é duvidoso que se possa realmente falar de uma liberdade de escolha de sua identidade no mais forte sentido do termo (Kymlicka, 1990, p. 226). Entre aqueles que consideram que a identidade é uma questão de descoberta, a qual seria determinada completamente pelas comunidades culturais, e aqueles que afirmam que a identidade é fruto da liberdade de escolha, parece existir espaço para uma percepção mais sutil, onde a formação da identidade é uma construção que é feita através de comunidades preexistentes, mas que pode evoluir através da descoberta e do contato com outras comunidades e culturas, ou mesmo de acordo com as políticas que a identidade pode servir (Scott, 2009, p. 129).

A partir disso podemos ver que, por outro lado, a Declaração de Friburgo acerta ao deixar que se entenda que a identidade dos indivíduos nunca é fixa, única, mas sim construída, plural e evolutiva. A teoria crítica pós-moderna permitiu entender que, se as identidades estão enraizadas em dados naturais (etnia, sexo) ou em um patrimônio cultural (religião, idioma), elas também são em parte construções que variam ao longo do tempo, dependendo do contexto em que elas evoluem e das estratégias que elas alimentam (Scott, 2009, p. 129). Por seu lado, as ciências sociais nos ensinaram que o indivíduo tende a se definir por múltiplas afiliações que cruzam várias comunidades ou espaços culturais e é apenas dentro da estrutura de comunidades completamente fechadas ou fundamentalistas que o ser humano se define regressivamente por uma única afiliação cultural (Sen, 2020, p. 26). Esse recuo identitário, que é legitimamente temido por todos, violaria não apenas a dinâmica plural da identidade, mas também jogaria em detrimento da identidade coletiva, "patriótica" ou "nacional" do Estado, isto é, em detrimento dos valores comuns que são aqueles do conjunto da comunidade. Resulta daí um direito essencial, sempre lembrado pelas minorias e pelos indígenas, que é o direito de todos poderem sair de sua comunidade e que mostra mais claramente o valor final concedido à liberdade dentro de todo esse sistema. Uma comunidade cultural, uma minoria ou um povo indígena não podem pretender, ao abrigo do direito internacional e em nome da preservação da sua identidade cultural comum, impor aos seus membros os costumes e os usos que alguns já não querem aceitar e devem deixá-los livres para deixar a comunidade para que possam desenvolver sua identidade como quiserem[170].

Ao contrário do que se poderia deduzir, isso não resulta em empobrecimento de identidades culturais, mas, ao contrário, em um florescimento dessas identidades, porque a liberdade vem aqui para preservar a possibilidade de ver a sua identidade evoluir. E, de maneira mais geral, percebe-se que as duas categorias de direitos culturais se reforçam mutuamente porque têm efeitos convergentes. A primeira categoria de direitos culturais, os direitos culturais *lato sensu*, de liberdades de criação, de opinião e proteção de suas obras, é necessária para a realização dos direitos à identidade cultural, pois permite dar um efeito concreto às possibilidades de preservar, mas também desenvolver sua identidade e expressá-la, deixando a todos a liberdade de fazer suas próprias escolhas culturais. A segunda categoria de direitos, os direitos culturais *stricto sensu*, permite que seus destinatários preservem positivamente as qualidades que constituem sua identidade e sua cultura, o que não apenas os desenvolve, mas, além disso, aumenta

---

[170.] O que geralmente é chamado de "direito de saída". Ele é de fato essencial, mas não ocorre sem causar dificuldades se raciocinarmos em termos da sobrevivência de pequenas comunidades. Ver Thornberry (1991).

sua autonomia e, portanto, também suas possibilidades de fazer escolhas livres e pessoais que correspondem às suas verdadeiras aspirações.

Aqueles que reivindicam um reconhecimento geral em nível internacional, em um mesmo instrumento jurídico, de todos os direitos culturais *stricto* e *lato sensu*, consideram que tal instrumento preencheria uma lacuna persistente no direito internacional dos direitos humanos nessa seara, visto que os documentos existentes ainda não garantiram suficientemente o que faz a unicidade, a particularidade e a diferença de cada ser humano. Nessa perspectiva, os direitos culturais não são vistos como opostos aos direitos humanos embasados na igual dignidade das pessoas, mas, pelo contrário, como uma extensão deles, porque são um elemento que aperfeiçoa precisamente a igual dignidade dos seres humanos. Portanto, não reconhecer esses direitos culturais equivale a minar essa igual dignidade, ao passo que, ao reconhecê-los, pode-se esperar evitar que as pessoas se sintam desprezadas e, portanto, se fechem em si mesmas[171]. Longe de levar ao declínio identitário, os direitos culturais também promoveriam a integração das pessoas em uma dada sociedade. Portanto, é interessante notar que aqueles que defendem esses direitos culturais têm uma visão exatamente oposta daqueles que os desafiam e sublinham que o reconhecimento de direitos específicos ligados à identidade cultural de cada ser humano torna possível respeitar mais plenamente sua igual dignidade e não é uma fonte de conflito potencial, pois tornaria mais fáceis e gratificantes as relações entre pessoas que, graças ao direito, se sentem respeitadas em sua identidade e em suas escolhas culturais. Na verdade, o perigo de ser usado para fins conservadores ou fundamentalistas não pode ser ignorado, e esse é um verdadeiro lado obscuro, porque a identidade também é uma reconstrução que pode servir a vários interesses políticos e dar lugar para usos conflitantes que o reconhecimento jurídico de direitos não pode impedir, ou até mesmo pode promover, se for desviado de sua finalidade original. Mas isso faz parte da ambivalência intrínseca do fenômeno e, acima de tudo, dos usos concretos do direito que podem, como em qualquer campo do direito, desviar uma regra de seu objetivo original – e produzir injustiça

---

[171.] Como refere Decaux (2009, p. XI), os direitos culturais não se enquadram na estrutura de "sociedades fechadas", mas, ao contrário, na estrutura de "sociedades abertas" para a mistura de culturas e identidades.

onde se espera justiça. De resto, esses lados obscuros foram destacados constantemente durante este estudo, a fim de ter uma compreensão mais lúcida das regras e práticas que, para traduzir exigências de justiça social, são por vezes injustas em alguns de seus efeitos e, portanto, constituem um problema ao mesmo tempo que uma possível solução.

7.3. Direitos humanos

A temática contemporânea do reconhecimento traz à luz "a complexidade da ideia moderna de humanidade" (Mesure; Renaut, 1999, p. 17), tal como hoje veiculada no direito internacional, onde é levado em conta ao mesmo tempo a parte da humanidade comum a todos e as identidades culturalmente diferenciadas de cada um. Mas, a partir desse ponto de vista, ela também levanta a questão de um possível imperialismo cultural dos direitos humanos, o que constitui um dos dilemas mais conhecidos do direito contemporâneo (Jouannet, 2007). O direito internacional dos direitos humanos não leva à negação de identidades culturais e da diversidade cultural, ao impor um padrão universal de origem ocidental que não é necessariamente compartilhado por todos? Os direitos proclamados em textos internacionais têm realmente uma validade universal que vai além das clivagens culturais e se vinculam a todos? Embora o problema esteja longe de ser novo, gostaríamos de ressaltar como sua atual reativação está diretamente relacionada ao paradigma do reconhecimento e ao surgimento de uma sociedade internacional multipolar pós-colonial e pós-Guerra Fria, que tende a erguer gradualmente a diversidade cultural e o respeito pelas identidades como princípios fundamentais.

a) Evolução histórica

A questão de um possível imperialismo cultural de direitos foi levantada no plano internacional já em 1948, em Paris, quando foi redigida a Declaração Universal dos Direitos Humanos. Os direitos humanos vêm da tradição euro-americana do Iluminismo, eles são o carro-chefe dessa cultura e de toda a história da modernidade europeia. Portanto, não é uma coincidência que é por causa das preocupações europeias e americanas, potências ainda dominantes do pós-guerra, que eles serão reconhecidos internacionalmente. Mas a Divisão de Direitos Humanos, encarregada da elaboração da Declaração, já estava plenamente consciente do problema da universalização dos direitos de uma cultura particular, e havia identificado muitas questões sobre esse ponto. A *American Anthropological Association* lhe apresentou um relatório solicitando que a Declaração não fosse concebida apenas sob a perspectiva dos valores dominantes da Europa Ocidental e da América e que ela não significasse uma aplicação automática dos direitos humanos para outras culturas. Na mesma época, em 1947, a Unesco publicou um dossiê em que seus especialistas tentaram evitar essa armadilha buscando encontrar as bases comuns dos direitos humanos através das muitas culturas e civilizações humanas. E, no processo, abriu-se espaço para muitos intelectuais não ocidentais que foram consultados sobre suas tradições culturais. O delegado chinês Peng Chun Chang inclusive aconselhou a Secretaria a estudar o confucionismo muito mais a fundo para enriquecer sua visão de direitos.

Na realidade, a Declaração Universal só conseguiu ser adotada devido a circunstâncias muito particulares: porque ocorreu na esteira da Segunda Guerra Mundial, resultou em uma mera declaração sem força vinculante e se deu em um contexto em que um mínimo comum ideológico ainda era possível entre o Oriente e o Ocidente. Ela foi votada pela Assembleia Geral das Nações Unidas em 10 de dezembro de 1948. Nenhum Estado votou contra, mas entre os oito que se abstiveram, estavam a África do Sul, que vivia o apartheid e que recusou a não discriminação entre raças, a Arábia Saudita, que desafiou a igualdade entre homens e mulheres, e a União Soviética, Tchecoslováquia, Iugoslávia e Polônia por causa da definição do princípio da universalidade do Artigo 2.1. Além disso, havia apenas 56 Estados presentes em Paris, já que todos os povos colonizados estavam ausentes. Isso por si só tornou totalmente questionável e particularmente indecente a declaração de "reconhecimento da dignidade inerente a todos os membros da família humana e de seus direitos iguais e inalienáveis", bem como a pretensão de fazer da Declaração "um ideal comum a ser alcançado para todos os povos e todas as nações" (Preâmbulo)[172]. Embora

---

[172.] Resolução 217 A (III) da AG/ONU, de 10 de dezembro de 1948.

a Declaração tenha ratificado a aplicação dos direitos nos "territórios" sob a "jurisdição" dos Estados membros (Art. 2.2), permanece o fato de que ela legitimou por esse meio, de forma particularmente insidiosa e chocante, a colonização e, ao mesmo tempo, o sistema de exploração e a profunda discriminação entre os seres humanos que isso implicava.

Não se pode, no entanto, reduzir a Declaração de 1948 apenas a essas circunstâncias históricas e ignorar seu significado fundamental no que diz respeito aos processos de reconhecimento que nos interessam mais particularmente aqui. Desse ponto de vista, não é difícil de compreender que o contexto europeu particularmente pesado do período do pós-guerra foi decisivo e parcialmente transcendeu as considerações culturais e especialmente as clivagens ideológicas entre os representantes do Oriente e do Ocidente (Decaux, 1989, p. 15; Morsink, 2000). Em resposta às atrocidades nazistas da Segunda Guerra Mundial, um processo de reconhecimento absolutamente novo em nível internacional estava em ação, visto que os direitos humanos, que foram finalmente proclamados em 1948, refletiam o reconhecimento jurídico de uma identidade humana comum para todos através de um status jurídico igual. Isso teve considerável significado histórico, porque durante séculos, e para muitas sociedades humanas, prevaleceu a ideia de que sua humanidade terminava em sua tribo, sua região, sua cultura ou suas fronteiras (Lévi-Strauss, 1996, p. 383). A Declaração afirmou de imediato "o reconhecimento da dignidade inerente a todos os membros da família humana e de seus direitos iguais e inalienáveis" (Preâmbulo) e o Artigo 1º declara que "Todos os seres humanos nascem livres e iguais em dignidade e direitos". A noção de "dignidade" está no centro desse processo, já se que se torna a marca daquela parte da humanidade que merece respeito e reconhecimento[173]. As discussões pouco conhecidas entre os representantes libanês e chinês, Charles Malik e Peng Chun Chang, são esclarecedoras a esse respeito porque se concentram nas noções de ser humano, dignidade e igualdade de direito e mostram a importância crucial que elas estavam ganhando.

---

[173]. Sobre o aprofundamento dessa noção e a política de igual dignidade humana baseada na reciprocidade como primeiro processo de reconhecimento, ver Taylor (1992, p. 64). Como resultado, a Declaração de 1948 consagra a forma original do liberalismo dos direitos humanos no plano internacional, que é um liberalismo de direitos iguais. Sobre o conceito de liberalismo de direitos humanos, ver Jouannet (2011, p. 231).

O que é uma sociedade internacional justa? | 225

Elas devem ser redescobertas para entender o estado de espírito da época. Pode-se perceber alguns compromissos tomando forma em função das culturas das quais certos Artigos adotados trazem a marca, mas em geral predomina um espírito consensual e universalista, tanto pelas circunstâncias do pós-guerra quanto pelo fato de que os representantes foram todos treinados na cultura ocidental. A expressão "internacional" da declaração foi significativamente substituída por "universal" e marca o ponto de virada a favor da universalidade dos direitos. O consenso é obtido principalmente através do reconhecimento dos direitos econômicos e sociais ao lado dos direitos civis e políticos, fazendo com que as tradições liberais e sociais europeias de direitos humanos coexistam. E, no final, houve um momento de otimismo muito palpável. Segundo o representante do Chile, Hernan Santa Cruz:

> Eu tinha um sentimento muito claro de que estava participando de um evento verdadeiramente único no qual havia um consenso sobre o valor supremo da pessoa humana, um valor que não se originou na decisão de uma potência deste mundo. [...] Havia [...] uma atmosfera de solidariedade e fraternidade autêntica entre homens e mulheres de todas as latitudes, uma atmosfera que jamais encontrei em qualquer organismo internacional (*apud* Fellous, 2010, p. 204).

Nunca mais encontraríamos isso. A Guerra Fria já estava em vigor enquanto a descolonização faria emergir um Terceiro Mundo quase ausente em 1948, ansioso por se destacar da hegemonia cultural do antigo colonizador. Se os Estados do Terceiro Mundo vão se dividir em questões econômicas e sociais, sua unanimidade nunca será maior do que na denúncia do imperialismo cultural ocidental. E em Bandung, em abril de 1955, denunciaram como forma de opressão cultural o fato de que os direitos fundamentais poderiam ser impostos a eles de maneira vinculante. A Resolução Final da Conferência de Bandung reconheceu seu valor indiscutível, mas afirmou que "o direito à autodeterminação dos povos e das nações" é "a pré-condição para o pleno desfrute de todos os direitos humanos fundamentais" (C, "1"). Cinco anos depois, a Resolução 1.514 (XV), de 14 de dezembro de 1960, sobre a concessão de independência aos países e povos coloniais, proclama que, para assegurar "o respeito universal e efetivo dos direitos humanos", devemos primeiro pôr fim ao colonialismo. No entanto, ao contestar as condições de sua aplicação, os países do Terceiro Mundo definitivamente aderem ao discurso jurídico dos direitos humanos com a Proclamação de Teerã de 1968 e a Resolução 32/130, de 16 de dezembro de 1977, as quais reafirmam a interdependência entre todos os direitos. A própria Declaração inspirará mais de 70 tratados internacionais de direitos humanos que foram amplamente ratificados (Cançado Trindade, 2008). No entanto, essa manifestação global marca o início de uma verdadeira generalização *de jure* do direito internacional dos direitos humanos e, portanto, de um reconhecimento geral do ser humano como sujeito de direito, detentor de direitos iguais a todos os outros seres humanos, independentemente do sexo, etnia, cor da pele, religião ou cultura. Esse ponto é imprescindível ser lembrado ainda hoje, porque a adesão de quase todos os Estados do planeta ao discurso jurídico dos direitos é um fato atestado por seus compromissos internacionais e veiculado por diversos organismos internacionais. Isso não põe em questão o fato de que os direitos humanos são o produto originário de uma cultura que se impôs ao mundo devido à hegemonia ocidental e a uma combinação de saber/poder que ela instituiu em seu benefício. Mas o fato é que a adesão dos países do Sul a esse discurso marca um passo decisivo. Os Estados do Norte e do Sul, do Leste e Oeste comprometeram-se juridicamente em um processo de longo prazo, do qual estão longe de controlar todos os aspectos e do qual frequentemente tentam escapar, mas que é também um sinal da famosa mudança contemporânea, que já apontamos em muitas ocasiões, do direito internacional em torno do ser humano e não mais do Estado. De fato, hoje estamos assistindo a uma extensão do fenômeno do reconhecimento pelos direitos humanos, ou seja, onde a contínua expansão da esfera de aplicação desses direitos inclui um número cada vez maior de domínios e indivíduos. Isso acontece graças às ratificações dos textos internacionais, mas também pelas lutas por reconhecimento realizadas concretamente diante de experiências de exclusão, discriminação ou opressão, e que podem ir até o ponto de formar verdadeiras revoluções como as da Primavera Árabe (Ricoeur, 2004, p. 314). As vitórias conquistadas nessas lutas por reconhecimento se traduzem em um autorrespeito que está no centro do sentimento de orgulho de que tanto fala Paul Ricoeur (Ricoeur, 2004, p. 315).

No entanto, como o trabalho anterior à adoção da Declaração de 1948 já havia anunciado, durante a Guerra Fria, os debates sobre direitos estariam situados em um plano diferente do cultural. As oposições cristalizam-se entre o Ocidente e o Oriente e entre o Norte e o Sul no que diz respeito aos direitos civis e políticos e aos direitos econômicos e sociais, sem que a questão de sua compatibilidade com as diferentes culturas do planeta fosse realmente abordada. Embora a Declaração Universal misture os dois tipos de direitos, o campo oriental, seguido por grande parte do Terceiro Mundo descolonizado, invocava a prioridade das liberdades concretas (direitos econômicos e sociais) sobre as liberdades formais (direitos civis e políticos) defendidas pelo Ocidente e considerava a sua realização como pré-requisito essencial para a implementação dos direitos civis e políticos, os quais, por sua vez, precisavam ser repensados em um contexto comunista em que eram considerados burgueses e retrógrados. O Ocidente defendia a posição exatamente oposta, insistindo na implementação prioritária dos direitos civis e políticos e defendendo que os direitos econômicos e sociais não eram fundamentais e até mesmo, para alguns, eram irrealizáveis. Daí a adoção dos dois Pactos separados de 1966, o primeiro dedicado aos direitos civis e políticos, e o segundo aos direitos econômicos, sociais e culturais[174]. A adição de direitos culturais é notável, mas, na realidade, como mencionado anteriormente, eles eram de importância secundária.

A difícil conciliação de direitos com culturas não ocidentais não era ignorada. Desde a década de 1960, o uso de reservas e declarações interpretativas evidenciaram algumas das técnicas jurídicas usadas para estimular os Estados a ratificarem tratados de direitos humanos, excluindo ou interpretando disposições para fazer prevalecer algumas de suas práticas culturais. A adoção de instrumentos regionais de direitos humanos na Europa (1950), na América (1969) e na África (1981) também tem sido uma maneira de não apenas tornar mais efetivos os direitos proclamados no nível universal, mas também para adaptá-los a um ambiente cultural regional específico. A Convenção Europeia para a Proteção dos Direitos Humanos e das Liberdades Fundamentais, de 1950, consagra explicitamente os direitos a um "patrimônio comum de ideais e de tradições políticas, do respeito pela liberdade e pelo Estado de direito" (Preâmbulo),

---

[174]. Alguns direitos expressamente elencados na Declaração Universal de Direitos Humanos, de 1948, foram deliberadamente omitidos dos dois Pactos de 1966 para permitir que se chegasse a um acordo, como o direito de propriedade, o direito de asilo ou o direito de não ser privado de sua nacionalidade.

enquanto a Carta Africana dos Direitos Humanos e dos Povos, de 1981, afirma que "os valores da civilização africana devem inspirar suas reflexões sobre o conceito de direitos humanos" (Preâmbulo). De fato, a jurisprudência dos órgãos de supervisão anexados às convenções usará tradições nacionais compartilhadas e valores culturais regionais para interpretar os direitos comuns aos Estados partes.

Mas é apenas a partir do final da Guerra Fria que a questão cultural realmente emergiu no discurso dos direitos humanos. A linha de confronto em torno dos direitos mudou muito claramente depois de 1989 porque, agora, é muito menos a questão dos direitos civis e políticos versus os direitos econômicos e sociais que dividem os Estados do que a questão do lugar da cultura e das especificidades culturais em relação ao universalismo dos direitos humanos. Essa mudança nas preocupações com direitos humanos após 1989 deve-se ao fim do conflito ideológico Leste-Oeste sobre direitos sociais e políticos, bem como ao início da era do reconhecimento relativa às questões culturais e de identidade. Ela fez ressurgir fortemente a ideia de que os direitos humanos devem necessariamente levar em conta os valores e as culturas de cada um para não encobrir artificialmente uma versão considerada demasiadamente ocidental e inadequada no terreno em que os direitos devem ser aplicados. Essa exigência só se intensificou na segunda década após a queda do Muro de Berlim, pois, se a princípio o discurso jurídico dos direitos humanos foi objeto de uma revalorização inegável e um consenso unânime que nunca existiu como tal anteriormente, ele irá provocar, em um segundo momento, reações críticas cada vez mais fortes.

À medida que o consenso pós-Guerra Fria se desagregou, a crítica do imperialismo cultural aos direitos humanos ressurgiu quando estes foram invocados para condenar valores culturais e tradicionais de certas regiões ou Estados não ocidentais e especialmente para justificar intervenções armadas ou políticas de condicionalidade particularmente seletivas e arbitrárias. Isso é o que Badie (2002) resumiu como diplomacia internacional de direitos humanos oscilando entre "ética e vontade de poder" e que é um dos seus lados obscuros mais evidentes. Alguns viram o estabelecimento de um novo neocolonialismo ou imperialismo ocidental, portador de novas "missões civilizatórias" em nome dos direitos humanos, e revelador de um etnocentrismo cultural que, por enquanto, continua a ser o

O que é uma sociedade internacional justa? | 229

do Ocidente. Ele se traduz no fato de alçar os seus próprios valores como sendo valores universais e acreditar que o que é bom para o Ocidente é bom para o resto do mundo (Nesiah, 2004; Mutua, 2001). Somente quando as populações envolvidas, como as populações árabes do Egito, Tunísia ou Líbia, se apoderam de seus próprios direitos humanos é que um uso não hegemônico desses direitos é realmente colocado em ação e que eles encontram todo o seu formidável potencial emancipatório.

Um dos momentos significativos do surgimento no pós-Guerra Fria da questão que entrecruza direitos humanos e culturas é a primeira grande conferência internacional sobre direitos humanos, organizado em Viena, em 1993, evento que levantou as primeiras questões reais sobre esse assunto, embora tenha dado origem a uma grande celebração da unidade encontrada nessa área. Embora tivessem sido prejudicadas pela adoção dos dois Pactos separados em 1966, a indivisibilidade e a interdependência de todos os direitos foram proclamadas na adoção da Declaração e do Programa de Ação da Conferência e puseram o fim ao conflito ideológico feroz entre os direitos econômicos e sociais e os direitos civis e políticos. Todos os direitos devem, a partir de então, ser tratados "em pé de igualdade e dando-lhes a mesma importância" (Ponto 5 da Declaração), uma formulação familiar, mas que, no novo contexto, suscitou a esperança de que encontrasse finalmente uma aplicação concreta. No entanto, o então Secretário-Geral das Nações Unidas, Boutros Boutros-Ghali, ao abrir a Conferência de Viena, já alertava os Estados contra as reivindicações de caráter cultural que já tinham sido expressas e que, segundo ele, constituíam o novo desafio aos direitos humanos em um mundo pós-Guerra Fria. O primeiro objetivo da conferência, ele especificou, era afirmar claramente um "imperativo de universalidade" em face do relativismo cultural e religioso que estava crescendo no mundo, levando em conta, no entanto, "o mais exigente dos conflitos dialéticos: aquele da identidade e da alteridade, a do "eu" e do "outro" (Fellous, 2010, p. 87).

De fato, o debate estava apenas começando, porque na dialética da identidade e da alteridade, de que falava Boutros-Ghali em Viena, a alteridade foi superficialmente levada em conta na Declaração adotada – exceto através dos direitos das minorias e povos indígenas –, uma vez que a ênfase foi justamente colocada na reiteração da universalidade. Mas, por trás da proclamação de unidade e universalidade exibidas na Declaração final, já havia muitas reivindicações, como Boutros-Ghali havia apontado, de que os direitos humanos levassem mais em conta as culturas e o valor de cada um. Algumas das conferências regionais preparatórias para a Conferência de Viena, que pretendiam refletir as aspirações das diferentes regiões do mundo nesse campo, já haviam demonstrado a esse respeito até que ponto as questões culturais estavam começando a ser percebidas como essenciais, em particular a Conferência de Bangkok, que reuniu países asiáticos, e a Conferência de Túnis, que reuniu países africanos. Elas foram concluídas com declarações finais que reafirmam plenamente o princípio da universalidade de direitos, mas também exigiam que as particularidades culturais nacionais e regionais fossem melhor integradas na definição e aplicação de direitos. O Ponto 5 da Declaração de Túnis, de 1992, lembrou que "nenhum modelo preconcebido pode ser prescrito em escala universal porque as realidades históricas ou culturais de cada nação e as tradições, normas e valores de cada povo não podem ser ignoradas".

Nesse processo, o movimento continuou e uma política muito mais ofensiva tem sido percebida nos últimos anos, que tende a querer impor uma visão de direitos mais relativista e mais adaptada a cada cultura. Os países emergentes, como a China e a Rússia, e muitos países muçulmanos estão adotando declarações unilaterais, individuais ou coletivas, buscando fazer prevalecer uma interpretação diferente dos direitos humanos ou até mesmo lutar contra os direitos em nome do respeito à sua tradição, sua civilização ou sua religião. Embora muito raras, algumas declarações políticas – e não jurídicas – buscam defender uma versão alternativa dos direitos e rejeitá-los como totalmente inadequados para suas próprias tradições e valores culturais. Podemos citar novamente a emblemática declaração de 1991 sobre os valores asiáticos de alguns Estados do Sudeste Asiático, que foi bastante divulgada em virtude do pequeno grupo de líderes que reuniu, mas que faz parte da luta contra os direitos humanos liderada por certos políticos não ocidentais à frente de governos autoritários[175]. Muitas declarações feitas pela Organização da Conferência Islâmica, como a Declaração de Diversidade Cultural, de 2004, ou a Declaração de Saúde, de 2009, as quais deliberadamente não mencionam a qualquer momento os direitos humanos, mas insistem nas obrigações de todos, de acordo com

---

[175.] Para uma discussão muito boa dessas questões de uma perspectiva asiática, ver Davis (1995).

O que é uma sociedade internacional justa? | 231

o Islã, de cuidar do bem-estar de cada pessoa. No entanto, além desses ataques mais ou menos frontais, que permanecem bastante marginais, a maioria das declarações ainda faz parte do discurso jurídico dos direitos e, em vez disso, procuram garantir a prevalência de uma interpretação cultural desses direitos que esteja em conformidade com as culturas e religiões praticadas.

Para além de certas ofensivas políticas e jurídicas instrumentalizadas por poderes autoritários ou fundamentalistas, emergiu uma preocupação muito mais geral e genuína por uma adaptação cultural necessária dos direitos. Essa preocupação tornou-se ainda mais evidente à medida que a demanda correlativa de muitos Estados não ocidentais por reconhecimento e maior respeito por suas culturas, materializada na Convenção da Unesco de 2005, só poderia ter um impacto sobre como os direitos humanos foram concebidos e aplicados. Além disso, sempre se soube, ainda que não se tenha levado em conta, que as sociedades asiáticas, africanas e as muitas comunidades indígenas sul-americanas geralmente traduzem um ideal de comunidade que não corresponde aos valores individualistas ocidentais. Elas têm outra maneira de organizar a solidariedade, considerar o relacionamento com as crenças religiosas, assumir responsabilidades e expressar dignidade. Tanto que relacionam o respeito pelos direitos individuais ao respeito pelas obrigações legais para com a família, a vizinhança, a comunidade, a religião ou o Estado que não são alienantes para o indivíduo, mas, pelo contrário, permitem que ele floresça na experiência desses laços culturais religiosos ou comunitários (Mbaye, 2002). No entanto, no contexto da globalização pós-Guerra Fria, e do crescente medo de ver as culturas de cada um ameaçadas, tal dimensão tão essencial não poderia mais ser ignorada e, de fato, ela é reivindicada como devendo ser necessariamente integrada na definição, interpretação e/ou aplicação de direitos.

b) Discussão e soluções

O destaque desses novos requisitos sujeita o direito internacional dos direitos humanos a uma lógica jurídica que agora é familiar para nós porque caracteriza todo o direito internacional do reconhecimento. Passamos de um processo de reconhecimento com base na afirmação de igual status e igual dignidade de cada ser humano, independentemente das diferenças culturais entre os indivíduos (Declaração de 1948 e Pactos de 1966), para uma nova etapa de reconhecimento fundada sobre as diferenças culturais. Os direitos reconhecidos em 1948 e 1966 deveriam ser universalmente iguais, eles representam um conjunto idêntico de direitos para todos que proíbe precisamente a discriminação de acordo com as culturas e tradições de cada povo. Porém, hoje, ao contrário, trata-se de chegar a uma interpretação e a uma adaptação dos direitos humanos que sejam compatíveis com os particularismos culturais de cada povo e que os levem em consideração positivamente. Em outras palavras, no nível dos direitos estamos tentando passar de uma definição ou aplicação uniforme de direitos para uma concepção de direitos que seja "hospitaleira com a diferença" (Taylor, 1992, p. 82). Nesse novo estágio contemporâneo do reconhecimento, caracterizado pela igualdade na diferença, estamos passando da igualdade formal para a igualdade diferenciada. Ao fazê-lo, se tal evolução for confirmada, representaria uma mudança muito clara no modelo liberal e universalista de direitos humanos em um sentido pluricultural e particularista.

Ainda permanece aberta a questão de saber em que medida tais expectativas são possíveis e concebíveis em relação à lógica originária dos direitos que está consagrada nos textos internacionais. Até onde se pode reconhecer a diferença cultural de direitos para evitar qualquer imperialismo cultural sem questionar os próprios direitos e sem simplesmente se entregar à "força do preconceito"? (Taguieff, 1987) Como gerir, ao mesmo tempo, a afirmação universalista dos direitos e "particularismos culturais e nacionais" (Declaração de Bangkok) ou a ideia de que rejeitamos um "mesmo modelo" aplicável a todos (Declaração de Túnis)? Sem desejar revisar aqui um dossiê já abundantemente examinado (Donnelly, 1989), serão apenas sublinhadas algumas possíveis implicações relacionadas ao nosso tema de estudo.

O primeiro elemento a acrescentar é que, por enquanto, os textos internacionais consagram principalmente o primado dos direitos humanos sobre as culturas e os valores culturais de povos, grupos ou indivíduos. É nesse sentido que se direcionam todos os instrumentos internacionais relativos à diversidade cultural, aos direitos das minorias e dos povos indígenas e aos direitos culturais. Após a Declaração da Unesco, a Convenção sobre a

Diversidade das Expressões Culturais, de 2005, prevê essa necessária compatibilidade com os direitos humanos, considerando que "ninguém pode invocar a diversidade cultural para minar os direitos humanos garantidos pelo direito internacional, nem para limitar seu escopo" (Art. 2). O Artigo 46.1 da Declaração dos Direitos dos Povos Indígenas, de 2007, afirma que o exercício dos direitos dos povos indígenas (coletivos ou individuais) deve respeitar os direitos humanos e liberdades fundamentais. Essa primazia é recordada nos vários instrumentos que são consagrados para os direitos das minorias, e os direitos culturais são eles próprios considerados parte dos direitos humanos, e é frequentemente afirmado que o respeito das identidades e das culturas só pode ser realizado se as comunidades e os indivíduos respeitarem todos os direitos humanos.

Isso, iremos concordar, parece não deixar muito espaço para se levar em consideração novas expectativas em matéria cultural, mas, acima de tudo, não resolve o problema, uma vez que afirmar a primazia dos direitos humanos não resolve a questão de sua interpretação. Por exemplo, em resposta a pergunta feita antes, se, em nome do respeito pelas culturas africanas ou islâmicas, devemos garantir a integridade das práticas culturais, como excisão ou apedrejamento, vimos que a resposta pode parecer decididamente negativa, porque essas são práticas culturais incompatíveis com a proibição de tratamento desumano e degradante. No entanto, podemos continuar a discussão aqui, lembrando que tudo é uma questão de interpretar o que constitui um tratamento desumano e degradante e, em geral, uma questão de interpretação dos direitos fundamentais em si. Não vemos que os países que praticam o apedrejamento afirmam que ele é aplicado em conformidade com a lei da Sharia, que por sua vez orienta a interpretação dos direitos mais fundamentais? A Declaração dos Direitos Humanos no Islã, adotada em 1990, afirma que "os direitos fundamentais e as liberdades públicas são parte integrante da Fé islâmica" e que a Sharia é "a única referência para a explicação e interpretação de qualquer dos Artigos contidos nesta Declaração" (Art. 25). Durante uma sessão do Conselho de Direitos Humanos, em junho de 2006, um representante de uma ONG que ousou denunciar o apedrejamento foi expulso, acusado de islamofobia e denunciado veementemente por muitos delegados do Conselho, incluindo os da Índia e do Paquistão. Deveríamos tomar essa posição como uma interpretação válida dos direitos de acordo com os valores culturais mais proeminentes da cultura religiosa desses países ou deveríamos considerar que se trata desses "preconceitos culturais" denunciados pela Declaração de Viena quando causam violência às pessoas (Ponto 18)? Percebe-se que, no estágio intersubjetivo e ainda descentralizado da sociedade internacional, o limite jurídico intransponível que constitui os direitos mais fundamentais pode perder todo o sentido na prática[176].

Nesse ponto, pode haver uma completa oposição entre uma concepção universalista de direitos humanos e certas interpretações estritamente culturalistas. Alguns se alegrarão porque não temos mais que temer qualquer tipo de imperialismo cultural de direitos, mas é claro que o preço a pagar aqui parece singularmente alto, uma vez que tal evolução só ocorreria à custa de uma reversão completa dos princípios fundadores dos direitos humanos e, em particular, do ato original de reconhecimento do qual procedem. A lógica que está por trás de tais interpretações culturais leva a um particularismo radical no nível estatal que impede qualquer interpretação comum de direitos e, assim, equivale a uma negação sutil, mas particularmente insidiosa, dos direitos humanos, sabendo que essa é geralmente a meta real, mas não declarada, de posições estritamente culturalistas. Nesse caso, de fato, os direitos humanos não são mais direitos igualmente reconhecidos e compartilhados por todos, mas se tornam direitos especiais que não se baseiam em nada além do reconhecimento das diferenças e das culturas de cada um. Não se trata, portanto, de viver igual e diferente, mas apenas diferente, pois as pessoas só são reconhecidas por sua filiação cultural, e não por sua humanidade comum. Mas não foi sobretudo através da proclamação jurídica da igual dignidade do ser humano, do seu igual valor, quaisquer que sejam as suas diferenças, que os direitos humanos foram assinalados em 1948? De mudança em mudança, uma reversão completa da lógica originária dos direitos humanos pode ocorrer, com o resultado que, recolocada no paradigma do reconhecimento, tal evolução colocaria em questão os ganhos do primeiro processo fundamental de reconhecimento que a Declaração de 1948 alcançou e, então, retrocederia a um estágio de desrespeito aos direitos internacionalmente,

---

[176.] Para práticas nos países do Norte, podemos dar o exemplo de sanções penais que parecem desumanas, como a execução de menores e deficientes mentais nos Estados Unidos, que, por muito tempo, justificaram isso em nome de uma percepção cultural da justiça penal que é incompreensível para muitos.

que era o ambiente característico da sociedade internacional antes da Segunda Guerra Mundial. Ou ainda: na dialética do "eu" e do "outro" que Boutros-Ghali evocou em 1993 em Viena, é "o outro" que prevaleceria desta vez porque, por uma sutil subversão do espírito originário dos direitos, acabaríamos definindo juridicamente as pessoas de acordo com sua heterogeneidade cultural radical. Isso, a esta altura da história, nos traria paradoxalmente de volta à situação vivida pela sociedade internacional colonial, quando a alteridade e as diferenças culturais prendiam os indivíduos, como os povos, a um status jurídico irredutivelmente diferente.

Não é difícil mostrar os impasses e até mesmo a negação de direitos, voluntariamente ou não, a que as interpretações jurídicas culturalistas radicais dos direitos humanos são expostas. Por isso, a questão da adaptação cultural dos direitos ainda não está resolvida e continua sendo um problema real. Desse ponto de vista e para melhor esclarecer as questões em jogo, é necessário compreender que não se pode afirmar a validade de um argumento culturalista "forte", que sugere um diferencialismo estrito, e deve-se investir em um argumento culturalista "fraco", que mantém toda a sua crítica a uma concepção estritamente liberal de direitos humanos, a qual não deixaria espaço para as novas demandas culturais do pós-Guerra Fria e que não buscaria des-ocidentalizar essas demandas em proveito de um verdadeiro pluralismo cultural (Rajagopal, 2000, p. 416). É também necessário compreender que os direitos humanos não podem reivindicar total neutralidade, como alguns argumentam. Mesmo que sejam generalizados para o mundo, deve-se aceitar a ideia de que eles permanecem marcados por sua origem cultural liberal euro-americana, sendo necessário integrar uma "variante hospitaleira"[177] desses direitos para que possam integrar as diferenças culturais. Como o direito internacional liberal clássico dos Estados, o direito internacional clássico dos

---

[177.] Para retomar uma fórmula de Taylor (1992, p. 86). As distinções que ele faz entre duas formas de liberalismo também são pertinentes no plano internacional. Passaríamos assim de um liberalismo estritamente liberal dos direitos humanos, o "liberalismo 1", para um "liberalismo 2", levando em consideração as diferenças culturais entre os povos, mas sem por em causa os fundamentos da igual dignidade de pessoas e da igualdade de direitos. Esse "liberalismo 2" do direito internacional dos direitos humanos integraria todos os direitos específicos de que falamos, mas também a possibilidade, de que estamos falando aqui, de uma definição/interpretação/aplicação cultural de direitos mais aberta a levar em conta as culturas de cada povo.

direitos humanos não é neutro e, por meio de seu formalismo, favorece certa concepção de direitos que historicamente foi imposta ao mundo. É por isso que vale para os direitos humanos em geral o que temos visto nas outras áreas do reconhecimento, ou seja, que o reconhecimento de especificidades culturais e pertencimento cultural de qualquer pessoa pode permitir ir além do formalismo do direito anterior e aperfeiçoar e tornar mais efetivo o princípio da igual dignidade dos seres humanos, levando em conta a dimensão cultural de cada ser humano[178].

Em outras palavras, os direitos humanos e as especificidades culturais mantêm relações complexas, pois são tanto antagônicas quanto complementares, e essa relação dialógica necessariamente problematiza qualquer posição dogmática, seja ela universalista ou relativista (Morin, 1990). Ela explica que as disputas sobre essa questão ainda não terminaram, de modo que, como observa Hall (2008, p. 407)[179], é possível, no máximo, aliviar na prática a tensão entre os princípios opostos, adotando abordagens concretas numa base casuística, de acordo com cada contexto, e assim realizando ajustes delicados mas essenciais nos direitos, que lhes permitam cumprir sua dupla função de reconhecimento. Obviamente, e isso não é surpresa para ninguém, o trabalho dos juízes é aqui um exemplo particularmente significativo, sejam aqueles de cortes europeia, interamericana ou africana. Embora os juízes regionais não resolvam todos os casos de direitos humanos, seu papel é simbolicamente decisivo nas interpretações que eles dão aos direitos de acordo com as referências culturais compartilhadas pelos Estados parte do sistema regional de proteção de direitos e de acordo com a sua própria interpretação cultural dos direitos. Recorda-se, por exemplo, a forma como a Corte Europeia usa a "margem nacional de apreciação" para permitir que cada Estado adapte os direitos de acordo com a sua própria cultura[180]. Recordam-se também algumas sentenças

---

[178]. Isso pressupõe uma concepção dialógica do indivíduo, no sentido dado por Ricoeur (1990, p. 11), que diferencia o "eu" como "identidade" de "eu" como "individualidade".

[179]. Trata-se de aplicar aos direitos humanos a abordagem do "pluralismo abrangente" de Rosenfeld (2000, p. 153).

[180]. Detalhadamente analisado por Delmas-Marty (2004, p. 64). Mas trata-se de uma solução considerada em grande parte insuficiente por aqueles que desejam adotar declarações de direitos humanos adaptadas às especificidades culturais de certas populações. É isso que é reivindicado, por exemplo, pelos catalães ou escoceses. Ver Tierney (2004).

O que é uma sociedade internacional justa? | 237

da Corte Interamericana de Direitos Humanos em que foram levados em conta de forma bastante completa os valores e as tradições das comunidades indígenas para redefinir os direitos humanos à sua luz, integrando o direito às identidades culturais como um elemento do direito à vida. Elas também levaram em consideração, de maneira particularmente inovadora, as indenizações pagas a todas as viúvas de uma vítima poligâmica ou a consideração da "cosmovisão indígena" entre vivos e mortos para restituir restos mortais e avaliar a natureza particular do dano sofrido[181]. De fato, o trabalho dos juízes ainda é muito marginal no plano internacional, e muitas outras abordagens concretas são realizadas empiricamente para tentar, sem necessariamente teorizar esse gesto como tal, enraizar os direitos em cada terreno cultural particular e atenuar assim a tensão não resolvida entre os princípios universalistas e culturalistas. Nós podemos evocar, assim, a ideia de realizar em alguns países uma ampla consulta "de baixo para cima", como defendida por Louise Arbour em 2007, quando ela era a Alta Comissária para os Direitos Humanos, já que uma possível conciliação ou não de culturas com os direitos inscritos nos textos internacionais deve ser discutida não com os representantes dos Estados, mas com os grupos diretamente envolvidos na aplicação dos direitos, as pessoas vulneráveis, as minorias, as mulheres e qualquer indivíduo, para que possam expressar como eles cotejam essa possível conciliação. E haveria muito a explorar nesse caminho alternativo porque se trata de uma abordagem que tem o mérito de se basear tanto na reflexão sobre os espaços deliberativos como lugar de construção identitária como na reflexão sobre grupos subalternos.

7.4. Direitos das mulheres

Não deve ser surpresa que a situação das mulheres tenha gerado uma política jurídica internacional de reconhecimento, uma vez que o sexismo

---

[181.] Ver toda uma série de casos em que a Corte, ao se pronunciar sobre mérito ou reparações, conseguiu perfeitamente conciliar culturas e direitos humanos: *Aloeboetoe e Outros contra Suriname* (1993), *"Crianças de Rua" (Villagrán Morales e outros contra Guatemala*, 1999-2001), *Bámaca Velásquez contra Guatemala* (2000-2002), *Comunidade Mayagna (Sumo) Awas Tingni contra Nicarágua* (2001), *Comunidades indígenas Yakye Axa e Sawhoyamaxa contra Paraguai* (2006), e *Comunidade Moiwana contra Suriname* (2005-2006).

de absolutamente todas as sociedades do planeta criou discriminações constantes contra as mulheres, resultando na sua exclusão de certas atividades ou do gozo de certos direitos que são culturalmente reservados aos homens, ou ainda na sua manutenção em uma situação *de facto* ou *de jure* inferior e desigual à dos homens. Com a luta contra essas discriminações sexuais que afetam as mulheres, emergiu ao longo da história outro tipo de reivindicação, baseada na identidade sexual ou de gênero[182], a qual dará origem a várias respostas jurídicas antes e após a Guerra Fria e que hoje aguça o questionamento do antigo direito internacional liberal clássico.

a) Princípio de igualdade e luta contra as discriminações

Embora as reivindicações vinculadas a essas discriminações sejam antigas, elas só foram levadas em consideração no nível internacional depois da Segunda Guerra Mundial, por meio de uma série de disposições e instrumentos jurídicos que lhes garantirão um lugar crescente no sistema internacional de direitos humanos e que, portanto, endossará o reconhecimento da igual dignidade da mulher como sujeito de direito. É verdade que algumas convenções internacionais dedicadas às mulheres foram adotadas antes da Segunda Guerra, mas com o único propósito de protegê-las por serem particularmente vulneráveis e não de tratá-las como sujeitos de direitos iguais aos homens. Pode-se citar a Convenção de Paris, de 1910, sobre a Supressão do Tráfico de Escravos Brancos, ou as Convenções da OIT, de 1919, sobre o trabalho de mulheres, as quais viam as mulheres como um simples objeto particular de direito, enquanto mães ou seres humanos mais fracos e mais vulneráveis que os homens e que, portanto, deviam ser objeto de medidas específicas de proteção ou tratamento. Mesmo que elas tenham permitido promover a causa das mulheres (Riegelman; Winslow, 1990), essas convenções refletiam uma visão oposta a qualquer ideia de igualdade de status entre homens e mulheres, já que

---

[182.] A ONU está muito mais dividida na questão geral da orientação sexual e, em particular, na situação totalmente discriminatória feita contra os homossexuais. No entanto, o Conselho de Direitos Humanos mais recentemente conseguiu adotar (por uma pequena maioria) a Resolução de 17 de junho de 2011 sobre violência e discriminação com base na orientação sexual e identidade de gênero.

O que é uma sociedade internacional justa? | 239

a diferença de sexo aqui significava que tínhamos que tratar homens e mulheres de maneira diferente. Por seu lado, a Liga das Nações despertou grande interesse entre associações feministas que compartilhavam os valores da nova organização e que esperavam encontrar nela os meios de promover suas ideias em nível internacional e doméstico (Marbeau, 2006, p. 163). Paralelamente à Conferência de Paz, realizou-se em Paris uma conferência de mulheres sufragistas dos países aliados e dos Estados Unidos, cuja delegação havia depositado um memorando junto aos redatores do Pacto resumindo suas demandas. Mas, embora marcando uma etapa importante na luta das mulheres, em particular devido ao acesso igual a ambos os sexos para as funções da organização (Art. 7 do Pacto), o trabalho realizado em Genebra não levou à adoção de um instrumento jurídico internacional para esse fim. E se o princípio da igualdade entre homens e mulheres já estava no centro das reivindicações das feministas na Liga das Nações, foi apenas em 1945 que esse princípio foi proclamado internacionalmente devido ao novo contexto pós-guerra marcado pelo surgimento dos direitos humanos no cenário internacional, mas também pelo novo lugar que as mulheres ocuparam durante a Segunda Guerra Mundial. A isso acrescenta-se, mais concretamente, o papel muito ativo desempenhado por certas feministas e pela Comissão Interamericana de Mulheres, que receberam o notável apoio de Eleanor Roosevelt.

De uma maneira bastante surpreendente, o princípio da igualdade entre homens e mulheres foi mencionado desde o início na Carta das Nações Unidas, a partir da segunda alínea do preâmbulo, ou seja, em um lugar particularmente ilustre no novo grande texto internacional, e essa inserção é ainda mais desconcertante porque está curiosamente ligada à da igualdade das nações, "grandes e pequenas"[183]. O princípio da igualdade é então reafirmado indiretamente através de várias disposições da Carta que proíbem qualquer discriminação com base no sexo (Arts. 1§3, 8, 13§1, 55.c, 68 e 76.c), e acima de tudo conduzirá concretamente ao estabelecimento em 1946, nas Nações Unidas, da Comissão sobre o Status

---

[183.] Preâmbulo da Carta das Nações Unidas: "Nós, os Povos das Nações Unidas, resolvemos proclamar novamente nossa fé, [...] na igualdade de direitos de homens e mulheres, bem como de grandes e pequenas nações". Não deixaremos de sublinhar essa analogia singular feita entre pessoas e Estados e sua orientação implicitamente sexual, em que o balanço da comparação faz com que os homens sejam associados às nações "grandes" e as mulheres, às "pequenas".

da Mulher, órgão que será essencial a partir de então para a luta contra a discriminação sexual e de gênero. E, logo após a Carta, os Estados não parariam de reiterar e aprofundar seu compromisso nessa direção, através dos textos relativos aos direitos humanos (Art. 2 da Declaração Universal de 1948 e o Art. 3 dos dois Pactos de 1966), das principais resoluções e programas de ação resultantes de conferências mundiais relacionadas à mulher, mas também por meio de instrumentos convencionais, incluindo a Convenção sobre os Direitos Políticos da Mulher, de 20 de dezembro de 1952, as Convenções 100, 103 e 156 da OIT e, sobretudo, a Convenção sobre a Eliminação de Todas as Formas de Discriminação contra as Mulheres, de 18 de dezembro de 1979 (CEDAW), que entrou em vigor em 1981.

No entanto, o caminho que se abre em termos de reconhecimento por meio desses diferentes instrumentos jurídicos, e em particular pela CEDAW, ocupa uma posição original entre as diferentes formas de reconhecimento que foram identificadas até agora, porque é intermediária entre a forma de reconhecimento abstrato da igualdade de direitos e a do direito de ser diferente, que aqui seria baseado em sexo ou gênero. Essa posição intermediária é o resultado de uma busca empírica da melhor maneira de tornar o princípio da igualdade o mais eficaz possível. No entanto, não deixa de apresentar certas deficiências que deixam a porta aberta para outras formas de reconhecimento e, acima de tudo, que levaram feministas a convocar nos últimos anos uma reflexão muito mais geral sobre todo o sistema jurídico internacional.

A luta das mulheres em nível internacional baseou-se principalmente no princípio da igualdade reconhecido na Carta das Nações Unidas como uma forma de reconhecimento de sua dignidade e direitos iguais aos dos homens. O fato de estabelecer juridicamente a igualdade de status e a existência de direitos iguais entre homens e mulheres foi um primeiro processo de reconhecimento que já vimos acontecer, pois garante as condições para o reconhecimento recíproco baseado no igual respeito como sujeitos de direito e, portanto, *a priori*, põe fim às negações de reconhecimento e discriminações às quais as mulheres são sistematicamente sujeitas. O princípio da igualdade assim afirmado procura, de fato, acabar definitivamente com as velhas representações em que mulheres e homens se situam em relações hierárquicas, mas também assegurar que os famosos direitos humanos sejam também direitos das mulheres e, portanto,

O que é uma sociedade internacional justa? | 241

que sejam verdadeiramente aplicados a todos de forma universal e indiferenciada. Em outras palavras, o objetivo principal neste estágio é apagar as diferenças sexuais, a fim de obter uma aplicação uniforme do mesmo modelo de direitos. Localizado na filosofia humanista e europeia dos direitos humanos de onde se origina, esse princípio de igualdade também deve ser entendido como um princípio de igual liberdade, em virtude do qual a mesma liberdade de ação deve beneficiar aos homens e mulheres na vida pública e privada. Ou seja, por trás da exigência de igualdade, existe uma exigência também essencial de liberdade, que pode ser resumida como o direito de todos de ter as mesmas liberdades fundamentais.

No entanto, esse princípio formal de igual liberdade se mostrará impotente para pôr fim à discriminação e desigualdades sexuais existentes, porque elas persistiriam *de facto* por causa de todo um arcabouço de dominação masculina que estrutura de maneira subjacente todas as sociedades. O problema da igualdade formal, proclamada de maneira abstrata e geral nos textos relacionados aos direitos humanos do pós-guerra, era que, ao proibir a adoção de regras discriminatórias contra as mulheres, deixava intacta toda a discriminação material existente e as representações culturais desvalorizadas que a acompanham, de modo que, apesar da proclamação do princípio da igualdade, as mulheres ainda não tinham as mesmas funções e ainda não podiam exercer na prática os mesmos direitos que os homens. Para retomar uma fórmula irônica de George Orwell, o princípio da igualdade formal jogou, e ainda joga, em um contexto em que os homens são claramente "mais iguais" do que as mulheres. A partir daí, os textos que consagram o princípio universal da igualdade entre homens e mulheres e o da não discriminação com base no sexo serão considerados insuficientes para acabar com as desigualdades em relação às mulheres e tornarão necessário, em uma segunda etapa, a CEDAW, de 1979, que visa especificamente combater, de maneira ativa e não passiva, "todas as formas de discriminação" sofridas pelas mulheres em questões de saúde, educação, família ou emprego.

Fruto de trinta anos de trabalho realizado pela Comissão sobre o Status das Mulheres, a CEDAW até hoje é o instrumento jurídico internacional mais abrangente neste campo[184]. Ela coloca imediatamente seu objeto no

---

[184.] Sobre as condições de sua elaboração no contexto das divisões Leste/Oeste e Norte/Sul, ver Weng (2008).

terreno do reconhecimento da igualdade de direitos, um ponto crucial em torno do qual as outras disposições serão articuladas. Ela denuncia com particular vigor a "discriminação generalizada a que as mulheres sempre foram submetidas", o fato de que tal discriminação "viola os princípios de igualdade de direitos e respeito à dignidade humana" e demanda aos Estados partes na Convenção a adoção de todas as medidas necessárias "no intuito de lhes garantir o exercício e o gozo dos direitos humanos e das liberdades fundamentais com base na igualdade com os homens" (Art. 3). Partindo desse ponto, a Convenção estabelece um verdadeiro programa de ação para a restauração da igualdade e, portanto, de condições que possam finalmente permitir o exercício concreto de seus direitos e liberdades pelas mulheres. Existem várias disposições a favor do exercício pleno dos direitos civis e políticos (em particular o direito ao voto, no Art. 7), mas também a possibilidade de representação governamental em nível internacional (Art. 8) ou os direitos relacionados à nacionalidade, para que as mulheres sejam verdadeiramente reconhecidas como sujeitos de pleno direito. Os Artigos 10, 11, 13 e 16 afirmam, por sua vez, a igualdade de seus direitos em relação à educação, emprego e atividade econômica e social, casamento e vínculos familiares. A isto se acrescenta uma outra disposição essencial, mesmo que frequentemente seja mais ignorada, segundo a qual os Estados são convocados a lutar juridicamente contra padrões culturais que discriminam as mulheres (Art. 5.a). Situando-nos no campo das negações de reconhecimento e das representações culturais negativas que veiculam, é fundamental modificar essas representações se pretendemos lutar verdadeiramente contra tais discriminações. Nesse sentido, para além da igualdade de estatuto jurídico, deve-se lutar contra estereótipos e preconceitos culturais de todos os tipos, oriundos da tradição ou da religião, que prendem as mulheres a uma imagem subordinada da qual é particularmente difícil escapar. A interpretação dos Artigos feitas subsequentemente pelo Comitê permitiu determinar que medidas específicas de proteção, garantia ou discriminação positiva não eram apenas possíveis, mas também recomendadas para que os Estados realmente lutassem contra a discriminação existente, uma vez que a simples remoção de obstáculos jurídicos não é suficiente para garantir a igualdade entre homens e mulheres[185]. Essas são

---

[185.] Comissão sobre o Status das Mulheres. Recomendação Geral n° 23, §15, 16ª sessão, 1997.

O que é uma sociedade internacional justa? | 243

as famosas medidas "especiais temporárias", previstas no Artigo 4§1. Em uma Recomendação Geral de 2004, o Comitê chegou até a considerar que, desde que fossem temporárias, tais medidas eram uma obrigação, e não uma mera faculdade aos Estados, dado o pouco progresso observado na luta contra as desigualdades, autorizando-se assim contornar o texto da Convenção, a fim de esperar mudar um pouco a linha[186].

Desse modo, há uma mudança muito clara na maneira de encarar a questão das desigualdades sofridas pelas mulheres, uma vez que o princípio da não discriminação aqui tem o efeito de concretizar o princípio da igualdade que permanece puramente formal. De acordo com uma lógica que é colocada em funcionamento quando se trata de opor a igualdade formal e as desigualdades materiais, trata-se de fato de tratar igualmente apenas as pessoas em situação de igualdade e de tratar diferentemente as pessoas em situação de desigualdade, neste caso as mulheres, a fim de nivelar suas condições para efetivar a proclamação de seus direitos iguais aos dos homens. Em outras palavras, surge a necessidade, além de proclamar o princípio da igualdade, de adotar medidas específicas em favor das mulheres para alcançar esse princípio de igualdade e lutar contra a discriminação material e social que sofrem diariamente. Essa dimensão complementar ao princípio da igualdade introduzida pela CEDAW é bem conhecida porque é comumente usada em muitas sociedades domésticas onde o princípio da igualdade *perante a lei* se distingue do princípio da *igualdade pela lei*. No primeiro caso, demanda-se aos Estados que respeitem o princípio da igualdade formal e que não introduzam, através de suas leis ou regulamentos, discriminação contra as mulheres. Trata-se de garantir que o sexo não seja usado de forma alguma como argumento para introduzir desigualdade através da lei e na alocação e exercício de direitos. Mas esse primeiro princípio é complementado pelo princípio da igualdade pela lei, que implica medidas especiais de proteção ou de discriminação positiva (deliberadamente ou inadvertidamente) – as medidas especiais temporárias previstas na Convenção – que envolvem apenas as mulheres, a fim de compensar sua real desigualdade de situação na educação, saúde, vida pública e política ou nos empregos públicos e privados. Disso pode ser visto que, por meio de medidas especiais temporárias, agora é garantido uma segunda categoria complementar

---

[186]. Comissão sobre o Status das Mulheres. Recomendação Geral nº 25, §24, 30ª sessão, 2004.

de direitos das mulheres, que não são mais os direitos humanos existentes, mas direitos que se adaptam à situação específica das mulheres e que, na prática, nos permitem lutar por uma igualdade material, como, por exemplo, o direito de reivindicar a sua identidade de mulher para se beneficiar de medidas preferenciais, mais protetoras ou mais favoráveis. O paradoxo é que, ao fazê-lo, as diferenças de gênero são necessariamente levadas em consideração para a adoção dessas medidas temporárias, através das quais, em última instância, busca-se ignorar e desconsiderar tais diferenças em nome do princípio da igualdade. As medidas especiais temporárias reintroduzem o tratamento diferenciado precisamente porque elas são mulheres, envolvendo-as nessa diferença da qual elas querem escapar. Isso pode cristalizar frustrações e redobrar um sentimento de estigmatização.

Essas dificuldades são inevitáveis e, além disso, não são decisivas, porque não se trata de constituir um conjunto de direitos diferenciados permanentes que endossam as diferenças como para as minorias ou aos povos indígenas, na medida em que aqui estamos principalmente engajados em um princípio de igualdade que possa ser aplicado indiferentemente, seja qual for o sexo das pessoas[187]. É exatamente isso que diferencia os direitos que acabamos de mencionar de uma terceira categoria de direitos das mulheres, que se baseiam, por sua vez, explicitamente na identidade sexual feminina e onde o reconhecimento desempenha um papel aqui como reconhecimento de um direito permanente à diferença com base no sexo. Em apoio a essa última opção, podemos citar o Artigo 4.2, da CEDAW, que estabelece que medidas especiais adotadas devido à maternidade das mulheres não constituem medidas discriminatórias. E em seus comentários, o Comitê especifica que, por causa de suas "diferenças biológicas, as mulheres não podem ser tratadas da mesma maneira que os homens" e que podem se beneficiar de medidas específicas que desta vez serão permanentes[188]. Essa nova categoria de direitos das mulheres também inclui

---

[187]. Adquirida internacionalmente através da Convenção, essa ideia está longe de ser unânime internamente ou mesmo entre feministas. É interessante, a esse respeito, ler as críticas feitas às feministas francesas pelos anglo-saxões, que as acusam de não levar suficientemente em conta a relevância de uma política baseada na diferença sexual. Ver Scott (1996).

[188]. Medidas permanentes, pelo menos "desde que os conhecimentos científicos e técnicos referidos no Artigo 11, parágrafo 3, não justifiquem sua revisão". Recomendação geral n° 25, §16, 30ª sessão, 2004.

direitos específicos para mulheres, disseminados em diferentes instrumentos jurídicos, como, por exemplo, tudo que está relacionado à maternidade, aborto, estupro ou violência doméstica. No entanto, é obviamente uma perspectiva completamente diferente que emerge em tal hipótese e uma forma de reconhecimento completamente diferente, desta vez próxima da dos direitos das minorias ou dos povos indígenas porque se baseia em respeito pelo que constitui a identidade sexual específica da mulher, da mesma forma que o reconhecimento das minorias e dos povos indígenas se baseava no respeito à sua identidade cultural. Ele traduz a passagem de uma reivindicação igualitária destinada a abolir as discriminações sexuais e fazer com que as mulheres se beneficiem dos padrões concedidos aos homens, para uma exigência identitária destinada a obter um status particular, distinto do dos homens. E, ao fazê-lo, ela provoca, sem surpresa, críticas e múltiplos debates sobre essa identidade feminina. Por um lado, existem aqueles que temem que destacar uma identidade específica das mulheres significa, infelizmente, naturalizar ou "essencializar" as mulheres, ou seja, prendê-las, em uma essência ou natureza biológica e sexual estereotipada, quando precisamente uma grande parte do esforço contemporâneo das feministas foi para pôr fim a esse tipo de reducionismo que reproduz sob outra forma os erros do passado (Grosz, 1986, p. 335). Por outro lado, existem aqueles que contestam que possa haver qualquer universalismo da raça humana e, portanto, podem ser levados a apoiar a existência de direitos baseados na diferença sexual entre homens e mulheres e condenar qualquer pretensão universalista dos direitos humanos existentes ou mesmo condenar qualquer política baseada no reconhecimento de direitos subjetivos, sejam eles quais forem, o que seria típico de uma concepção masculina de ética e de justiça (Gilligan, 2008).

Embora haja aqui material para um debate mais amplo sobre as mulheres, deve-se notar que, no que diz respeito ao direito internacional, a existência de direitos específicos para as mulheres com base em sua diferença sexual não coloca em questão, por enquanto, o sistema internacional de respeito aos direitos humanos e a perspectiva geral de uma política universalista de igual respeito e não discriminação entre homens e mulheres. A Declaração de Pequim, de 1995, adotada por unanimidade por todos os representantes dos Estados presentes, testemunha isso de forma particular porque reafirma que os direitos das mulheres são parte integrante dos direitos humanos e que a igualdade entre os sexos é uma questão universal cuja consideração deveria ser o objetivo prioritário de todos[189]. Por outro lado, a invocação de diferenças sexuais e biológicas para estabelecer regimes jurídicos ou direitos específicos para as mulheres é suscitada de maneira muito mais controversa por aqueles que não desejam estabelecer um princípio de igualdade entre homens e mulheres. O argumento cultural, discutido acima, é, portanto, novamente invocado neste contexto preciso para limitar os efeitos do princípio da igualdade que é reconhecido por muitos Estados. Mesmo declarando que aceitam o princípio da igualdade, certos Estados minam completamente os seus efeitos, argumentando que a questão do status e do papel das mulheres é um fato cultural que faz parte da tradição e da religião e que deve, portanto, ser respeitado da mesma maneira que outras práticas, expressões ou fatos culturais. Qualquer interpretação que visaria impor-lhes uma aplicação estrita do princípio da igualdade é denunciada como equivalente à imposição de um modelo cultural ocidental em detrimento do seu próprio modelo (Heritier, 2010, p. 19). Assim, alguns governos reconhecem os direitos das mulheres de maneira limitada e dentro da estrutura de uma desigualdade geral de status entre homens e mulheres, onde, em particular, a ideia de igualdade de direitos sexuais e a livre disposição de seu corpo pelas mulheres são os mais violentamente condenados. Pode-se ver os efeitos diretos dessa oposição nas muitas reservas que acompanharam a ratificação da CEDAW. Isso apresenta o privilégio embaraçoso de ser uma das convenções internacionais mais amplamente ratificadas e ao mesmo tempo a que foi objeto do maior número de reservas e declarações interpretativas destinadas a modificar o conteúdo e a extensão do compromisso do engajamento convencional dos Estados. É particularmente instrutivo comparar as centenas de reservas que foram objeto desta Convenção com as apenas quatro reservas de fundo sobre a Convenção sobre a Eliminação de Todas as Formas de Discriminação Racial, de 1965, pois essa simples comparação mostra como a luta contra o racismo se tornou um objetivo genuinamente compartilhado pelos Estados, e não o sexismo das sociedades, que permanece um dos arcaísmos mais universalmente tolerados.

[189.] Item 8 da Declaração de Pequim (ONU, 1955). Também no Ponto 18 da Declaração de Viena (ONU, 1993).

A título de exemplo, entre essas reservas e declarações à Convenção de 1979, várias emanam de países islâmicos que consideram que algumas das disposições da Convenção devem ser descartadas ou interpretadas de acordo com a Sharia, a Sunna ou o Corão. Assim, embora sejam partes de um texto que luta contra a discriminação, vários desses Estados podem continuar a conferir a seus nacionais um status discriminatório e subordinado, baseado na diferença sexual, o qual está em conformidade com suas convicções religiosas. Não é necessário insistir para entender que tal posição culturalista "forte" esvazia de sentido o próprio princípio de igualdade entre homens e mulheres e toda a filosofia de reconhecimento e igual respeito que o impulsiona, bem como a perspectiva humanista que sustenta o sistema jurídico internacional proveniente dos direitos da pessoa humana. Além disso, várias dessas reservas têm uma validade jurídica mais do que questionável, uma vez que vão diretamente contra o objeto e a finalidade da Convenção (ONU, 1997, §42). Não se pode, no entanto, subestimar certos aspectos do problema que permanecem porque, além da manipulação do argumento cultural pelos poderes conservadores masculinos, que assim mantêm as completas desigualdades sexuais em seu único benefício, as especificidades culturais e a clivagem Norte-Sul impactam o problema do reconhecimento dos direitos das mulheres e levam a defender uma posição culturalista "fraca" que, por sua vez, é perfeitamente legítima. É assim que as feministas do Terceiro Mundo costumam estar em uma posição particularmente delicada de manejar, onde precisam arbitrar entre os valores tradicionalistas de seu país e o que elas consideram ser um modelo estritamente ocidental, para desenvolver fórmulas específicas para as aspirações de igualdade das mulheres nas sociedades do Sul (Nyamu, 2000; Mohanty, 1988; Bulbeck, 1990).

b) A evolução pós-Guerra Fria: as novas reivindicações relacionadas ao gênero e o caráter androcêntrico do direito internacional

As diferentes respostas jurídicas dadas às desigualdades sexuais e às negações do reconhecimento da igual dignidade das mulheres não esgotam toda a complexidade de um assunto que continua a alimentar muitos debates, especialmente dentro dos movimentos feministas, sobre sexo, gênero e sexualidade, e novas demandas por reconhecimento mais refinadas e mais profundas apareceram nos últimos trinta anos, a partir do fim da Guerra Fria[190]. A 4ª Conferência Mundial sobre as Mulheres, realizada em Pequim, em 1995, com a participação de mais de 40.000 pessoas, marcou um ponto de virada incontestável na política de reconhecimento da igualdade de gênero devido ao novo contexto global. É significativo das novas preocupações pós-Guerra Fria ver como a Declaração e o Programa de Ação adotados reinserem a luta contra as desigualdades sexuais e de gênero como sendo "uma exigência de justiça social" e um dos pilares do que deveria ser uma sociedade internacional "justa" e "equitativa". Além disso, os movimentos feministas reunidos em Pequim conseguiram aumentar a conscientização sobre a necessidade de desviar a atenção, até então focada na identidade sexual das mulheres, para um conceito mais amplo, que é o de gênero ou "sexo social". Desde a decolagem dos estudos de gênero, tomou-se consciência da importância do gênero, isto é, dos papéis culturais e sociais que supostamente correspondem ao sexo biológico e do fato de ter seus próprios efeitos de dominação e de estigmatização contra as mulheres. Assim, surgiu a necessidade em Pequim de lutar internacionalmente não apenas contra a discriminação relacionada ao sexo biológico, mas também contra a discriminação relacionada ao gênero, e, portanto, de atuar na estrutura social das sociedades como um todo e nos padrões culturais dominantes, uma vez que eles também perpetuam desigualdades muito profundas nas relações homem/mulher. Desde Pequim, a referência às discriminações de gênero e a uma abordagem pelo gênero (*gender mainstreaming*) vem completar a abordagem especificamente sexual que se tornou onipresente no discurso das principais organizações internacionais e regionais[191].

[190.] Sobre essas distinções e os debates contemporâneos a respeito delas, ver Dorlin (2008).

[191.] A abordagem de gênero ganhou fôlego com o Programa de Ação de Viena (§37), que exige uma consideração sistemática da questão de gênero, em todos os campos da ação das Nações Unidas. Por exemplo: Revisão e avaliação em todo o sistema das conclusões acordadas do Conselho Econômico e Social sobre a integração da perspectiva de gênero em todas as políticas e programas das Nações Unidas (Relatório do Secretário-Geral, U.N Escor, 2004 Substantive Sess., U.N Doc. E/2004/59). Certas obras contemporâneas de feministas anglo-saxãs vão ainda mais longe, apelando não apenas à supressão de gênero e, portanto, de qualquer identidade genérica, mas também à desconstrução do sexo biológico como a obra de Butler (2006), que defende a ideia de des-identidade sexual e de gênero. Essas obras

O que é uma sociedade internacional justa? | 249

É para escapar de tais armadilhas que, no plano internacional, se desenvolveu uma série de críticas que desta vez é muito mais radical e põe em questão todo o direito internacional liberal clássico. As desconstruções de gênero e seus efeitos perniciosos tornam possível perceber que o reconhecimento da igual dignidade da mulher, a igualdade de seus direitos e o *gender mainstreaming* só podem ser plenamente eficazes se fizerem parte de um mundo em que, também em escala global, desaparecerão as representações mentais, culturais e simbólicas que inferiorizam e marginalizam as mulheres, porque esses padrões globais de representação formam uma estrutura cultural profunda que influencia os efeitos do direito internacional dos direitos das mulheres, de modo semelhante ao papel da economia neoliberal perante o direito internacional do desenvolvimento ou da diversidade cultural. A política de igual respeito e também o *gender mainstreaming* até se tornam iscas se fizerem parte de um sistema jurídico internacional que continua sendo ele próprio inteiramente baseado no sexo ou genericamente orientado para o benefício dos homens[192]. Nessa perspectiva, o direito internacional dos direitos das mulheres é considerado pouco eficiente, ou mesmo como tendo esgotado suas possibilidades e precisando ser ampliado por uma reflexão jurídica muito mais geral (Smart, 1989, p. 138). Feministas destacaram perfeitamente as muitas limitações dos direitos das mulheres, incluindo:

(1) o fato de definir os direitos das mulheres em instrumentos específicos, o que os leva a sua exclusão da principal agenda consagrada aos direitos humanos e a marginalizar sua causa (Charlesworth, 1993; Letteron, 1998, p. 292);

(2) o fato de fazer das mulheres meros sujeitos individuais portadores de direitos individuais, mas que podem estar em muita desvantagem se comparadas a outros sujeitos de direito em um sistema de dominação masculina;

---

de grande sofisticação lançam perspectivas que dificilmente encontrariam seu lugar no plano internacional, onde o fato de se situar em escala mundial, englobando a diversidade de todas as sociedades atuais, faz com que as demandas tomem essencialmente a forma de uma aspiração pelo reconhecimento de status e direitos iguais e pela luta contra a discriminação relacionada a gênero e sexo.

[192.] Por exemplo, para uma crítica feminista muito forte ao conservadorismo de *gender mainstreaming* das Nações Unidas, ver Charlesworth (2005).

(3) o fato de certos direitos terem sido definidos sem considerar suficientemente os interesses específicos das mulheres, como os direitos que protegem a família e a vida privada, que podem estar no centro de violência e subjugação para as mulheres, ou mesmo a liberdade religiosa que pode ter efeitos insidiosos particularmente negativos se conduzem ao respeito de preceitos que violam suas liberdades fundamentais; e

(4) o fato de muitas vezes obscurecerem os direitos econômicos, sociais e culturais relativos às mulheres, mesmo que eles sejam decisivos para elas (Cranston, 1983).

Tanto é assim que o reconhecimento que deve ser concedido às mulheres em pé de igualdade com os homens exige agora, para alguns, enfrentar a um desafio duplo. O primeiro desafio é global e se refere a todo o direito internacional clássico que, longe de ser neutro, é ele mesmo um instrumento androcêntrico que transmite a hegemonia masculina. O segundo desafio questiona as formas de pensar e analisar o direito internacional, porque é apenas com a condição de desconstruir suas categorias e seus efeitos discriminatórios sobre as mulheres que podem ser levadas em consideração as preocupações relacionadas às mulheres, bem como sua visão das relações internacionais e do direito (Charlesworth, Chinkin & Wright, 1991).

Sem poder desenvolver aqui análises mais sutis, deve-se lembrar antes de mais nada, como as feministas o fazem, que a história do direito internacional é uma história feita pelos homens e para os homens, os quais elaboraram as estruturas políticas e jurídicas no plano internacional de acordo com seus próprios valores e interesses. Além disso, se esse direito liberal foi questionado após a descolonização pelos novos Estados em desenvolvimento que até então haviam sido excluídos dele, nunca foi seriamente questionado sobre sua completa negligência para com as mulheres. As estruturas do direito internacional clássico baseiam-se em Estados e organizações internacionais onde as mulheres não aparecem. Elas estão constantemente sub-representadas e condenadas a funções subalternas nos Estados, mas também em um mundo institucional internacional onde são os critérios de repartição geográficos ou civilizacionais que são requeridos, e não o de integrar representantes da metade da população mundial[193].

[193.] E isso apesar do progresso alcançado graças ao Artigo 8 da Carta da ONU, que é o herdeiro do Artigo 7 do Pacto da Liga das Nações. Ver Ubeda-Saillard (2005, p. 603).

É difícil convencer-se do número absolutamente ínfimo de mulheres que ocupam cargos em órgãos importantes como a Corte Internacional de Justiça, a Comissão de Direito Internacional ou o Conselho de Segurança. No entanto, o domínio dessa elite masculina, que na verdade remonta à divisão do trabalho instituída nos Estados, faz com que as normas e práticas do direito internacional deem prioridade às preocupações, interesses e modos de raciocínio masculinos. Consequentemente, mesmo que as regras internacionais não busquem instaurar uma discriminação contra as mulheres, elas foram modeladas de modo a serem de gênero, ou seja, orientadas de maneira subjacente para o benefício dos homens. Por exemplo: grande parte do edifício do direito internacional ainda hoje reproduz a distinção entre direito público e direito privado, que é interna aos Estados, perpetuando assim a exclusão das mulheres, de suas preocupações e de sua maneira de pensar, seja em relação a conflitos armados (Gardam, 1993, p. 171), do direito relacionado ao uso da força (Chinkin, 1993, p. 203), do direito do desenvolvimento (Charlesworth, 1992, p. 190), do direito ambiental (Elliott, 1993), da questão da responsabilidade internacional (Charlesworth, 1995) ou dos direitos humanos (Thornton, 1991, p. 456). A solução preconizada, portanto, não está mais apenas no reconhecimento da igualdade de status com os homens ou no direito de ser diferente baseado em sua identidade sexual ou de gênero, mas também na possibilidade concreta para as mulheres terem poder em pé de igualdade com os homens, a fim de reformular completamente as normas do antigo direito internacional liberal clássico, eliminando preambularmente os preconceitos de gênero subjacentes a elas.

A crítica feminista do direito internacional demanda uma completa desconstrução/reconstrução da linguagem, dos modos de análise e das categorias jurídicas do direito internacional, e o faz de modo muito mais radical do que qualquer dos críticos terceiro-mundistas do direito internacional, os quais, como vimos, ajudaram a preservar os pilares do direito internacional clássico. Se o caminho assim traçado suscita muitas questões perfeitamente legítimas e se parece impossível de trilhar, pois perturba brutalmente algumas das certezas mais arraigadas do mundo internacionalista, sugere, no entanto, que a síntese ideal que procuramos formular hoje no direito internacional entre direitos universais e direitos particulares das mulheres esbarrará inevitavelmente sobre certa forma de sexismo que, por enquanto, permanece intrinsecamente ligada a todo o direito normativo e institucional existente. Na busca de uma sociedade internacional justa, baseada no reconhecimento e reparação das feridas infligidas às identidades, é provável que as expectativas das mulheres ainda sejam longamente marginalizadas em relação a outras questões consideradas mais essenciais por um mundo ainda dominado pelos homens, e uma espécie de competição implícita doentia pode até trazer de volta velhos preconceitos nesse campo, como atestado pela declaração de um delegado indiano na Segunda Conferência Mundial sobre as Mulheres, realizada em 1980, em Copenhague, observando que "tendo experimentado o colonialismo, ele sabia que o sexismo não poderia igualá-lo" (Charlesworth, 1997).

CAPÍTULO 8

A reparação dos danos históricos: as lições de Durban

É inegável que as feridas infligidas às mulheres pelo sexismo onipresente em todas as sociedades do planeta não são consideradas pelos Estados como tão graves quanto as resultantes do racismo e do colonialismo. Além disso, é em nome destas últimas que surgiu outro tipo de reivindicação contemporânea com base no reconhecimento, sob a forma de pedidos de reparação pelos crimes históricos cometidos em razão do racismo, do colonialismo e do imperialismo. O reconhecimento do Outro na sociedade pós-colonial não passa pela aceitação de uma história compartilhada que destaca séculos de negação do Outro e a necessidade de reparação pelos danos históricos infligidos?

Tais demandas foram feitas pelo Terceiro Mundo desde as independências, inclusive no âmbito da Nova Ordem Econômica Internacional (NOEI), mas é inegável que desde o final da Guerra Fria elas assumiram um lugar muito mais importante do que antes. Para convencer-se disso, basta perceber como esses pedidos de reconhecimento se multiplicaram e também se diversificaram de acordo com os vários danos históricos invocados. Eles vão desde os novos pedidos de reparação às vítimas do nazismo alemão no Oriente e do imperialismo japonês na Ásia ao dos povos indígenas, como os Maoris da Nova Zelândia ou os aborígines da Austrália, e passando pelas reivindicações dos africanos em razão da escravidão, do tráfico e da colonização do passado. Embora a história parece ter confirmado o fato consumado dessas destruições e escravizações, indivíduos e grupos se organizaram e agora querem que os Estados reconheçam sua responsabilidade pelos crimes históricos cometidos contra eles e lhes conceda reparações.

O que é uma sociedade internacional justa? | 255

Mas que lugar podemos realmente dar a esses pedidos de reparação em que os crimes do passado ressurgem com sua procissão inumerável de vítimas e de seus descendentes em busca de reconhecimento? Podemos reparar a história?, perguntou Garapon (2008). E existe hoje um direito internacional da reparação de erros históricos, ou mesmo um direito à reparação? Para essas perguntas realmente decisivas, na medida em que levantam o problema da possibilidade efetiva de reparar a história e as identidades lesadas, a Conferência de Durban, de 2001 (com reexame em Genebra em 2009), tentou fornecer respostas políticas e jurídicas que permitem entender as questões essenciais desse tipo de demanda em matéria de reconhecimento, bem como as aporias e os limites aos quais estão expostas quando se trata de recorrer ao direito internacional. Evidentemente, esse é apenas um exemplo entre os muitos contenciosos sobre reparação que estão ocorrendo hoje, mas pelo menos pode-se enfatizar que o objeto das discussões de Durban é sem dúvida um dos mais relevantes para a análise da sociedade global pós-colonial/pós-Guerra Fria e é ao mesmo tempo exemplificativo dos debates mais gerais sobre a reparação dos erros históricos, sejam eles quais forem.

8.1. As falhas, os avanços e as interrogações de Durban

a) O contexto

Em setembro de 2001, foi realizada em Durban uma conferência internacional organizada pelas Nações Unidas contra o racismo, a discriminação racial, a xenofobia e a intolerância. Ela deveria ser a oportunidade não apenas para fazer um balanço das manifestações contemporâneas do racismo e dos meios para confrontá-las, mas também para encarar conjuntamente o passado através das formas históricas de racismo e xenofobia ligadas à escravidão, tráfico e colonialismo. É esse último aspecto que nos interessa mais particularmente aqui, pois é através dele que surge o problema de reparação dos danos histórico.

Organizada na África do Sul, que soube se reconciliar e perdoar os crimes do apartheid, Durban foi organizada para ser a conferência mundial que permitiria limpar todo o passado colonial da sociedade mundial pós-Guerra Fria. Em uma mensagem conjunta de 21 de março de 2001, Mary Robinson, então alta comissária das Nações Unidas para os Direitos Humanos, e Nelson Mandela, então presidente da África do Sul, esclareceram os objetivos da futura conferência. Eles enfatizaram que, além de toda a discriminação sofrida pelos "Ciganos, descendentes de africanos, povos indígenas e mulheres", "o medo irracional de tudo o que é diferente, a incapacidade de reconhecer e expressar arrependimentos pelos graves ferimentos infligidos no passado são as principais fontes de racismo em nosso mundo contemporâneo"[194]. Eles continuam afirmando que "Precisamos aprender com o passado para que a humanidade termine com a longa e trágica história do racismo".

O resultado obviamente não era de forma alguma garantido, dados os desafios passionais vinculados a esse passado, mas quando as Nações Unidas imaginaram essa nova conferência, em 1996, elas pareciam convencidas de que não repetiríamos os fracassos das duas primeiras conferências contra o racismo, de 1978 e 1983, as quais se concentraram na questão do Oriente Médio. Era um período de grande otimismo, marcado pelo fim da Guerra Fria, um Oriente Médio engajado no processo de paz e o estabelecimento de instrumentos jurídicos com um propósito de "reconciliação", como a Comissão da Verdade e Reconciliação na África do Sul, as múltiplas declarações de arrependimento feitas no Ocidente, os novos pedidos de reparação das vítimas da história, mas também os tribunais penais internacionais. Mas esse otimismo foi interrompido. Após um longo processo preparatório, a Conferência ocorreu de 31 de agosto a 7 de setembro de 2001, na presença de milhares de Organizações Não Governamentais (ONGs), as quais foram convidadas à margem da Conferência, a fim de envolver a sociedade civil. No entanto, sob a influência de várias ONGs africanas e árabes, o fórum das ONGs testemunhou uma onda de declarações antissemitas e um incrível surto de violência contra os judeus indo até o ponto de chamar ao seu assassinato. Os Estados Unidos e Israel deixaram a Conferência, a qual seria dominada pela intolerância e usada em parte para um propósito completamente diferente daquele para o qual havia sido estabelecida, e que levou a uma Declaração (e um Programa de Ação) cujos parágrafos 32 e 68 insistiam em incriminar Israel pelo nome. É claro

---

[194.] Ver o texto integral em: http://www.aidh.org/Forum/Journ_intern_rac.htm.

O que é uma sociedade internacional justa? | 257

que, desse ponto de vista, foi um verdadeiro fracasso, porque estávamos muito longe do ideal de uma comunidade internacional reconciliada consigo mesma. Foi bastante irônico, mas perfeitamente compreensível, ver que, durante a Conferência de Revisão de Genebra em 2009 (Durban II), a nova Declaração Final foi adotada na mais completa precipitação, a partir do 2º dia da Conferência, por medo de que muitos países abandonassem a conferência após o odioso discurso antissemita do presidente iraniano Mahmoud Ahmadinejad. Adotada precipitadamente, essa Declaração Final de 2009 foi *a priori* um compromisso que procurou abrandar os assuntos de discórdia de 2001, ou seja, todos os aspectos anti-israelenses da primeira declaração e um parágrafo muito criticado sobre a difamação de religiões, mas ainda assim era ambígua, uma vez que reafirmou seu apoio à Declaração e ao Programa de Ação de 2001, que estigmatizavam unicamente o Estado de Israel pelo racismo contra os palestinos.

Os textos adotados em Durban e Genebra não são vinculantes e a Declaração de 2001 declara expressamente que os Estados envolvidos têm uma "obrigação moral" e, portanto, não jurídica, de tomar as medidas apropriadas para pôr um fim às consequências prejudiciais das práticas passadas do colonialismo e da escravidão. Eles fornecem uma compreensão da orientação dada pela maioria dos Estados a essas questões e as possíveis vias jurídicas que podem ser implementadas, pois grande parte das reivindicações formuladas nessa ocasião referia-se à violação das normas do direito internacional de forma que será necessário atentar ao estado do direito internacional existente nesta área para avaliar as orientações dadas em Durban no contexto de futuras resoluções de litígios. O caso em apreciação pela Suprema Corte de Justiça de Londres que coloca quatro quenianos contra o Reino Unido é interessante a esse respeito. Os reclamantes declaram que foram torturados em 1957 durante a Revolta dos Mau-Mau e pedem ao Reino Unido uma declaração de arrependimento e um fundo de compensação para as vítimas (dos 70.000 presos nos campos, 12.000 teriam morrido lá e apenas 1.400 ainda estão vivos). O Reino Unido, por sua vez, rejeita qualquer responsabilidade jurídica por seu passado colonial, mas o processo segue o seu curso e, a depender do resultado, pode inspirar outros ex-membros do império, seja em Chipre, na Malásia, na Nigéria ou na antiga Rodésia. Obviamente, o mesmo se aplica a todas as outras antigas potências coloniais. O fato é que as reparações concedidas aos povos indígenas pelas antigas colônias de povoamento pelos danos que sofreram no passado (pilhagem de terras, de recursos naturais, assimilação forçada) são mais frequentes e levantam a questão da responsabilidade do Estado ou de empresas privadas pelos danos históricos causados. Todos esses casos, portanto, confirmam o que é inescapável nos pedidos de reconhecimento expressos em Durban, mas não deixam de constituir um problema porque dão origem a uma gama de questões não resolvidas no plano jurídico e, portanto, ressaltam a necessidade de uma reflexão renovada nessa área.

b) As interrogações relacionadas à reparação dos danos históricos

Em vez de testemunhar um entendimento finalmente encontrado entre os Estados, a Conferência de Durban demonstrou a incapacidade de cada um de compartilhar uma história comum relativa ao colonialismo e à escravidão, e de concordar sobre como remediar as falhas do passado. É certo que, no final do processo preparatório à Conferência de 2001, todos pareciam concordar em identificar a escravidão, o tráfico e o colonialismo como atos injustos, que tiveram efeitos destrutivos maciços tanto no espaço quanto no tempo. Mas a qualificação propriamente jurídica de tais práticas e a determinação mais precisa de suas consequências em termos de responsabilidade e reparação cristalizariam os antagonismos que seriam encontrados durante a Conferência. Nas negociações que se seguiram, surgiram rapidamente oposições, especialmente entre países africanos e europeus, mas também entre os países africanos, já que certos povos escravizaram seus vizinhos e alguns Estados africanos ainda praticam a escravidão hoje. As noções de "crimes contra a humanidade", de "arrependimentos", "desculpas" ou "reparações" foram objeto de intenso debate e muito vivamente opostas[195].

Vários princípios consagrados na Declaração Final de 2001 merecem ser observados, em particular três princípios que foram declarados após múltiplos compromissos e que testemunham algum progresso nessa área:

[195.] No entanto, alguns países como a Alemanha reconheceram sua culpa. Ver Vuckovic (2004, p. 1044).

(1) o princípio segundo o qual "a escravidão é um crime contra a humanidade e deveria sempre ter sido considerado como tal" (Ponto 13 da Declaração);

(2) o reconhecimento oficial de que "essas injustiças históricas (escravidão e colonização) contribuíram inegavelmente para a pobreza, o subdesenvolvimento, a marginalização, a exclusão total, as disparidades econômicas, a instabilidade e a insegurança que afetam muitas pessoas, especialmente nos países em desenvolvimento" (Ponto 158 do Programa de Ação); e, finalmente,

(3) o princípio segundo o qual "os Estados envolvidos" devem "honrar a memória das vítimas de tragédias passadas" (Ponto 99 da Declaração).

Nesse sentido, a Declaração observa que "alguns Estados tomaram a iniciativa de se desculpar e pagar indenizações, onde foi devida, pelas violações graves e massivas que foram cometidas" (Ponto 100) e convida outros países a encontrar os "meios adequados para ajudar a restaurar a dignidade das vítimas" (Ponto 101).

Mas isso foi apenas o começo, e o compromisso encontrado levantou muitas interrogações que ainda não receberam respostas precisas, em particular quanto à possível ligação do Estado que dá origem à reparação (Queguiner & Villalpando, 2004, p. 42; Vuckovic, 2004, p. 1023). Os organizadores da Conferência não previram ações de responsabilidade, mas o reconhecimento dos crimes cometidos, desculpas oficiais e, eventualmente, o princípio da reparação voluntária. Em outras palavras, tratava-se, antes de tudo, de buscar "reconciliação e apaziguamento" (Ponto 101) e fundamentalmente transpor para a sociedade global o processo da Comissão "Verdade e Reconciliação", que funcionara tão bem na África do Sul pós-apartheid. Durban refletiu a tentativa de implementar uma justiça transicional em nível global, que visa reconhecer crimes passados a fim de entrar em um mundo pós-colonial e pós-Guerra Fria que seja mais pacífico e que não repita mais os erros do passado. O desafio último era, assim, conseguir fazer com que os descendentes da velha sociedade colonial coexistissem na mesma sociedade pós-colonial global e efetuar uma transição que permitisse a organização dessa coexistência. Mas como Hazan (2007, p. 95) mostrou tão bem, essa transposição se mostrou impossível de ser alcançada no nível de uma conferência internacional que reuniu cerca de 200

Estados e milhares de ONGs. Em vez de criar as condições para um diálogo pacífico e um processo de reconhecimento de crimes históricos, as Nações Unidas criaram involuntariamente as condições para um confronto generalizado, provocaram uma série de negações de identidade e ampliaram os perigos que ameaçam qualquer processo desse tipo, como a competição entre as vítimas e o choque de memórias. Tensões extremamente fortes surgiram de uma política de reconciliação transposta para o nível mundial onde os Estados se confrontam defendendo interesses estatais. Finalmente, Durban também levanta questões sobre o papel exato que o direito internacional pode desempenhar nesses casos.

Uma primeira questão consiste em saber se podemos qualificar a escravidão dos séculos passados como um crime, ou até mesmo um crime contra a humanidade, uma vez que, quando ocorreu, ela estava perfeitamente de acordo com o direito internacional e os direitos nacionais da época. Trata-se de saber se podemos responsabilizar os Estados com base nesse fundamento jurídico. Evidentemente, o mesmo se aplica ao sistema colonial, que o direito internacional euro-americano considerou como lícito há séculos. Trata-se aqui de uma questão de aplicação intertemporal do direito que dá origem a uma resposta clássica no direito internacional segundo a qual não há aplicação retroativa de um novo direito. E, ao fazer isso, não há, portanto, responsabilidade retroativa. O comportamento de um Estado constitui um ato ilegal que implica sua responsabilidade internacional somente se constitui uma violação de uma obrigação internacional existente no momento em que ocorreu. Daí a fórmula de compromisso adotada na Declaração de 2001 segundo a qual "a escravidão é um crime contra a humanidade e deveria *sempre* ter sido considerada como tal" (Ponto 13). O Artigo 13 da última versão do Projeto de Artigos sobre a Responsabilidade dos Estados por Atos Internacionalmente Ilícitos, de 2001, elaborado pela Comissão de Direito Internacional das Nações Unidas (CDI), confirma esse estado do direito existente e o fato de que há uma violação de uma obrigação internacional somente se o Estado estiver vinculado por essa obrigação no momento dos atos denunciados. Em seu comentário ao Artigo 13, a CDI especifica que, mesmo quando surge uma nova norma de *jus cogens* (como pode ser o caso da proibição da escravidão e talvez do colonialismo), não pode haver responsabilidade retroativa. Essa possibilidade tampouco está prevista na Convenção de

1948 para a Prevenção e Punição do Crime de Genocídio. Em verdade, se o argumento é incontestável por si só do ponto de vista formal como regra geral, não se pode esquecer que o princípio da não retroatividade, bem estabelecido no direito internacional, já sofreu exceções memoráveis com os exemplos dos Tribunais Nuremberg, Tóquio e alguns tribunais penais internacionais atuais (Zolo, 2009, p. 188)[196].

A única possibilidade aceita hoje é que o Estado consinta *voluntariamente* em admitir retroativamente sua responsabilidade por "fatos que, no momento em que ocorreram, não constituíam violação de uma obrigação internacional" (Art. 13§6, Projeto CDI, 2001). Atos jurídicos internacionais podem estabelecer o reconhecimento voluntário de crimes passados e acordar reparações, como, por exemplo, um tratado bilateral entre o ex-colonizador e o ex-colonizado. Esse foi o caso do Tratado de Amizade entre a Itália e a Líbia, de 30 de agosto de 2008, que no momento é único no nível internacional. Esse também é o caso da solução da disputa histórica entre os Sioux e o governo dos Estados Unidos, bem como dos setenta acordos concluídos pelos governos provinciais do Canadá, o governo federal e os representantes das populações indígenas a respeito do reconhecimento das espoliações passadas e a afirmação de um novo status para essas populações.

Outra questão consiste em saber: como desencadear essa responsabilidade? Para que tipo de dano? Conforme apresentado em Durban, os fatos que deram origem aos danos são múltiplos: morte, escravidão, trabalho forçado, pilhagem de recursos naturais, confisco de terras, destruição de culturas e modos de vida, subdesenvolvimento contemporâneo. No entanto, a qualificação jurídica deles ainda não foi alcançada. Seguindo as tendências mais gerais e a Declaração Final, pode ser identificado um duplo dano. Existe um dano de ordem moral que resulta de séculos de humilhação e negação de reconhecimento que afetaram tantas populações. Esse dano moral está associado a um dano material vinculado à pilhagem de recursos, ao sistema escravagista e depois ao sistema colonial de exploração e à espoliação de terras que explicariam o atual

---

[196.] Certas atrocidades cometidas no passado são comparáveis a genocídios ou crimes contra a humanidade do mundo moderno. Sobre os paralelos e os limites dessas reaproximações, ver Gellately & Kiernan (2003).

estado de subdesenvolvimento dos países anteriormente colonizados e também dos povos indígenas. Segundo a Declaração de Durban, a colonização gerou não apenas danos passados, mas também "persistentes desigualdades sociais e econômicas em muitas partes do mundo hoje" (Ponto 14). Portanto, resulta, além disso, um dano atual que está intrinsecamente ligado a danos passados. No entanto, várias dificuldades estão ligadas nesta fase. Como avaliar em que medida o dano atual pode ser vinculado ao dano passado? E como provar isso? Por exemplo, o subdesenvolvimento de certos países é apresentado como uma consequência da colonização passada, mas ele não resulta também de vários fatores, incluindo a responsabilidade dos Estados pós-coloniais? E a dificuldade aumenta quando é necessário definir danos passados: como provar, para a escravidão e a colonização em particular, a existência de atos específicos diretamente atribuíveis ao Estado quando se tratava de sistemas de exploração generalizados e em larga escala com múltiplas causas e envolvendo múltiplos atores? É certo que ainda são questões que se referem a argumentos estritamente formais, mas não deixam de ser relevantes e complicam o princípio de implementação da responsabilização pelos crimes históricos cometidos.

As modalidades de reparação apresentam problemas conexos. Que tipo de reparação deve ser concedida? E como identificar os beneficiários atuais das reparações quando várias gerações já se sucederam? De fato, em Durban, o problema foi simplificado porque abordou apenas uma responsabilidade entre Estados, de modo que o beneficiário é simplesmente o Estado anteriormente colonizado e o responsável o antigo Estado colonizador. No caso dos povos indígenas, é mais frequente que as pessoas sejam consideradas beneficiárias de reparações e o Estado como obrigado a reparações. A questão pode, no entanto, ser muito mais delicada se o autor do dano for uma empresa privada, por exemplo, e se os reclamantes forem indivíduos que se apresentam como descendentes das gerações espoliadas e discriminadas. Além disso, no que diz respeito ao modo de reparação, o direito internacional da responsabilidade oferece várias possibilidades: restituição em espécie, indenização financeira e satisfação. Todas foram invocadas, seja no contexto de Durban ou no contexto de ações específicas. No que diz respeito à restituição em espécie, podem ser pensadas ações para restituir bens culturais roubados, às vezes restos humanos mumificados,

O que é uma sociedade internacional justa? | 263

que ocorreram em certos casos[197]. Por uma Lei Especial de 6 de março de 2002, a França retornou ao povo KhoïKhoï da África do Sul os restos mortais de Saartje Baartman, chamado Venus Hottentot, e este foi finalmente enterrado em maio de 2002, seguindo os rituais tradicionais de seu povo. A multiplicação desses tipos de solicitações relativas aos restos humanos preservados em alguns museus ocidentais é um indício adicional, se necessário, do aumento espetacular das solicitações de reconhecimento de identidades danificadas pela história, baseadas tanto no igual respeito devido a todos os seres humanos como na aceitação de suas diferenças.

Todavia, na maioria das vezes, são as outras duas formas de reparação que são invocadas. A indenização é a forma mais comum. Ela deve corresponder à perda econômica resultante do ato ilícito, mas também, possivelmente, ao prejuízo moral relacionado a danos causados a pessoas. A Declaração de Abuja, adotada por muitos chefes de Estado africanos em 1993 em relação ao colonialismo, inclui, por exemplo, uma exigência de "pagamento integral da indenização [...] na forma de transferências de capital e cancelamento de dívida". O Núcleo de Consciência Negra da Universidade de São Paulo exige que os Estados Unidos paguem 100.000 dólares americanos a cada um dos 60 milhões de descendentes de escravos. O então presidente haitiano Jean-Bertrand Aristide estimou em 2003 que a França deveria reembolsar ao Haiti a famosa dívida de independência, paga pelo Haiti à França entre 1825 e 1887, equivalente a 90 milhões de francos dourados. Como esses diferentes exemplos mostram, permanece a questão quanto ao montante da indenização a atribuir, que depende da avaliação do dano. Contudo, como avaliar uma indenização financeira adequada quando os danos resultam de séculos de exploração econômica e negação de pessoas? Como avaliá-la se o dano é considerado persistente ao longo do tempo devido ao subdesenvolvimento? Os desafios são enormes e talvez a ideia mais realista seja chegar a um acordo negociado sobre uma assistência reforçada ao desenvolvimento. Foi o que foi alcançado através do mencionado tratado de 2008 entre a Itália e a Líbia, no qual a Itália pediu desculpas pelos trinta anos de colonização italiana e prometeu pagar $ 5 bilhões em indenização sob a forma

---

[197.] Essa reparação na forma de restituição está expressamente estabelecida no Artigo 11, "2", da Declaração das Nações Unidas sobre os Direitos dos Povos Indígenas, de 2007. Durante muito tempo, o debate concentrou-se principalmente na restituição de bens culturais, com a criação de um Comitê Intergovernamental na Unesco para esse fim.

de investimentos nos próximos 25 anos. Nesse caso, as medidas financeiras são consideradas como sendo uma reparação pelos danos históricos sofridos, o que é totalmente diferente do ponto de vista simbólico (e jurídico) da ajuda que estão concedendo hoje os antigos Estados colonizadores através de compromissos unilaterais ou convencionais. Trata-se, sem dúvida, de incluir a ajuda financeira em uma perspectiva de reconhecimento da sua responsabilidade pelos prejuízos históricos cometidos de tal forma que seja simbolicamente válida como forma de reparação de identidades machucadas, as quais podem, assim, se reinserir no fio de uma história reparada[198].

Além disso, a indenização financeira pode ser considerada insuficiente ou totalmente inadequada em relação ao tipo de dano histórico invocado e alguns Estados ou certas vítimas recusam qualquer ideia de compensação financeira. Assim, os Estados africanos rejeitam como degradante qualquer ideia de pagar dinheiro para compensar o comércio de escravos e o colonialismo, e é também por isso que os indígenas Lakotas recusaram a compensação proposta em 1980 pelo governo dos Estados Unidos pela posse ilegal das Black Hills, porque aceitar seria o mesmo que consentir com o roubo de suas terras sagradas. Na verdade, se for desejado, a indenização financeira pode ajudar a fechar e reparar os danos históricos relacionados às identidades, mas com a condição, como dissemos, de que seja acompanhada por um discurso que dê sentido a essa indenização, vinculando-a a um "discurso de justiça" (Garapon, 2008, p. 229) e reconhecimento da negação maciça de pessoas.

No entanto, é certo que a satisfação como forma de reparação pode parecer mais apropriada quando se trata de danos imateriais de tal gravidade e natureza, porque visa diretamente a reparação simbólica do dano. Também pode assumir uma variedade bastante ampla de formas, incluindo, por exemplo, o reconhecimento de reponsabilidade, expressar arrependimentos, a formulação de desculpas formais ou pedido de perdão. Foi assim que, de maneira memorável, o Estado da Virginia foi o primeiro estado federado dos Estados Unidos a expressar, em fevereiro de 2007, suas

---

[198.] É por isso que o primeiro processo de indenização, instituído pelo rei do Marrocos, Mohammed VI, em 1999, para as vítimas de tortura e "desaparecimentos" não funcionou realmente. Ele previa apenas uma compensação "seca" pelos crimes do regime, mas sem os estabelecer ou reconhecer. Um segundo processo mais satisfatório teve que ser instituído. Ver Garapon (2008, p. 214).

O que é uma sociedade internacional justa? | 265

desculpas públicas e "seus profundos arrependimentos" pela escravidão dos negros e pela exploração dos indígenas, bem como a violação de seus direitos mais básicos. Da mesma forma, a Alemanha pediu desculpas oficialmente em Durban por sua política colonial. Tal como o que a Corte Interamericana de Direitos Humanos impôs em vários casos envolvendo povos indígenas da América Latina, também se pode adotar medidas menos ordinárias, mas sem dúvida mais efetivas, como a organização de eventos culturais, a criação de fundações, pedras comemorativas, jornadas ou museus de lembrança, ou ainda o estabelecimento de associações para ajudar as populações indígenas[199].

8.2. O paradigma do reconhecimento e os limites do uso do direito

Como pode ser visto, o que lança luz sobre os mecanismos por trás dessas reivindicações e que pode ajudar a iluminar as respostas mais apropriadas a elas é o fato de que tais reivindicações são parte do paradigma contemporâneo de reconhecimento. Esse paradigma explica por que todas essas reivindicações ligadas à história se tornaram tão significativas hoje em dia, enquanto no passado eram resolvidas mais frequentemente pelo silêncio e pela passagem do tempo. Em um discurso que ficou famoso, proferido em 1992, o então primeiro-ministro australiano expressou essa nova atitude em relação aos Aborígines:

> Isso começa, eu penso, com o ato de reconhecimento de que fomos nós que operamos a desapropriação. Nós tomamos as terras tradicionais e destruímos o modo de vida tradicional [...] Nós cometemos crimes [...] Uma parte da nação se desculpa e expressa sua desolação e seus sinceros arrependimentos pelas injustiças do passado, para que a outra aceite suas desculpas e a perdoe[200].

[199.] É também o que preconiza a Resolução 2002/5 da Subcomissão de Proteção e Promoção dos Direitos Humanos, no Item 6: "O reconhecimento da responsabilidade e as reparações por violações flagrantes e massivas de direitos humanos como crimes contra a humanidade que ocorreram durante o período de escravidão, colonialismo e guerras de conquista".

[200.] Declaração de Reconciliação. Projeto de texto adotado em 1999 pelo Conselho de Reconciliação Aborígine. Ver Piquet (2004, p. 215).

É verdade que a demanda por reconhecimento de crimes históricos não é totalmente nova, visto existirem alguns exemplos desse tipo no passado (Etemad, 2008, p. 25). Além disso, existem outros elementos que explicam o atual entusiasmo por esse tipo de ação, em particular a extensão do discurso dos direitos humanos e a vontade de punir crimes que estão na categoria dos injustificáveis e que são considerados imprescritíveis (Ricoeur, 2000, p. 609). Mas a demanda por reconhecimento de crimes históricos tem sido consideravelmente reforçada pela nova percepção das identidades de povos, grupos e indivíduos e pela nova maneira pela qual eles se percebem hoje através da história e da passagem do tempo. Eles se definem não somente através de seu status e de suas culturas presentes, mas também através da história e da memória de seu grupo, seu Estado ou sua comunidade[201]. Segundo Paul Ricoeur, trata-se de identidades individuais que são forjadas coletivamente em uma dimensão temporal onde são incluídas "discriminações exercidas contra esses grupos que podem ser seculares" (Ricoeur, 2004, p. 331). A dimensão temporal da identidade de indivíduos e grupos significa que não pertence a eles apenas a sua própria história, mas também que essa história não se reduz à narrativa de sua própria existência, sendo feita a partir de histórias herdadas do passado e da memória comum que foi transmitida através das gerações. Como resultado, os indivíduos, os grupos e os povos sofrem os efeitos presentes ligados a crimes maciços do passado, baseados na negação de pessoas, ao internalizarem uma autoimagem depreciativa ou degradante e, portanto, sofrendo de uma profunda negação de reconhecimento que é transmitida através das gerações e não é de forma alguma reparada (Ricoeur, 2004, p. 331). No entanto, a tomada de consciência dessa negação que ainda pesa sobre as vítimas ou seus descendentes está hoje sendo transformada em uma demanda por justiça, ou seja, em questionamento da responsabilidade do Estado e um pedido de reparação pelos crimes cometidos, que então funciona como um processo de reconhecimento do Outro. O reconhecimento de responsabilidade e a reparação devem permitir pôr um fim ao sentimento geral de desvalorização e de estigmatização que persistiu

---

[201.] A ligação entre identidade e memória é uma ideia adotada e aprofundada hoje tanto pelos filósofos quanto pelos sociólogos ou antropólogos contemporâneos. Ver Wieviorka (2005, p. 163) e Candau (2000, p. 9).

ao longo do tempo, designando o culpado, expondo a amplitude dos crimes cometidos, honrando a memória das vítimas e, assim, reabilitando as pessoas com sua igual dignidade e com respeito por suas diferenças étnicas e culturais.

A Conferência de Durban se inseriu nesse novo contexto. O alvo era menos a violência exercida diretamente contra indivíduos e povos através da escravidão e do colonialismo do que o desprezo total pelos indivíduos que tornava possível tratá-los como coisas, ou um bem móvel, ou apoderar-se dos seus bens como se não pertencessem a ninguém. A Declaração de 2001 enfatizou "a negação da essência das vítimas" por sua escravização e pelo racismo que a acompanhava. É essa negação, que acompanhava a exploração econômica, que ainda está no centro das ações de reparação e que mostra o vínculo com o paradigma de reconhecimento. A profunda ferida infligida às identidades, transmitida ao longo de várias gerações até hoje, gera expectativas de reconhecimento dos crimes cometidos e sua reparação, sendo esse reconhecimento percebido como uma reabilitação definitiva da dignidade das vítimas e de todos aqueles que foram estigmatizados, mas também de toda a história de um povo ou de uma comunidade.

Isso também explica toda a diferença entre uma reivindicação de reparação após um conflito armado comum, por mais destrutivo que tenha sido, e uma disputa relacionada a atos de negação do Outro, que minaram as identidades[202]. Nesse último caso, os tratados ou os vários instrumentos jurídicos pelos quais os Estados culpados procuram evitar sua responsabilidade e as questões da reparação são simplesmente intoleráveis para os indivíduos ou comunidades que sofreram com esses atos. Por exemplo, o Japão se esconde atrás de um tratado de 1965 para normalizar as relações diplomáticas entre o Japão e a Coreia do Sul, a fim de escapar de qualquer implicação subsequente por crimes relacionados à sua política de conquista imperialista. O tratado prevê a renúncia pela Coreia do Sul do direito de reivindicação do povo coreano contra o Japão em troca de nova cooperação econômica e pelo reconhecimento do governo coreano em exercício

---

[202]. O caso do Tratado de Paz entre o Japão e os Estados Unidos, após a Segunda Guerra Mundial, que previa a renúncia a ações ligadas à destruição de Hiroshima e Nagasaki, é, no entanto, um caso interessante porque, por seu uso maciço e indiscriminado, a arma nuclear significa outra negação fundamental das pessoas. No entanto, este Tratado foi contestado com muita violência. Ver Falk & Mendlovitz (1966).

como o único legítimo. Mas, desde a década de 1980, as mulheres coreanas, que foram objeto de verdadeira escravidão sexual por parte das forças armadas japonesas, têm contestado a validade desse tratado pelo qual um Estado foi exonerado de sua responsabilidade por violação de direitos fundamentais. Elas questionam o Estado coreano por ter renunciado às ações de responsabilidade (internas e internacional) contra o Estado japonês e estão lutando para obter uma indenização tanto pelo sofrimento quanto pelo estigma de serem vistas como "mulheres sujas"[203].

Esta é a razão pela qual são os africanos e os povos indígenas que estão na vanguarda dessas reivindicações no nível internacional. Alguns observadores apontaram que nem a Índia, nem a Indonésia e nem a ex-Indochina (Vietnã, Laos, Camboja) reivindicaram reparações, argumentando a posição marginal dos africanos. Mas é fingir não ver que, como os povos indígenas que às vezes foram quase dizimados, os africanos foram os que mais sofreram com desprezo, racismo, humilhação e desumanização, tanto por tráfico como por colonização, que são dois sistemas massivos de exploração que espalharam seus efeitos ao longo de vários séculos. Ao abordar um dos principais temas da Conferência de Abuja, de 1993, a Comissão Independente sobre a África publicou um Relatório em 2002 intitulado "Derrotar a humilhação". O Relatório explica como a principal tarefa da África contemporânea é de "vencer a guerra contra a humilhação" por causa de "um sistema global de negação dos africanos", que remonta ao tráfico negreiro e se perpetua com a mais recente globalização (Tevoedjre, 2002, p. 86). Segundo o Relatório, séculos de dominação e humilhação são um legado negativo extremamente pesado para as populações contemporâneas, porque levaram a uma falta geral de autoestima, um sentimento de desvalorização que ainda as marca profundamente (Tevoedjre, 2002, p. 27)[204]. No entanto, é por isso – além do subdesenvolvimento – que os crimes históricos ligados à escravidão e ao colonialismo são considerados como tendo, sem dúvida, efeitos que ainda são sentidos por indivíduos, povos e comunidades.

---

203. A validade desse tipo de Tratado é bastante questionável. Ver Condorelli (2004, p. 300).

204. Memmi (1985) e Fanon (2002) foram os primeiros a destacar a maneira pela qual o colonizador impôs ao colonizado uma imagem negativa de si mesmo que o levou a interiorizar sua inferioridade. Eles mostraram que a libertação dos colonizados só aconteceria realmente quando ele pudesse se livrar dessa autoimagem humilhante.

O que é uma sociedade internacional justa? | 269

E não tem como voltar atrás nessas questões. A entrada do nosso tempo no paradigma de reconhecimento significa, em particular, que não podemos mais evitar a questão dos danos históricos ligados a crimes maciços baseados na negação da identidade das pessoas e que ainda estão produzindo efeitos no presente. Pode a França, por exemplo, por muito tempo ainda continuar a negar sua responsabilidade e não reconhecer seus imensos erros em relação à Argélia e seus antigos territórios colonizados[205]? Como sucessivos governos falham em enxergar, para além do gesto ético, os interesses que eles têm em reconhecer os erros do passado para poder realmente avançar? Como eles podem falhar em ver como seu discurso, querendo esquecer o passado, é exatamente o que impede os povos de esquecê-lo e como isso infalivelmente atrasa o tempo em que poderão progredir juntos? Além disso, da mesma forma, a Argélia deve também reconhecer os crimes cometidos durante a libertação nacional, porque essa falta de reconhecimento mútuo e recíproco não permite honrar a memória das vítimas e aprender com o passado[206]. Portanto, isso resultaria em um estado de "dívida mútua positiva", de acordo com a feliz formulação de Jacques Godbout, que finalmente permitiria um novo começo (Godbout, 2007, p. 168). Portanto, alguns Estados e governos ainda não percebem que esse requisito de reconhecimento histórico se tornou inevitável devido aos novos valores paradigmáticos de nosso tempo e às circunstâncias da justiça pós-Guerra Fria. E, mesmo assim, será facilmente reconhecido, não há nenhuma solução simples. Durban é justamente o exemplo dessa dificuldade. Podemos, como desejavam os organizadores da Conferência, considerar uma justiça de transição em nível global que permita a transição para uma sociedade global pós-colonial apaziguada em relação ao passado e a transição de uma sociedade racista e colonizada para uma sociedade internacional verdadeiramente descolonizada, multicultural e reconciliada com sua história? A justiça de transição corresponde a um conjunto heterogêneo de instituições jurídicas que visam operar uma

---

[205]. Quando o presidente Sarkozy foi "falar sobre negócios" durante uma visita a Argel em 2010, o presidente da Argélia, Bouteflicka, replicou: "a memória vem antes dos negócios" (apud Marchesin, 2010, p. 19). Ver também Bancel & Blanchard (2010, p. 141).

[206]. Particularmente no que diz respeito aos crimes cometidos contra os Harkis, auxiliares do exército francês na Argélia, massacrados por dezenas de milhares pela FLN (e abandonados pela França, que acabou admitindo seus erros a esse respeito).

transição das sociedades não democráticas para sociedades democráticas e das sociedades em guerra para sociedades em paz, respondendo a atos cometidos pelo regime repressivo anterior para entrar na nova sociedade, tendo reparado injustiças passadas. Mas isso é possível em nível global?

Hoje é fácil entender que estabelecer metas excessivas desse tipo para uma única conferência internacional foi sem dúvida um erro e que é melhor optar por outros métodos nos níveis nacional, bilateral e regional. Tudo depende do contexto e da extensão dos prejuízos que foram causados, mas também da maneira pela qual o dano à identidade e a compensação pelo prejuízo imaterial são tratados através das respostas dadas. Podem ser vistos também, e acima de tudo, os limites do que o direito internacional pode oferecer, uma vez que o reconhecimento não é apenas uma questão de justiça e de direito, mas de amor, estima social, educação e moral. É importante observar esse aspecto após examinar os vários campos em que o direito do reconhecimento surgiu. A noção de reconhecimento visa a uma expectativa que o direito e a justiça nunca poderão satisfazer completamente, porque significa a aceitação do Outro no que ele é e não pode ser calculado nem medido apenas pelo direito[207]. Soma-se a isso o fato de que, no que diz respeito aos principais crimes históricos em questão aqui, eles são de importância política, moral e histórica, de modo que o direito não pode ser, desse ponto de vista, a única resposta adequada às expectativas de reconhecimento. Portanto, no que diz respeito aos crimes históricos, a solução não é apenas de ordem jurídica, mas social, política, educacional e cultural. Além da justiça apresentada em um caso particular vinculado a um crime histórico particular ou do que pode contribuir o direito através do formalismo de um texto de reconhecimento geral de responsabilidade, que permanecem inevitavelmente limitados, apenas o ensino, a educação ou a criação de novas instituições podem permitir que as próximas gerações de ex-colonizados e ex-colonizadores aprendam com os erros e crimes do passado, ajudando a desconstruir as estruturas políticas e morais, as representações culturais subjacentes que permitiram esses crimes e impedir a perpetuação de regras, práticas e instituições estigmatizantes. Nesta fase, é necessário diferenciar, por um lado,

---

[207.] É intenção de Honneth (1992) e Ricoeur (2004, p. 295) mostrar que existem "ordens de reconhecimento intersubjetivo" que antecipam ou excedem o jurídico.

o discurso jurídico internacionalista que contém um reconhecimento oficial, vinculado a uma decisão judicial ou a um ato de arrependimento ou de responsabilidade, e, por outro lado, o trabalho histórico, educacional e cultural de desconstrução/reabilitação, que não pode assumir a forma de um texto jurídico ou de uma decisão judicial[208].

Além disso, é geralmente o próprio objetivo de uma reconciliação pós-colonial global entre todos os Estados e povos que deve ser definitivamente desconstruído devido às ilusões e, portanto, às frustrações que ele pode gerar, porque sonhar com um mundo que acertou completamente as contas com o passado e apurou sua herança histórica é tão perigosamente ilusório quanto não querer confrontar esse passado ou tentar reparar as identidades feridas. A ideia de zerar a história e encontrar um estado de inocência original, que além disso nunca existiu, deve ser substituída pela ideia de um mundo que enfrenta seu passado, mas aceita o fato de que nem todos os crimes podem ser reparados e que todas as visões da história devem ter seu lugar (Garapon, 2008, p. 247). E se o retorno à história é essencial nessa área, já que ele está no cerne do processo de reconhecimento dos erros históricos cometidos, ele não pode consistir em fornecer uma única versão histórica – seja ela qual for – da história internacional, uma espécie de grande mito reformador que substituiria a história oficial clássica, a qual tinha notadamente justificado as colonizações, e que seria codificada em um novo texto jurídico internacional que confirmaria a reconciliação da sociedade pós-colonial. Não se pode decretar juridicamente uma nova história oficial do mundo, que seria o reconhecimento global definitivo do que aconteceu, por uma declaração jurídica internacional comum, como desejava o secretário-geral da Conferência de Durban, que preconizava a redação de uma história como essa[209]. Também não podemos nos contentar em produzir da mesma maneira uma contranarrativa ocidental que substituiria a antiga narrativa. No seu Relatório de 2001, a Comissão Independente sobre a África pediu o estabelecimento de um "mecanismo" que permitisse "restabelecer a verdade" sobre o tráfico

---

[208]. Sujeitos aos limites vinculados ao revisionismo de crimes em massa, embora esses limites também sejam contestados. Ver Michel (2010, p. 135). Ver também o paralelo com os tribunais penais internacionais em Koskenniemi (2007, p. 227).

[209]. Entrevista entre Mary Robinson e Pierre Hazan no *Libération*, 25 de agosto de 2001.

negreiro e a colonização (Tevoedjre, 2002, p. 85). A Declaração de Durban de 2001 enfatizou, a esse respeito, "a importância e a necessidade de ensinar os fatos e a verdade da história da humanidade, desde a antiguidade até o passado recente" (Ponto 98). Mas todas essas formulações são embaraçosas porque parecem sugerir cada vez que existe apenas uma "verdade na história da humanidade" e, ao fazê-lo, involuntariamente destacam as dificuldades desse exercício. Por mais necessário que seja, o recurso à história não pode revelar uma pretensa verdade universal sobre os crimes históricos, uma verdade que seria idealmente compartilhada por todos e que acertaria as contas com o passado, pois seria uma concepção profundamente errada da história, que já foi suficientemente desconstruída por autores pós-modernos e que apenas promoveria novas reivindicações, expectativas ou negações de reconhecimento (Osiel, 2006, p. 125). Recorrer à história dessa maneira seria afirmar ser possível reconstruir a história de novo. Isso é intelectualmente impossível e, além disso, sempre e inevitavelmente tendencioso, porque é feito principalmente de acordo com as preocupações presentes e, na maioria das vezes, visa autolegitimar o poder estabelecido e, mais precisamente, instituir oficialmente um novo imaginário da sociedade global e de suas instituições internacionais para o mundo pós-colonial e pós-Guerra Fria.

O que é uma sociedade internacional justa? | 273

CAPÍTULO 9

O direito do reconhecimento em face ao direito internacional do desenvolvimento e ao direito internacional econômico

O direito relacionado ao reconhecimento é novo. Ele reflete a necessidade de reconhecer no direito internacional a importância da cultura, da diversidade e das identidades, a fim de respeitar o que dá sentido à vida e à história dos indivíduos, das mulheres, dos grupos e dos povos e de pôr fim às incontáveis negações de reconhecimento que os atingem. O direito do reconhecimento permite, portanto, atender às demandas formuladas em termos simbólicos e culturais, e não mais em termos de interesses materiais racionalmente definidos como na maior parte do direito relacionado ao desenvolvimento, sugerindo assim uma redistribuição significativa das demandas de justiça operadas nos últimos trinta anos (Caille, 2007, p. 5). É preciso observar, ainda, que as distinções feitas entre desenvolvimento e reconhecimento foram simplificadas em detrimento de uma realidade muito mais complexa (Fraser, 2005, p. 18). Ao diferenciá-los dessa maneira para fins de análise, ignoramos deliberadamente a forma como estão interconectados e, portanto, provisoriamente deixamos de lado um aspecto da questão que merece ser desenvolvido, porque é essencial para a compreensão final de todas essas evoluções. Assim, gostaríamos de mostrar como, longe de serem fechadas nelas mesmas, as situações relacionadas ao desenvolvimento e ao reconhecimento estão frequentemente intimamente ligadas, de modo que as reivindicações feitas sobre elas são muitas

O que é uma sociedade internacional justa? | 275

vezes sobrepostas umas às outras. Esse entrelaçamento não deixa de ter repercussões no jogo das normas e práticas jurídicas relativas ao reconhecimento, as quais devem ser consideradas em conjunto com as concernentes ao desenvolvimento. Mas a relação entre o direito do reconhecimento e o direito internacional econômico também deve ser estudada, uma vez que, como com o direito do desenvolvimento, o direito internacional econômico pode restringir muitos dos efeitos do direito do reconhecimento.

9.1. Entrecruzamento das situações e das demandas

É provavelmente necessário voltar brevemente para entender por que a questão da identidade cultural se impôs às custas das questões de desenvolvimento e redistribuição econômica. O novo paradigma pós-Guerra Fria do reconhecimento se desenvolveu internacionalmente porque respondeu a demandas que antes eram negligenciadas em proveito das necessidades em matéria de desenvolvimento. Durante a Guerra Fria, foram as questões econômicas que concentraram a atenção dos atores políticos internacionais e cristalizaram suas oposições, tanto entre o Leste e o Oeste, quanto entre o Norte e o Sul, incitando controvérsias relacionadas aos direitos econômicos e sociais, à Nova Ordem Econômica Internacional (NOEI) e ao clássico direito do desenvolvimento. Após a Guerra Fria, no contexto da globalização e do liberalismo triunfantes, as novas expectativas ligadas à identidade e à cultura se sobrepuseram às de desenvolvimento. Como Fraser (2005, p 14) apontou, o novo imaginário baseado nas noções de identidade, diferença e dominação cultural teve precedência sobre o antigo imaginário socialista, profundamente desacreditado após 1989, e em todos os esquemas explicativos relacionados à exploração econômica e opressão. E as lutas por redistribuição também renderam lutas por reconhecimento, inclusive em nível internacional. A cultura e a identidade tornaram-se, assim, as principais chaves para explicar os conflitos pós-Guerra Fria e as frustrações coletivas em escala planetária. Essa tendência foi ainda estimulada pelo desencanto geral suscitado com o fracasso das políticas de desenvolvimento observado na época, e pelo fato de que a esperança ligada às primeiras Décadas de Desenvolvimento acabou afundando em desilusão e que, por isso mesmo, apoiou-se principalmente no jogo neoliberal das regras do direito internacional econômico para resolver as questões de desenvolvimento. As questões relacionadas ao respeito, à cultura e identidade assumiram um lugar cada vez maior no nível internacional, que era proporcional ao fracasso das soluções desenvolvimentistas e ao declínio no interesse por elas.

Mas a importância dada à cultura acabou sendo desafiada por diferentes correntes de pensamento. Alguns autores liberais criticaram o próprio princípio da identidade cultural, o peso sociológico das culturas e a ideia de que elas podem ter um papel decisivo na vida dos indivíduos e dos grupos, o que, pode ser facilmente concordado, tornaria sem sentido qualquer ideia de um direito para preservar culturas ou identidades[210]. Alguns autores pós-modernos se opuseram vigorosamente a esses princípios e desconstruíram as novas dicotomias que eles introduzem, enquanto alguns neomarxistas denunciaram a mudança para as questões culturais que teria operado em detrimento das teses relacionadas à exploração econômica, em particular no que diz respeito aos países do Sul e, portanto, teria contribuído para obscurecê-las[211]. Isso deu origem, por exemplo, aos estudos subalternos que, no lugar dos estudos pós-coloniais focados em questões culturais, querem fazer ouvir as vozes dos oprimidos (Spivak & Guha, 1989; Chaturvedi, 2000). Em outras palavras, se a questão do desenvolvimento econômico e social dos Estados do Terceiro Mundo tornou invisível, durante muito tempo, a luta pelo reconhecimento identitário, histórico e cultural, por outro lado, a ênfase nas questões culturais ou de autoestima pode ser usada para deixar de tratar realmente das questões econômicas e sociais ou impor verdadeiras "ditaduras de identidade" (Bessis, 2003, p. 314) que recusam qualquer ideia de desenvolvimento econômico e social. Um dos riscos associados ao surgimento de práticas jurídicas do reconhecimento é o desejo de fazer com que os pedidos de reconhecimento simbólico prevaleçam às custas dos processos de desenvolvimento econômico e social e da defesa de uma ordem internacional equitativa. Há uma predisposição para habilitar atos simbólicos, reconhecer os sofrimentos, as humilhações passadas ou presentes, mas sem nos interessarmos pelas

---

[210]. Para exemplos mais aprofundados dessa crítica, que se situa principalmente em relação às políticas multiculturais, ver Benhabib (2002) e Barry (2000).

[211]. Para uma associação de lutas entre classe e identidade, ver Saul (2006, p. 95).

O que é uma sociedade internacional justa? | 277

causas dos sofrimentos e humilhações que muitas vezes estão relacionadas a causas econômicas e sociais e, portanto, que também exigem remédios relacionados à justiça econômica e social.

A multiplicidade de críticos atesta que a questão das identidades culturais toca uma zona de questionamentos particularmente sensíveis e muitas dessas análises denunciam acertadamente os limites do novo discurso quando hipostasia a cultura ou a identidade de uma maneira que acaba por não ser apenas errônea, mas também particularmente perigosa no que diz respeito às possíveis manipulações que podem surgir. Deve ser observado também que, embora sejam embaraçosas, tais críticas não podem constituir uma objeção definitiva e que elas mesmas frequentemente apresentam limites simetricamente opostos às teorias do reconhecimento, hipostasiando a primazia da liberdade humana ou econômica em detrimento da cultural. Essa é sem dúvida a razão pela qual se percebeu, especialmente nos últimos anos, que não é possível reduzir a análise das situações existentes a um ou outro desses elementos explicativos, mas, ao contrário, que eles eram inseparáveis e precisavam ser tratados juntos. Um estudo concreto das diferentes situações mencionadas ao longo deste livro mostra que aqueles que são social e economicamente desfavorecidos também são os mais estigmatizados culturalmente e, portanto, que as injustiças socioeconômicas estão ligadas a injustiças de natureza identitária e cultural. A situação das minorias na Europa, a dos povos indígenas da África, Ásia ou América e a dos 48 países "menos desenvolvidos", isto é, os mais pobres do planeta, dos quais 33 são africanos, são o exemplo típico dessa intersecção de situações em que o estado de pobreza ou extrema pobreza desses grupos e Estados está associado a uma profunda marginalização social e cultural[212]. E, para além da situação de grupos e povos, o mesmo se aplica a certas categorias de pessoas, em particular às mulheres que sofrem as mais numerosas e constantes formas de dominação econômica e discriminação cultural. Em um de seus trabalhos, Martha Nussbaum mencionou repetidamente muitos exemplos concretos das múltiplas discriminações que as mulheres sofrem no plano econômico e social, como também no plano cultural e simbólico,

---

[212]. Ver, por exemplo, a Recomendação Geral nº 23, 1993, do Comitê para a Eliminação da Discriminação Racial (CERD) sobre Populações Indígenas no Relatório Anual do CERD, Doc. A/52/18 (1997), anexo V e a Recomendação Geral nº 27 sobre a discriminação contra os ciganos no Relatório Anual do CERD, Doc. A/55/18 (2000), anexo VC.

e, portanto, o fato de que são ao mesmo tempo menos bem nutridas, menos educadas e menos bem cuidadas, porque são menos consideradas do que os homens (Nussbaum, 2000; Chatterjee & Jeganathan, 2001). Elas estão, portanto, sujeitas a uma dupla discriminação econômica e cultural que é constante e as acompanha em todas as fases da vida[213]. Em suma, a superposição dessas diferentes situações mostra que os fatores econômicos e culturais agem de maneira combinada e se reforçam mutualmente de maneira ainda mais prejudicial para Estados, grupos ou indivíduos.

Se as circunstâncias econômicas e culturais estão na maioria das vezes entrelaçadas, não surpreende observar que as demandas atuais sejam frequentemente ligadas – e, além disso, sempre tenham sido, mesmo que essa observação não fosse formulada dessa maneira, porque as questões de reconhecimento eram ocultadas[214]. O desejo de ver a dignidade e a identidade cultural de uma pessoa reconhecida e pôr um fim às negações de reconhecimento a que está sujeita está intimamente ligado ao desejo de viver melhor. Assim, as demandas por reconhecimento não são apenas demandas por reconhecimento de um direito à igual dignidade ou de um direito à diferença, mas também aspirações sociais por uma igualdade mais concreta e uma melhoria do nível da vida. A Conferência de Durban ilustrou isso amplamente em nível global, quando se trata de Estados e povos. A denúncia da desigualdade de condição socioeconômica entre os Estados e do sistema econômico mundial estava constantemente associada ao sentimento de marginalização e exclusão social e cultural. Como visto antes, os Estados africanos estão entre os grupos sociopolíticos que enfrentam simultaneamente as mais graves dificuldades econômicas e financeiras e os mais fortes sentimentos de desvalorização. E assim é com as reivindicações de minorias, povos indígenas ou mulheres, sem que se possa desenvolver aqui a análise de suas reivindicações, mas que não é difícil de compreender que combinam constantemente aspirações de bem-estar material e respeito por sua igual dignidade e identidade.

---

[213]. Como as minorias ou os povos indígenas, elas também podem sofrer outras formas de discriminação relacionadas à raça, à língua ou à religião, por exemplo. Ver Banda & Chinkin (2006, p. 1).

[214]. O uso do termo "Terceiro Mundo" por si só refletia esse emaranhado porque se referia a um conjunto de Estados que eram explorados economicamente e estigmatizados culturalmente em comparação com os outros dois blocos dominantes.

9.2. O direito do reconhecimento e o direito do desenvolvimento

Do que foi visto, surge a necessidade de compreender os efeitos duais do direito internacional do reconhecimento e do direito internacional do desenvolvimento e de questionar sua possível articulação. Em primeiro lugar, pode ser visto que certas regras ou práticas jurídicas têm um efeito duplo em termos de desenvolvimento e reconhecimento. É o caso, por exemplo, de todas as regras processuais que poderiam restaurar uma equidade de negociação, de acesso à informação e na tomada de decisão entre os Estados em benefício dos mais desfavorecidos nas instituições econômicas e financeiras internacionais. Essas regras não só permitiriam negociar em bases mais equilibradas as regras substantivas que lhes seriam mais favoráveis em termos de desenvolvimento, mas também ajudariam a reavaliar sua identidade como Estado marginalizado. Da mesma forma, foi visto que o princípio da ajuda ao desenvolvimento pode ser uma forma de reconhecimento se tiver um significado simbólico que corresponda à aceitação pelo Estado de sua responsabilidade passada por crimes históricos cometidos contra outros. Por seu turno, as regras relativas à preservação e promoção das culturas podem contribuir para diminuir as desigualdades materiais e sociais, devido ao papel extremamente positivo e gratificante que a cultura desempenha e também às proteções jurídicas que essas regras podem oferecer aos Estados ou grupos que, de outra forma, estariam economicamente dominados. Outro exemplo é o da preservação dos direitos dos povos marginalizados sobre suas florestas, porque esses direitos permitem respeitar sua identidade cultural (a relação com a floresta) e, ao mesmo tempo, preservar seus recursos econômicos para garantir sua subsistência (FAO, 2011). Quanto às discriminações contra as mulheres, elas são tão numerosas e entrelaçadas que qualquer regra jurídica relativa à garantia de seus direitos pode ter efeitos no desenvolvimento e vice-versa[215]. Esse é um elo diretamente afirmado com a proclamação da regra do *reconhecimento* da igualdade entre homens e mulheres, um dos oito Objetivos de Desenvolvimento do Milênio.

Verdade seja dita, o efeito pode muito bem ser o oposto. Regras que preservam os direitos culturais das minorias ou dos povos indígenas e que

---

[215]. Ver o Cap. III, Ponto F, do Programa de Ação de Pequim (ONU, 1995).

impõem medidas positivas relacionadas à criação de escolas, centros de idiomas ou de mídia podem ser percebidas como criando privilégios econômicos e sociais indevidos aos olhos da maioria da população e gerando ressentimento e sentimento de injustiça (Banda & Chinkin, 2006, p. 7). Além disso, reparar erros históricos pode ter efeitos colaterais negativos. Por exemplo, em reparação pelos erros cometidos contra os Maoris, a Nova Zelândia concedeu a eles assistência social mais generosa do que ao resto da população, o que gerou um forte sentimento de injustiça naqueles que são economicamente carentes e, além disso, exacerbou o seu racismo (Etemad, 2010, p. 130). Por outro lado, regras de desenvolvimento podem minar culturas ou prejudicar identidades. Por exemplo, as práticas jurídicas unilaterais ou convencionais do direito do desenvolvimento que impõem condições seletivas e arbitrárias para poder se beneficiar da ajuda econômica, podem ser vistas como estigmatizantes por aqueles forçados a aceitá-las. As regras do desenvolvimento podem, assim, prejudicar o reconhecimento e manter um sentimento de falta de autoestima que afeta um povo inteiro. Além disso, todo o direito do desenvolvimento pode ser considerado estigmatizante em si pelas distinções que ele faz entre os Estados, as quais se inserem na continuação das dicotomias do período colonial (Nahavandi, 2009, p. 27). Ele é baseado inteiramente em uma estrutura de avaliação cultural da sociedade global imposta aos Estados ditos "em desenvolvimento" ou "menos desenvolvidos", mesmo que essas impressões tentem evitar a desqualificação de denominações antigas de Estados "subdesenvolvidos" ou "retardados". Basta ver, pelo contrário, o sentimento de orgulho daqueles que agora são definidos como "emergentes". Segundo Marchesin (2010, p. 19), além das considerações específicas ao desenvolvimento, as chaves para entender o despertar do Sul advêm de um duplo impulso: o desejo de reconectar os fios da história que foram rompidos pelo domínio estrangeiro e o desejo de reparar as humilhações sofridas enquanto ex-colonizado. O fato de esse desafio estar situado no campo da economia e da tecnologia é ainda mais importante para esses países do Sul, porque se refere aos meios que tornaram possível, durante séculos, estabelecer a supremacia do Ocidente sobre o resto do mundo. Portanto, usamos as armas das antigas potências contra elas mesmas. A profunda ferida colonial é, portanto, o motor de um desejo de vingança e é certo que, uma vez alcançada, o desenvolvimento econômico e social

O que é uma sociedade internacional justa? | 281

dos Estados será então o instrumento mais eficaz para revalorizar sua identidade e pôr fim ao seu antigo sentimento de inferioridade. A declaração do presidente brasileiro Lula no dia seguinte à escolha de seu país para sediar os Jogos Olímpicos de 2016 ilustra esse processo: "Como fomos colonizados, tínhamos uma mania: ser pequeno. Hoje acabou! É a nossa hora" (Marchesin, 2010, p. 19).

É por isso que, longe de questionar a estrutura cultural da avaliação subjacente ao direito do desenvolvimento, os países emergentes estão se adaptando a ela porque sentem orgulho ao chegar ao topo da escada. E embora se trate de uma estrutura de avaliação cultural injusta, ela tem um futuro pela frente e continuará produzindo efeitos estigmatizantes para um ou outro, dependendo se os Estados subirem ou descerem a escada do desenvolvimento. Ela levanta um dilema relacionado à relação desenvolvimento/reconhecimento, um dilema que concerne a todo o direito de desenvolvimento, porque se destina a eliminar as diferenças materiais entre os Estados, mas levando em consideração concretamente uma diferenciação à qual está associado um significado estigmatizante[216]. A única solução só pode ser um sistema equitativo e sustentável que destrua qualquer ideia de uma escala comparativa degradante, que coloque todos os Estados em um nível de equidade e, assim, devolva ao direito do desenvolvimento sua efetividade a serviço do restabelecimento da igual dignidade entre os Estados e entre os povos.

Em segundo lugar, o problema é inventar uma articulação bem refletida e eficiente das regras e práticas relacionadas ao reconhecimento e ao desenvolvimento. Se as situações e demandas estão entrelaçadas, se os desafios estão intimamente ligados, os remédios devem ser projetados de maneira a agir conjuntamente ou de maneira complementar, ou seja, é necessário agir ao mesmo tempo sobre o modelo de desenvolvimento e sobre os modelos culturais de representação de indivíduos, de mulheres, de grupos e Estados, a fim de enfrentar essas questões como um todo. Quem pode acreditar que os problemas da sociedade pós-colonial entre ex-colonizados e ex-colonizadores serão resolvidos apenas pela prosperidade material enquanto as lógicas do racismo, do desprezo e, portanto,

---

[216.] Ou este outro exemplo destacado por Gupta (1998, p. 338): o próprio subdesenvolvimento tornou-se uma forma de identidade de certas populações do Terceiro Mundo.

do ressentimento ainda estiverem presentes? Quem pode pensar que as expectativas das mulheres, dos povos indígenas ou das minorias serão atendidas apenas pelo reconhecimento de seus direitos, sem ser acompanhado por ferramentas jurídicas para melhorar suas condições socioeconômicas e torná-las equitativas comparadas às dos outros?

Falta, portanto, pensar nessa necessária articulação entre os dois direitos. Nesse sentido, podemos notar uma tendência interessante que visa, no plano do direito internacional, tentar associar cultura e desenvolvimento mais de perto e, assim, combinar preocupações às quais os direitos de desenvolvimento e reconhecimento normalmente respondem separadamente. Podemos, portanto, dar o exemplo de dois tipos de ligações que são muito fáceis de entender. Inicialmente, a ideia de uma dimensão cultural do desenvolvimento foi lançada há várias décadas, quando foram observados os limites e efeitos de desestruturação para as identidades e culturas da imposição de um modelo ocidental de desenvolvimento econômico em sociedades estrangeiras a essa cultura[217]. A reconciliação da cultura e do desenvolvimento emergiu como uma tarefa prioritária e, em 1988, a Unesco proclamou uma Década para o Desenvolvimento Cultural. Ela então criou uma Comissão Mundial de Cultura e Desenvolvimento para "colocar a cultura no centro do desenvolvimento", despertando assim novas esperanças, as quais Javier Perez de Cuellar expressou em termos particularmente enfáticos em 1994: "Se a cultura se tornar a estrela que guia o desenvolvimento, se ela se tornar a principal prioridade da agenda nacional e internacional, teremos preservado a única herança ainda intacta da humanidade: a terra virgem do futuro"[218].

Na realidade, a ideia não era realmente nova, porque não apenas a noção de desenvolvimento cultural já existia desde as primeiras resoluções das Nações Unidas, mas, além disso, todos perceberam muito rapidamente a relevância de tal abordagem. Além disso, desde a década de 1980, as principais agências de desenvolvimento começaram a reabilitar a cultura, procurando fazer das populações locais os principais atores de seu desenvolvimento, a fim de valorizá-las, respeitar sua identidade cultural

---

[217.] Ver o Fórum "Desenvolvimento e Cultura" do Banco Interamericano de Desenvolvimento realizado em 1996 em Paris. Ver também Pellet & Sorel (1997) e Poncelet (1994).

[218.] *Le Monde*, 25 fevereiro de 1994.

e, ao fazê-lo, tornar o desenvolvimento mais eficiente[219]. A introdução de uma dimensão cultural teve como objetivo promover adaptações culturais do modelo de desenvolvimento, tendo em conta, em particular, as práticas culturais e os contextos históricos e tradicionais em que esse modelo se pretendia implementar. No entanto, pode-se notar que a concretização dessa nova face do desenvolvimento foi muito limitada – e continua sendo –, o que é ainda mais insatisfatório porque a relevância do princípio é reforçada pelos poucos sucessos muito bons obtidos localmente, o que sem dúvida atesta que só podem funcionar realmente modelos de desenvolvimento que respeitem as culturas nas quais devem ser introduzidos e a identidade das pessoas que devem deles se beneficiar. Além disso, é significativo a esse respeito notar que foram os Estados asiáticos, com as tradições mais antigas e as culturas mais resistentes, que conseguiram desenvolver-se de forma espetacular do ponto de vista econômico, e não os países que estavam sujeitos aos ditames do FMI e do Banco Mundial. Ao mesmo tempo, não se pode esquecer que o próprio desenvolvimento, sendo um conceito de origem ocidental, é intrinsecamente um vetor de princípios e práticas ocidentais que enviesam parcialmente o projeto e rapidamente mostram os limites do exercício[220].

Em um segundo momento, os direitos culturais foram explicitamente vinculados à nova face do desenvolvimento sob seu aspecto "humano". Em 2004, um Relatório do Programa das Nações Unidas para o Desenvolvimento (PNUD) insistiu em mostrar que a liberdade cultural é um elemento decisivo no desenvolvimento humano. A ideia é que os seres humanos não podem experimentar desenvolvimento real e, portanto, verdadeiramente escolher os fins a que se submetem, a menos que eles possam viver plenamente suas preferências culturais e as de suas comunidades. Como Meyer-Bisch (2009, p. 185) colocou perfeitamente, a violação dos direitos culturais é um fator agravante da pobreza, enquanto, por outro lado, eles podem ajudar a combatê-la e promover o desenvolvimento humano das pessoas[221]. Os direitos culturais podem, de fato, melhorar as capacidades dos indivíduos e suas possibilidades de fazer as escolhas de vida que

---

[219]. A título de exemplo, ver Hermet (2000). Sobre a América do Sul e a África, ver Amouzou (2009).

[220]. Ver a análise crítica de Schech & Haggis (2000) e, de outra forma, Rist (1994).

[221]. Ele retoma as teses de Wressinski (2004).

desejarem. Eles podem ser um "fator de integração" insubstituível, enquanto, por outro lado, a negação desses direitos empobrece os indivíduos, reduz sua escolha de vida e reforça seu estado de pobreza ou exclusão econômica e social. E, é claro, o que se aplica aos direitos culturais também se aplica aos direitos das mulheres, aos direitos das minorias e dos povos indígenas. Eles são essenciais para melhorar a situação econômica e social de categorias de pessoas vulneráveis e estigmatizadas na mesma medida como os direitos econômicos e sociais são o corolário necessário de direitos específicos, garantindo a preservação de sua identidade e cultura.

Com base nesses poucos exemplos retirados da prática atual, pode-se constatar que o que está em jogo aqui, em um ponto particularmente crucial, é a possibilidade de encaixar as respostas jurídicas dadas em nível internacional aos dois tipos de injustiça mais característicos da atual sociedade internacional para que essas respostas possam se reforçar mutuamente e não se obstaculizarem uma a outra; e essa análise necessita ser muito mais desenvolvida do que foi até agora para identificar com precisão outras possíveis áreas onde os dois regimes jurídicos podem se encaixar. Mesmo assim, deve ser entendido que esta questão leva a um problema jurídico substantivo muito mais geral que vai além da questão da articulação entre o direito do reconhecimento e o direito do desenvolvimento. O reconhecimento da igual dignidade das culturas e a revalorização das identidades feridas devem acompanhar a reintegração de países, povos e seres humanos estigmatizados em uma economia mundial cujas regras do jogo sejam equitativas e não neutralizem seus efeitos. O que nos leva mais uma vez à ordem jurídico-econômica existente.

9.3. O direito do reconhecimento e o direito internacional econômico

Aqui voltamos ao que dissemos no final da primeira parte deste livro, a saber, que o direito internacional econômico continua sendo a parte decisiva de todas essas práticas jurídicas. Já foi visto como as regras neoliberais do direito internacional econômico poderiam distorcer o corpo do clássico e do novo direito internacional do desenvolvimento, muitas vezes fazendo-os parecer um discurso encantado que não ilude mais ninguém.

Pode acontecer exatamente o mesmo com as regras de reconhecimento. O direito internacional econômico é essencial para sua viabilidade, pois qualquer regra cultural exige apoio material e se encaixa em uma economia, mas ele pode, nesse caminho, neutralizar o impacto do direito do reconhecimento se impuser apenas as regras do capitalismo de mercado, da desregulamentação financeira e de um livre comércio cada vez mais feroz.

Tomemos o exemplo da diversidade cultural. Quanto podem valer as regras da Convenção sobre a Diversidade de Expressões Culturais, de 2005, se elas não preveem seu primado ou pelo menos sua compatibilidade com as regras comerciais da OMC? O que acontece com o princípio da diversidade de expressões culturais, adotado em 2005 na Unesco, se na OMC o único regime jurídico aplicável é aquele, muito mais restrito, da exceção cultural? E se a principal potência econômica do mundo, os Estados Unidos, usar a técnica jurídica de acordos bilaterais para contornar sistematicamente as regras em favor do livre comércio? Desde a adoção da Convenção, os Estados Unidos têm contornado o princípio da diversidade mediante uma série de acordos bilaterais, concluídos principalmente com os Estados do Terceiro Mundo, por meio dos quais condicionam a concessão de vantagens econômicas ao abandono de medidas internas de proteção ou promoção das culturas nacionais previstas na Convenção. O cinismo de tal política destrói tudo o que simbolicamente foi tão decisivo em termos de reconhecimento cultural e de respeito pelas identidades na Convenção de 2005. Vamos dar outro exemplo: quanto valem os direitos das minorias e dos povos indígenas, a preservação do seu patrimônio, das suas artes tradicionais, suas florestas e terras ancestrais, se a interação nacional e transnacional de atores econômicos privados, empresas petroleiras, mineradoras e madeireiras pode impor-se a eles de uma maneira perfeitamente lícita, em particular por meio de acordos de investimento que favoreçam excessivamente o investidor (Deroche & Burger, 2008)? Na América Latina, por exemplo, várias empresas se viram abrindo novos mercados graças à globalização e ao sistema neoliberal que favorece a desregulamentação dos investimentos, mas em detrimento manifesto dos direitos dos povos indígenas (Warden-Fernandez, 2005, p. 417). Várias delas são questionadas por esse motivo, como a Glamis Gold e a Montana na Guatemala, a Repsol na Bolívia e no Peru ou mesmo a Texaco no Equador, mas sem que haja qualquer possibilidade de encontrar no direito social, nos direitos dos povos indígenas ou nos direitos humanos a possibilidade de impedir legalmente as atividades que, por outro lado, são permitidas pelo direito internacional dos investimentos.

O problema da relação entre esses regimes distintos foi notadamente discutido durante a negociação da Convenção sobre a Diversidade de Expressões Culturais, de 2005. Os negociadores sabiam perfeitamente que o princípio da diversidade de expressões culturais seria apenas uma fachada sem consequências devido à distorção do poder econômico Norte-Sul – e agora Sul-Sul – se o direito da concorrência prevalecesse sobre o direito da diversidade cultural (Comby, 2010). Eles, portanto, tentaram levar em conta a diferença no desenvolvimento dos Estados, mas também articular as regras da Convenção com o direito internacional econômico. Toda uma série de artigos é dedicada à questão do desenvolvimento. Eles introduzem os princípios de cooperação, tratamento preferencial e a criação de um fundo de apoio aos países em desenvolvimento (Art. 2.4 e Arts. 13 a 18). Mas o fundo é por enquanto apenas modestamente financiado e, mais ainda, como Ruiz-Fabri (2010, p. 276) indica, se as disposições relativas à cooperação são utilizadas pelos países ricos de maneira condicional, a fim de influenciar as orientações culturais dos países em desenvolvimento, elas podem servir de maneira dissimulada para reintroduzir indiretamente um novo imperialismo cultural. O novo ramo do direito pode, portanto, ter efeitos ambivalentes e ser utilizado como uma nova coação sobre os países pobres. Além disso, a Convenção prevê relações com outros instrumentos convencionais dos Estados partes (Arts. 20 e 21), incluindo seus compromissos econômicos e financeiros. O Artigo 20 estabelece que essas relações devem ter três elementos: "apoio mútuo, complementaridade e não subordinação". Por causa da "não subordinação", os Estados partes não podem subordinar a Convenção de 2005 a outros tratados, mas também não podem usar a Convenção como pretexto para modificar seus outros compromissos convencionais. Trata-se aqui de uma aplicação clássica do direito dos tratados. Portanto, nos resta apenas o "apoio mútuo" ou a "complementaridade" e a hipótese de uma possível solução de compatibilidade entre as disposições das convenções. No entanto, se a compatibilidade das regras – e das ações das instituições envolvidas – pode tornar possível encontrar uma solução econômica comum que torne efetivo o princípio jurídico da diversidade, deve-se notar que, neste momento, nada nos permite saber

O que é uma sociedade internacional justa? | 287

como concretamente será resolvida a relação entre as regras de preservação e promoção da diversidade cultural e as regras do direito internacional econômico. E, por enquanto, todos os sinais são de que o direito internacional econômico da OMC prevalecerá, como já ocorre em outras áreas.

Portanto, sem surpresa, nós somos conduzidos de volta aos mesmos problemas verificados na relação com o direito internacional do desenvolvimento, uma vez que o direito internacional do reconhecimento corre o risco de ter muito pouco efeito em alguns de seus ramos e pode em grande parte fracassar em reformar os ataques às culturas e identidades se não puder acabar com uma situação de dominação econômica e cultural que impede a diversidade de culturas e o florescimento de identidades. Nesse caso, ele apresentaria um lado obscuro particularmente preocupante, um aspecto fortemente retórico que poderia até reforçar o ceticismo diante de todos esses progressos jurídicos, uma vez que todo esse direito do reconhecimento poderia ser considerado como servindo de maneira indireta e subjacente para subjugar ainda mais os indivíduos, Estados, grupos e povos marginalizados à ordem mundial neoliberal dominante, a qual não tem nenhuma real preocupação com suas identidades e suas culturas, mas apenas dá a impressão de que eles são respeitados[222]. Daí resulta inevitavelmente que tudo o que foi dito no final da primeira parte deste livro no que diz respeito à revisão do sistema jurídico-econômico existente em um sentido equitativo a serviço do desenvolvimento é aplicável aqui, isto é, que tudo envolve, em última análise, a modificação do direito internacional econômico, como explicamos anteriormente, mas também a maneira pela qual ele pode ou não ser articulado aos outros ramos do direito internacional. Esse último aspecto da questão merece atenção para encerrar este estudo, porque ainda não tivemos oportunidade de evocá-lo e dizer porque ele é singularmente problemático devido às características particulares da ordem jurídica internacional[223].

Diferentemente das ordens jurídicas domésticas, que são todas hierarquizadas de uma maneira ou de outra, a ordem jurídica internacional atual

---

[222.] De acordo com uma autoimagem coerente com o que a sociedade espera e incitando formas de submissão voluntária. Trata-se de uma "forma" ideológica de reconhecimento que deve ser distinguida dessas "formas justificadas". Ver Honneth (2006, p. 245).

[223.] Estamos falando aqui de uma ordem jurídica no sentido fraco do termo, sem entrar na discussão se ela forma um "sistema" no sentido forte do termo ou simplesmente um "espaço".

é caracterizada pela relativa fragmentação de seus regimes e pela não hierarquização de suas regras. Ela reúne de maneira simplesmente justaposta os princípios gerais do direito, os costumes internacionais e os regimes jurídicos gerados por convenções internacionais bilaterais e multilaterais. O princípio clássico básico que explica isso é o da equivalência normativa entre qualquer norma e qualquer fonte de direito internacional. Ou seja, o tratado bilateral mais insignificante tem o mesmo valor jurídico que o mais fundamental dos costumes gerais. É certo que existem regras relativas à sucessão de normas e regras de compatibilidade mínima na interpretação dos tratados, mas são de aplicação limitada. Também é verdade que assistimos a uma evolução a favor de certa hierarquização das normas do direito internacional com a existência de alguns princípios comuns formais e materiais, mas a ordem jurídica internacional continua precariamente coordenada (Dupuy, 2002, p. 450). Com a última fase da globalização, pode-se pensar que o direito internacional está ainda mais desestruturado devido a um emaranhado cada vez mais complexo de espaços normativos internacionais, transnacionais ou privados que obedecem a seus próprios princípios de coerência (Walker, 2011, p. 45). Esse estado muito particular da ordem jurídica internacional explica, portanto, a justaposição de regimes jurídicos sem nenhuma conexão entre eles, como aqueles relativos aos direitos humanos, direito ambiental e também direito econômico e direito do reconhecimento. A ordem jurídica internacional pode ao mesmo tempo, e sem solução expressa de compatibilidade, agregar um direito internacional econômico neoliberal e incluir normas jurídicas como as de reconhecimento e desenvolvimento, as quais envolvem escapar em parte do direito econômico, com cada novo regime sendo criado de acordo com as necessidades dos Estados e outros atores da sociedade internacional, sem se preocupar com seus possíveis efeitos contraditórios. Em outras palavras: o aspecto incoerente, limitado ou contraditório dos diversos regimes da ordem jurídica internacional é uma consequência lógica de seu caráter parcialmente desordenado e da ausência de regras suficientes de compatibilidade ou de hierarquia de normas. De resto, esta rápida apresentação simplifica ao extremo um fenômeno com múltiplas ramificações, sendo que dois outros elementos também devem ser levados em consideração:

(1) O fato de que aos regimes funcionais que acabamos de mencionar (direito do desenvolvimento, do reconhecimento, direito internacional

econômico, etc.), que coexistem sem hierarquia, devemos adicionar a existência de regimes regionais (direito europeu, americano, africano, etc.) e transnacionais (*lex mercatoria, electronica, sportiva,* etc.), tornando extremamente complexas as relações entre as normas e fontes da ordem jurídica internacional e a percepção que se pode ter delas.

(2) O fato de que essa relativa fragmentação da ordem internacional em distintos regimes funcionais, regionais e transnacionais convive com uma dispersão de poderes (públicos e privados) no seio da sociedade internacional, o que também agrava significativamente o fenômeno (Delmas-Marty, 2007).

A partir disso, pode-se finalmente ver que, neste estágio, conforme eles estão integrados nessa ordem jurídica, o direito internacional do reconhecimento e o direito internacional do desenvolvimento são, na melhor das hipóteses, soluções corretivas e não transformadoras da ordem existente[224], visto que deixam intactas as profundas estruturas culturais e econômicas que são subjacentes a essa ordem, ou seja, os dicotômicos padrões culturais de representação herdados do período colonial/pós-colonial (e outros padrões de representação para outras identidades desvalorizadas) e o sistema capitalista e financeiro de mercado, os quais reproduzem constantemente as desigualdades econômicas e culturais. O direito do reconhecimento e o direito do desenvolvimento não desconstroem essas estruturas, mas visam corrigir seus efeitos negativos, visando maior equidade no caso do direito internacional do desenvolvimento e visando maior valorização da cultura no caso do direito internacional de reconhecimento. Por outro lado, se quiséssemos adotar soluções transformadoras, estas teriam que atacar as estruturas básicas da economia e da cultura e assumir, por exemplo, a forma de decrescimento econômico e desconstrução cultural. Isso seria defender o fim do direito internacional liberal, do direito internacional do desenvolvimento e do atual direito internacional econômico para investir em um direito internacional do decrescimento. Seria também defender o fim do direito internacional de reconhecimento para apostar em um direito internacional de desconstrução cultural onde todas as dicotomias e diferenciações seriam abolidas

---

[224]. No sentido das distinções feitas por Fraser (2006, p. 32), que recomenda soluções transformadoras.

para formar uma rede flexível de múltiplas referências culturais. Não nos aventuraremos aqui a desenvolver as implicações disso, mas esses são outros pontos de vista que existem e que são encontrados em particular entre os pós-desenvolvimentistas, desconstrutivistas, pós-modernistas ou em certos movimentos feministas.

CONCLUSÃO:

Uma sociedade internacional justa e decente?

A evolução do direito internacional entre desenvolvimento e reconhecimento não é fortuita, ocorreu em duas etapas correspondentes ao surgimento de dois paradigmas que acabaram se entrelaçando, duas matrizes intelectuais e sociais que dominam os modos de pensamento e os comportamentos internacionais e que se enraizaram graças a dois contextos muito específicos. O paradigma do desenvolvimento se impôs a partir de 1945 e atingiu o seu apogeu com as descolonizações, enquanto o paradigma do reconhecimento é produto do fim da Guerra Fria em 1989. O direito internacional relacionado ao desenvolvimento e ao reconhecimento tem sido constituído por conjuntos heterogêneos de práticas, de regras e de discursos que, em alguns casos, foram abandonados, em outros foram transformados ou reavaliados, e ainda, em outros, introduzidos de novas maneiras. Os dois direitos não são ramos jurídicos perfeitamente autônomos e individualizados ou conjuntos formalizados de regras, o que, aliás, pouco importa. O que nos importou acima de tudo, neste estágio, foi mostrar que eles podem corresponder a uma das mais importantes reformulações do direito internacional liberal clássico e do seu princípio de justiça formal. O princípio da igualdade formal, que é a base do direito internacional clássico interestatal, é de fato duplamente flexionado para ser capaz de lidar com as desigualdades materiais e as diferenças culturais. É claro que o direito internacional continua sendo um direito liberal no sentido político e econômico, na medida em que os direitos/liberdades dos Estados soberanos e das pessoas físicas e jurídicas ainda são primordiais nesta ordem jurídica e na medida em que o modelo neoliberal domina plenamente o direito internacional econômico. Mas o direito internacional é moldado por uma dupla dinâmica que tende a ir, em parte, para além do seu formalismo e abstração originários e que reflete os limites aos quais tal direito conduz quando ele se baseia unicamente no princípio da igual liberdade soberana dos Estados e no individualismo e artificialismo de suas construções jurídicas. Assim, o direito relacionado ao desenvolvimento visa acima de tudo restabelecer uma maior igualdade material entre os Estados, enquanto o direito relacionado ao reconhecimento visa garantir uma igualdade diferenciada, ou seja, uma igualdade que combina o respeito igual para todos com direito à diferença cultural de cada um[225].

No entanto, não podemos esquecer os lados obscuros dessa evolução. Vamos apenas apontar aqui os três principais, não repetindo sistematicamente certas dificuldades que destacamos ao longo do livro. O primeiro lado obscuro é a subordinação *de facto* (e não *de jure*) desses dois direitos ao direito internacional econômico, o que faz com que a transição para uma igualdade mais concreta e mais diferenciada não neutralize, por enquanto, o jogo de regras que continua a estabelecer o domínio econômico e cultural dos atores mais poderosos do momento e, em particular, dos grandes operadores econômicos privados. Como resultado, os dois direitos permanecem instrumentos jurídicos parcialmente ineficazes e, às vezes, funcionam como cortinas de fumaça convenientes, que permitem que a mesma lógica comercial desenfreada consagrada no direito internacional econômico seja implantada em segundo plano. Pode haver nisso um deslocamento completo do que se pressupõe como finalidade original desses instrumentos jurídicos e uma reviravolta paradoxal em que as promessas de desenvolvimento e reconhecimento servem na realidade para favorecer "formas de submissão voluntária" à ordem existente, a qual eles deveriam realinhar e reformar[226]. E, no mínimo, eles têm efeitos ambiva-

---

[225]. De fato, está ocorrendo um fenômeno que lembra em parte a dinâmica da igualdade dentro de certas sociedades democráticas onde, de acordo com as análises de Tocqueville, vimos uma extensão da igualdade em todas as áreas da vida social (Schnapper, 2002, p. 18). Devido à evolução das condições objetivas e subjetivas da sociedade internacional, é na verdade uma extensão do princípio da igualdade e de seus efeitos que hoje assistimos e podemos falar de certa "democratização" ligada a esses fenômenos.

[226]. Ver, sobre o reconhecimento, a abordagem e advertências de Honneth (2006).

lentes porque, à medida que são avocados pelas instituições econômicas internacionais, fornecem as ferramentas para corrigir o modelo existente e, ao mesmo tempo, ajudam a legitimá-lo.

O segundo lado obscuro é que os dois direitos na maioria das vezes funcionam separadamente e ainda não pensamos o suficiente sobre os efeitos de um sobre o outro. É verdade que o direito do desenvolvimento em si tem efeitos estigmatizantes e o direito do reconhecimento pode contribuir para ocultar questões relacionadas à exploração econômica de países pobres, indivíduos, mulheres ou minorias vulneráveis. O terceiro lado obscuro vem do fato de que esses dois direitos são o resultado de paradigmas dominantes. Eles postulam princípios e dicotomias que esses próprios paradigmas suscitaram e que são, portanto, muito difíceis de superar porque, segundo um processo já conhecido, eles desaparecem de nossa consciência como paradigmas para serem percebidos como realidades objetivas. Eles, portanto, inevitavelmente restringem nosso conhecimento dos fatos e a nossa interpretação deles. Eles também prendem os atores em um jogo de linguagem que são obrigados a jogar para fazer avançar suas demandas, mas sob o risco de perderem sua identidade. Os povos indígenas, que lutam por seu reconhecimento, foram forçados a "jogar" na linguagem do direito dominante e se descreveram como "povos" titulares de "direitos" que desejam recuperar sua "soberania" sobre seus "recursos naturais", apesar de esses termos jurídicos não descreverem corretamente as suas situações, as quais seriam formuladas de outra forma em sua própria linguagem. Feministas têm afirmado que a linguagem jurídica atual não pode fazer justiça a elas porque é inteiramente estruturada em termos de hegemonia masculina. Certos povos que desejam desenvolver formas autônomas de economia são obrigados a apresentar suas reivindicações na única linguagem jurídica disponível em termos de "desenvolvimento" econômico, humano ou sustentável, a qual os coloca em uma situação – e em um nível de desenvolvimento – da qual eles poderiam querer escapar e que inevitavelmente distorce sua visão. Os dois direitos do desenvolvimento e do reconhecimento mostram, portanto, que por meio deles endossamos os pressupostos socioculturais relativos ao bem-estar e à autoestima, que são o produto dos valores dominantes da nossa época, os quais consideramos moralmente superiores aos do passado e que, portanto, devem ser impostos a todos (Honneth, 2006, p. 249). Isso é inevitável

O que é uma sociedade internacional justa? | 295

e não os desqualifica por si só, mas demonstra que, embora as evoluções observadas ao longo deste livro sejam particularmente interessantes de se revelar, elas não deixam de ser problemáticas e nos convidam a manter uma perspectiva constantemente crítica.

A abordagem crítica é ainda mais essencial quando se trata de direitos que atendem aos requisitos de justiça social. Essas evoluções jurídicas podem ser interpretadas como o anúncio de certa forma de justiça internacional. Como tentamos mostrar, talvez estejamos testemunhando o estabelecimento dos primeiros delineamentos do que poderia ser uma justiça social em nível global, onde o próprio mundo se torna um contexto de justiça. É verdade que os dois direitos relativos ao desenvolvimento e ao reconhecimento não são fruto de um projeto ético deliberado. É verdade que eles são imperfeitos e suscitam dificuldades reais devido às suas ambiguidades e aos seus lados obscuros; eles podem até mesmo ocasionalmente produzir injustiças; mas, no entanto, são o resultado de certas circunstâncias específicas que permitiram o advento de um mundo pós-colonial e pós-Guerra Fria, em favor do qual surgiram novas expectativas de justiça[227]. Portanto, eles podem ser interpretados como inaugurando uma sociedade internacional mais justa que é ao mesmo tempo equitativa (em resposta às injustiças socioeconômicas) e decente (em resposta às injustiças culturais), e, portanto, organizada em torno de normas, práticas e discursos jurídicos baseados ao mesmo tempo na equidade e no respeito.

Os princípios de uma justiça equitativa e decente que tentamos identificar aqui se baseiam na simples observação empírica das práticas jurídicas do direito internacional existente. Eles são o produto contingente de um determinado período histórico que reuniu circunstâncias particulares de justiça, e a questão de seu possível fundamento racional permanece em aberto. Eles formam uma justiça bidimensional que responde às exigências do paradigma do desenvolvimento e do reconhecimento sem que uma das

---

[227.] Sobre esta noção de "circunstâncias da justiça", herdada de Hume e frequentemente utilizada e discutida pela teoria contemporânea, ver Sandel (1999, p. 59) e Chauvier (2006, p. 91). Ver também a notável obra de Renaut (2009), na qual nos inspiramos diretamente para identificar as circunstâncias ligadas ao mundo pós-colonial e pós-Guerra Fria, que ele mesmo descreve como "circunstâncias da diversidade". De nossa parte, não pensamos ter passado de um paradigma de identidade para o de diversidade porque, como tentamos mostrar, os dois aspectos estão intimamente ligados e permanecem indissociáveis.

duas dimensões prevaleça sobre a outra e de tal forma que sejam complementares e irredutíveis entre si[228]. Esses princípios integram os elementos de uma justiça distributiva e corretiva, ou mesmo restaurativa, que já são considerados como transpostos ao nível internacional, ao contrário do que algumas vezes sugerem algumas teorias contemporâneas da justiça, parecendo ignorar os fatos reais do direito e da sociedade internacional. A isso se acrescenta, aliás, e sem que tenhamos desenvolvido neste estudo todas as implicações, o princípio radicalmente novo da equidade intergeracional ligada ao desenvolvimento sustentável. Trata-se de princípios que formam uma justiça mais global do que internacional, porque não apenas inclui sujeitos e atores outros que não os Estados, como povos, minorias e pessoas físicas e jurídicas, mas também reflete o deslocamento gradual de todo o direito internacional a favor da pessoa humana, e não mais do Estado, o que inevitavelmente embaralha as cartas da justiça internacional, na medida em que a consideração da pessoa humana e de seus direitos fundamentais tende a se impor em todos os lugares e a marcar o limite de todas as outras práticas jurídicas de reconhecimento e desenvolvimento. É essa justiça global que impede que o desenvolvimento ocorra apenas em benefício do egoísmo do Estado e que impede que o reconhecimento se transforme em uma reivindicação identitária radical[229]. No entanto, se for definitiva, essa grande mudança contemporânea sinalizaria a transição final do antigo direito interestatal liberal clássico para um direito internacional centrado no ser humano e o advento de uma justiça global dos seres humanos, e não mais dos Estados (Cançado Trindade, 2010).

---

[228]. Encontramos, portanto, em nível internacional, a justiça bidimensional analisada por Fraser (2005), mas modificada por causa de sua transposição internacional.

[229]. No plano filosófico, ver Jones (2004) e Pogge (2001). Sobre os debates contemporâneos que seguiram o Direito dos Povos de Rawls, que ignora completamente a justiça global, ver Fabre (2007). A própria ideia de justiça global, ou mesmo justiça internacional, permanece controversa, como exemplifica a posição crítica de Nagel (2005).

REFERÊNCIAS BIBLIOGRÁFICAS

ABBAS, Mehdi. La CNUCED XI: du consensus de Washington au consensus de Sao Paulo? *La chronique des Amériques*, n°21, Juillet 2004.

ABI-SAAB, Georges. *Droits de l'homme et développement: quelques éléments de réflexion*. African Yearbook of International Law, 1996.

ADDA, Jacques. *La mondialisation de l'économique*: genèse et problèmes, Paris: La découverte, 2006.

AGOSIN, Manuel; BLOOM, David; CHAPELIER Georges; SAIGAL, Jagdish. (dir.) *Solving the Riddle of globalization and Development*. London: Routledge, 2007.

Al-E AHMAD, Jalal. *L'occidentalite-Gharbzadegui*. Paris: L'Harmattan, 1988.

ALLEN, Stephen; XANTHAKI, Alexandra. *Reflections on the UN Declaration on the Right of Indigenous Peoples*. Londres: Hart Publishing, 2011.

AMOUZOU, Essé. *L'influence de la culture sur le développement en Afrique noire*. Paris: L'Harmattan, 2009.

AMSDEM, Alice. *Asia's Next Giant*: South Korea and Late Industrialization. Oxford: UP, 1989.

AMSELLE, Jean-Loup. *Les logiques métissées*. Paris: Payot, 1990

ANDREFF, Wladimir, *Les multinationales globales*, 2 ed. Paris: La découverte, 2003.

ANGHIE, Antony. *Imperialism, Sovereignty and the Making of International Law*. Cambridge: UP, 2004.

ANNUAIRE de l'Institut de droit international. Session de La Haye, 1875, Vol. I. Ed nouvelle abrégée. Paris: Pedone, 1928.

APAZA, Carmen. Controverses autour des indicateurs mondiaux de gouvernance. *Problèmes économiques*, janvier 2009.

APPADURAI, Arjun. *Géographie de la colère. La violence à l'âge de la globalisation*. Paris: Poche, 2009.

ARON, Raymond. *Développement, rationalité et raison*. Preuves, Juillet 1963.

AUBY, Jean-Bernard. *La globalisation, le droit et l'Etat*. 2 ed. Paris: LGDJ, 2008.

AXELROD, Alan. *Minority Rights in America*. CQ Press, 2002.

AZCARATE, Pablo de. Protection of Minorities and Human Rights. *Annals of the American Academy of Political and Social Science*, vol. 246, 1946.

BADIE, Bertrand. *La diplomatie des droits de l'homme. Entre éthique et volonté de puissance.* Paris: Fayard, 2002.

BANCEL, Nicolas; BLANCHARD, Pascal. La colonisation: du débat sur la guerre d'Algérie au discours de Dakar. In: BLANCHARD, Pascal; VEYRAT-MASSON, Isabelle (dir.). *Les guerres de mémoire. La France et son histoire.* Paris: La découverte, 2010.

BANDA, Fareda; CHINKIN, Christine. *Minorités, peuples autochtones et sexospécificité.* Rapport Minority Rights Group International, 2006.

BANERJEE Abhijit; DEATON, Angus; LUSTIG, Nora; ROGOFF, Ken; HSU, Edward. An Evaluation of World Bank Research, 1998-2005. Washington: World Bank, 2006.

BARKAN, Elazar. Genocides of Indigenous Peoples. Rhetoric of Human Rights. In: GELLATELY, Robert; KIERNAN, Ben (dir.). *The Specter of Genocide. Mass Murder in Historical Perspective.* Cambridge: UP, 2010.

BARRY, Brian. *Culture and Equality*: An Egalitarian Critique of Multiculturalism. Cambridge: Polity Press, 2000.

BEAUD, Michel. *Le basculement du monde. De la terre, des hommes et du capitalisme.* Paris: La découverte, 2000.

BEDJAOUI, Mohammed. *L'humanité en quête de paix et de développement.* Vol. II. Cours Général de Droit International Public, Tomo 325, 2004.

BEDJAOUI, Mohammed. *Pour un nouvel ordre économique international.* Paris: Unesco, 1979.

BEDJAOUI, Mohammed. Faim et pauvreté aux assises du droit international. In: *Mélanges en l'honneur de Madjid Benchikh.* Paris: Pedone, 2011.

BEIGZADEH, Ebrehim; NADJAFI, Ali-Hossein. Malentendu Nord-Sud autour du droit international: réalité ou mythe. In: RUIZ-FABRI, Hélène; JOUANNET, Emmanuelle e TOMKIEWICZ, Vincent (dir.). *Select Proceedings of The European Society of International Law.* Londres: Hart, 2008.

BEITZ, Charles. *Political Theory and International Relations.* Princeton: UP, 1999.

BEN ACHOUR, Yadh. *Le rôle des civilisations dans le système international. Droit et relations internationales.* Bruxelles: Bruylant, 2003.

BENCHIKH, Madjid. *Droit international du sous-développement. Nouvel ordre dans la dépendance.* Paris: Berger-Levrault, 1983.

BENHABIB, Seyla. *The Claims of Culture. Equality and Diversity in Global Era.* Princeton: paperbacks, 2002.

BENNOUNA, Mohamed. *Droit international du développement.* Paris: Berger-Levrault, 1983.

BERMAN, Nathaniel. *Passions et ambivalences*: le colonialisme, le nationalisme et le droit international. Paris: Pedone, 2008.

BERMAN, Nathaniel. Les ambivalences impériales. In: JOUANNET, Emmanuelle; RUIZ-FABRI, Hélène (dir.). *Droit international et impérialisme en Europe et aux Etats-Unis.* Paris: Société de législation comparée, 2007.

BESSIS, Sophie. *L'Occident et les autres. Histoire d'une suprématie*. Paris: La découverte, 2003.

BETTATI, Mario. *Le nouvel ordre économique international*. Paris: PUF, 1985.

BIDAULT, Mylène. *La protection internationale des droits culturels*. Bruxelles: Bruylant, 2009.

BLANCHARD, Francis. *L'Organisation internationale du travail*. De la guerre froide à un nouvel ordre mondial. Paris: Seuil, 2004.

BOISSON DE CHAZOURNES, Laurence; MBENGUE Makane. *La déclaration de Doha de la Conférence ministérielle de l'OMC et sa portée dans les relations commerce/environnement.* RGDIP, Vol. 4, 2002.

BOURG, Dominique. *Le développement durable*. Encyclopedia Universalis. Texto disponível em http://www.universalis.fr/encyclopedie/developpement-durable

BOYER, Alain. Justice et égalité. In: KAMBOUCHNER, Denis (dir.). *Notions de philosophie III*, Paris: Gallimard, 1995.

BOYER, Robert. Justice sociale et performances économiques: de la synergie au conflit? In: AFFICHARD, Jérôme; FOUCAULD, Jean-Baptiste (dir.). *Justice sociale et inégalités*. Paris: Esprit, 1992.

BRASSEUL, Jacques. *Introduction à l'économie du développement*. Paris: A. Colin, 2008.

BRUNEL, Sylvie. *Le gaspillage de l'aide publique*. Paris: Seuil, 1993.

BRUNEL, Sylvie. *Le Sud dans la nouvelle économie mondiale*. Paris: PUF, 1995.

BRUNEL, Sylvie. *A qui profite le développement durable?* Paris: Larousse, 2008.

BRUNEL, Sylvie. *Le développement durable*. 2 ed. Paris: PUF, 2009.

BULBECK, Chilla. *Hearing the Difference*: First and Third World Feminisms. Women's Studies Conference, University of Melbourne, Sept. 1990.

BURDEAU, Geneviève. La privatisation des organisations internationales. In: GHERARI, Habib; SZUREK, Sandra (dir.). *L'émergence de la société civile internationale*, Paris: Pedone, 2003.

BUTLER, Judith. *Troubles dans le genre*: le féminisme et la subversion de l'identité. Paris: La découverte, 2006.

CAILLE, Alain (dir.). *La quête de la reconnaissance. Nouveau phénomène social total*. Paris: La découverte, 2007.

CAILLE, Alain. *Théorie anti-utilitariste de l'action. Fragments d'une sociologie générale*. Paris: La découverte, 2009.

CANÇADO TRINDADE, Antonio. *La déclaration universelle des droits de l'homme*. United Nations Audiovisual Library of International Law, 2008. Texto disponível em: https://legal.un.org/avl/pdf/ha/udhr/udhr_e.pdf

CANÇADO TRINDADE, Antonio. The Right to Cultural Identity in the Evolving Jurisprudential Construction of the Inter-American Court of Human Rights. In: YEE, S; MORIN, J.-Y (dir.). *Multiculturalism and International Law*. Leiden: Brill, 2009.

CANÇADO TRINDADE, Antonio. *International Law for Humankind. Towards a New Jus Gentium*. La Haye: M. Nijhoff, 2010

CANDAU, Joël. *La mémoire, l'histoire, l'oubli*. Paris: Seuil, 2000.

CANTO-SPERBER, Monique; TENZER, Nicolas. *Faut-il sauver le libéralisme?* Paris: Grasset, 2006.

CAPOTORTI, Francesco. *Relatório especial da Subcomissão da luta contra as medidas discriminatórias e de proteção de minorias*. Étude des droits des personnes appartenant à des minorités ethniques, religieuses et linguistiques. New York: ONU, 1990.

CARREAU, Dominique; JUILLARD, Patrick. Droit international économique. 4. ed. Paris: Dalloz, 2010.

CASTEL, Odile. *Le Sud dans la mondialisation. Quelles alternatives?* Paris: La découverte, 2002.

CESAIRE, Aimé. *Discours sur le colonialisme, suivi de Discours sur la négritude*. Paris: Présence africaine, 2000.

CERVELLO, Mariella Villasante. La négritude: une forme de racisme héritée de la colonisation française? Réflexions sur l'idéologie négro-africaine en Mauritanie. In: FERRO, Marc (dir.). *Le livre noir du colonialisme*. Paris: Lafont, 2003.

CHARLESWORTH, Hilary; CHINKIN, Christin; WRIGHT, Susan. Feminist Approaches to International Law. *American Journal of International Law*, v. 85, 1991.

CHARLESWORTH, Hilary. The Public/Private Distinction and the Right to Development in International Law. *Australian Yearbook of International Law*, n° 12, 1992.

CHARLESWORTH, Hilary. Alienating Oscar: Feminist Analysis of International Law. In: DALLMEYER Dorinda (dir.). *Reconceiving Reality*: Women and International Law. American Society of International Law, Washington DC, 1993.

CHARLESWORTH, Hilary. Worlds Apart: Public/Private Distinctions in International Law. In: THORNTON, Margareth (dir.). *Public and Private*: Feminist Legal Debates. Oxford: UP, 1995.

CHARLESWORTH, Hilary. Sexing the State. In: NAFINE, Ngaire; OWEN, Rosemary (dir.). *Sexing the Subject of Law*. Sydney: Law Book Company, 1997.

CHARLESWORTH, Hilary. Not Waving but Drowning: Gender Mainstreaming and Human Rights in the United Nations. *Harvard Human Rights Journal*, v. 18, 2005.

CHATTERJEE, Partha; JEGANATHAN, Pradeep (dir.). *Community, Gender and Violence*. Subaltern Studies XI, Columbia UP, 2001.

CHATURVEDI, Vinayak. *Mapping Subaltern Studies and Postcolonial*. London: Verso Books, 2000.

CHAUVIER, Stéphane. *Justice et droits à l'échelle globale*. Paris: Vrin, 2006.

CHAVAGNEUX Christian; TUBIANA, Laurence. *Gouvernance mondiale* (Rapport du CAE, n°37), La documentation française, 2002.

CHAVAGNEUX, Christian. Le FMI a-t-il vraiment changé? *Alternatives économiques*, n° 301, Avril 2011.

CHAZOURNES, Laurence Boisson de. The Global Environnement Facility: A Unique and Crucial Institution. *Review of European Community and International Environmental Law*, Vol. 14/3, 2005.

CHEMILLIER-GENDREAU, Monique. *Droit du développement et effectivité de la norme. La formation des normes en droit international du développement*. Paris: Ed. CNRS, 2000.

CHIMNI, Bhupinder. TWAIL, A Manifesto. In: ANGHIE, Anthony et al. (dir.). *The Third World and International Order. Law, Politics and Globalization*. Leiden: M. Nijhoff, 2003.

CHINKIN, Christine. Peace and Force in International Law. In: DALLMEYER, Dorinda (dir.). *Reconceiving Reality*: Women and International Law. American Society of International Law, Washington DC, 1993.

CHURCHILL, Ward. *Struggle for the Land. Indigenous Resistance to genocide, Ecocide, and Expropriation in Contemporary North America*. Monroe: Common Courage Press, 1993.

CLING, Jean-Pierre; ROUBAUD, François. *La Banque mondiale*. Paris: La découverte, 2008.

CLING, Jean-Pierre; RAZAFINDRAKOTO, Mireille; ROUBAUD, François (dir.). *Les Nouvelles Stratégies internationales de lutte contre la pauvreté*. Paris: Economica/IRD, 2003.

COGNEAU, Denis; NADET, Jean-David, Who Deserves Aid? Equality or Opportunity, International Aid and Poverty Reduction. *World Development*, vol. 35, n°1, 2007.

COMBY, Elsa. Quel type de coopération peut être engagé entre pays du Nord et pays du Sud? In: RUIZ-FABRI, Hélène (dir.). *La convention de l'Unesco sur la promotion et la protection de la diversité des expressions culturelles. Premier bilan et défis juridiques*. Paris: Société de législation comparée, 2010.

COMTE-SPONVILLE, André. *Le capitalisme est-il moral?* Paris: Albin Michel, 2004.

CONDORELLI, Luigi. Conclusions générales. In: BOISSON DE CHAZOURNES, Laurence; QUEGUINER Jean-François; VILLALPANDO, Santiago (dir.). *Crimes de l'histoire et réparations*: les réponses du droit et de la justice. Bruxelles: Bruylant, 2004.

CRANSTON, Maurice. Are There Any Human Rights? *Daedalus*, n. 4, 1983.

DAUDET, Yves. Propos introductifs. In: JOUANNET, Emmanuelle; RUIZ-FABRI, Hélène; TOUFAYAN, Mark (dir.). *Le droit international et les Nouvelles approches sur le tiers monde*. Paris: Société de législation comparée, 2013.

DAES, Erica-Irene. *Relatório final sobre a soberania permanente dos povos indígenas sobre seus recursos naturais (E/CN.4/Sub.2/2004/30), Alto Comissário das Nações Unidas para os Direitos Humanos*. Disponível em https://www2.ohchr.org/english/bodies/subcom/56th/advance.htm

DAVIS, Michaël (dir.). *Human Rights and Chinese Values. Legal, Philosophical and Political Perspectives*. Honk Kong: Oxford UP, 1995.

DECAUX, Emmanuel. Préface. In: BIDAULT, Mylène. *La protection internationale des droits culturels*. Bruxelles: Bruylant, 2009.

DECAUX, Emmanuel. La genèse de la Déclaration universelle des droits de l'homme. *Bulletin de l'Association René Cassin*, n°10, 1989.

DE FROUVILLE, Olivier. Commentaire Article 1, paragraphe 3. In: COT, Jean-Pierre; PELLET, Alain; FORTEAU, Mathias (dir.). *La Charte des Nations Unies. Commentaire article par article*. Paris: Economica, 2005.

DE FROUVILLE, Olivier. Une conception démocratique du droit international. *Revue européenne de sciences sociales*, §108, v. XXXIX, 2001.

DE LACHARRIÈRE, Guy. *La stratégie commerciale du développement*. Paris: PUF, 1973.

DELMAS-MARTY, Mireille. *Les forces imaginantes du droit (I). Le relatif et l'universel*. Paris: Seuil, 2004.

DELMAS-MARTY, Mireille. *Les forces imaginantes du droit (III). La refondation des pouvoirs*. Paris: Seuil, 2007.

DEROCHE, Frédéric; BURGER, Julian. *Les peuples autochtones et leur relation à la terre*: un questionnement pour l'ordre mondial. Paris: L'Harmattan, 2008.

DIOP, Alioune. Discours d'ouverture. *Présence africaine*, juin-nov. 1956.

DONNELLY, Jack. *Universal Human Rights in Theory and Practice*. Ithaca: Cornell UP, 1989.

DORLIN, Elsa. *Sexe, genre et sexualités*. Paris: PUF, 2008.

DUPUY, Jean-Pierre. *Pour un catastrophisme éclairé. Quand l'impossible est certain*. Paris: Seuil, 2002.

DUPUY, Pierre-Marie. L'unité de l'ordre juridique international. Cours général de droit international public, RCADI, T. 297, 2002.

DUPUY, Pierre-Marie. *Le droit à l'eau, un droit international?* EUI Working Papers, Law, 2006.

DUPUY, Pierre-Marie; KERBRAT, Yann. *Droit international public*. 10. ed. Paris: Dalloz, 2010.

ELLIOTT, Lorraine. *Women, Gender, Feminism and the Environment*. Apresentação na conferência anual da Australian Political Studies Association, Monash University, 29 setembro à 1º outubro de 1993.

ETEMAD, Bouda. *Crimes et réparations. L'Occident face à son passé colonial*. Paris: Ed. A. Versailles, 2008.

FABRE, Cécile. *Justice in a Changing World*. Cambridge: Polity Press, 2007.

FALK Richard; MENDLOVITZ, Saul. (dir.). Toward a Theory of War Prevention. *The Strategy of World Order*, Vol. I, N.Y: World Law Fund, 1966.

FANON, Frantz. *Pour la révolution africaine*: écrits politiques. Paris: La découverte, 2001.

FANON, Frantz. *Les damnés de la terre*. Paris: La découverte, 2002.

FAUCHILLE, Paul. *Traité de droit international public*. Paris: Rousseau, 1922.

FAVEREAU, Olivier. Conventions et régulations. In: BOYER, Robert; SAILLARD, Yves (dir.). *Théories de la régulation*: l'état des savoirs. Paris: La découverte, 1995.

FEUER, Guy; CASSAN, Hervé. *Droit international du développement*. Paris: Dalloz, 1990.

D'IRIBARNE, Philippe. *Le Tiers-Monde qui réussit. Nouveaux modèles*. Paris: O. Jacob, 2003.

FELLOUS, Gérard. *Les droits de l'homme. Une universalité menacée*. Paris: La documentation française, 2010.

FEUER, Guy. *Réflexions sur la Charte des droits et devoirs économiques des Etats*. AFDI, 1974.

FEUER, Guy. *Le droit international du développement*: une création de la pensée francophone. Paris: Dalloz, 1991.

FERRAN, Eilis; GOODHART, Charles. *Regulating Financial Services and Markets in the 21st Century*. Londres: Hart Publishing, 2001.

FERRY, Luc; RENAUT, Alain. Philosophie politique, Vol. 3: Des droits de l'homme à l'idée républicaine. Paris: PUF, 1985.

FERRY, Jean-Marc. *L'Europe, l'Amérique et le monde*. Paris: Pleins feux, 2004.

FINK, Carol. *Defending the Right of Others. The Great Powers, the Jews and International Minority Protection, 1878-1938*. Cambridge: UP, 2004.

FITOUSSI, Jean-Paul. *La démocratie et le marché*. Paris: Grasset, 2004.

FLAUSS, Jean-François. Le droit international des droits de l'homme face à la globalisation économique. In: *Commerce mondial et protection des droits de l'homme*. Bruxelles: Bruylant, 2001.

FLORY, Maurice. *Droit international du développement*. Paris: Thémis, 1977.

FLORY, Maurice. *Mondialisation et droit international du développement*. RGDIP, v. 3, 1997.

FRASER, Nancy; HONNETH, Axel. *Redistribution or Recognition? A political Philosophical Exchange*. Londres: Verso, 2003.

FRASER, Nancy. *Qu'est-ce que la justice sociale? Reconnaissance et distribution*. Paris: La découverte, 2005.

FREMEAUX, Philippe. Faut-il encore chercher la croissance (verte)? *Alternatives économiques*, n° 301, avril 2011.

FRIBOULET, Jean-Jacques. Développement économique et social. Histoire. *Enyclopedia Universalis*. Texto disponível em: http://www.universalis-edu.com/encyclopedie/developpement-economique-et-social-histoire/

FUKUYAMA, Francis. *La fin de l'histoire et le dernier homme*. Paris: Flammarion, 1992.

GABAS, Jacques; LOSCH, Bruno. La fabrique en trompe l'œil de l'émergence. In: JAFFRELOT, Christian (dir.). L'enjeu mondial. Les pays émergents. Paris: SciencesPo, 2008.

GARAPON, Antoine. *Peut-on réparer l'histoire? Colonisation, esclavage, Shoah*. Paris: O. Jacob, 2008.

GARDAM, Judith. The Law of Armed Conflict: A Gendered Regime? In: DALLMEYER, Dorinda (dir.). *Reconceiving Reality*: Women and International Law. American Society of International Law, Washington DC, 1993.

GAZIER, Bernard. *John Maynard Keynes*. Paris: PUF, 2009.

GELLATELY, Robert & KIERNAN, Ben (dir.). The Specter of Genocide. Mass Muder in Historical Perspective. Cambridge: UP, 2003.

GHERARI, Habib. *Tendances récentes des préférences commerciale, Mélanges en l'honneur de Madjid Benchikh*. Paris: Pedone, 2011, p. 465.

G.I.P.T.A. *Droits territoriaux des peuples autochtones*. Paris: L'Harmattan, 2005.

GIRAUD, Pierre-Noël. *L'inégalité du monde. Economie du monde contemporain*. Paris: Gallimard, 1996, p. 302.

GLENDON, Mary Ann. The Forgotten Crucible: The Latin American Influence on the Universal Human Rights Idea. *Harvard Human Rights Journal*, n°16, 2003, pp. 27-39.

GLUCK, Carol. *Japan's Modern Myths*. Princeton: UP, 1985.

GODBOUT, Jacques. *L'esprit du don*. Paris: La découverte, 2007.

GOSOVIC, Branislav. L'hégémonie intellectuelle mondiale et le développement. *Revue internationale des sciences sociales*, Unesco, n°166, décembre 2000.

GREENBERG, David. Law and Development in Light of Dependency Theory. *Research in Law and Sociology*, n°3, 1980.

GROSZ, Elizabeth. What is Feminist Theory? In: PATEMAN, Carole & GROSZ, Elizabeth (dir.). *Feminist Challenges*: Social and Political Theory. Sidney: Allen and Unwin, 1986.

GUPTA, Akhil. *Postcolonial Developments*: Agriculture in the Making of Modern India. Durham: Duke UP, 1998.

HABERMAS Jürgen. *L'intégration républicaine*. Paris: Fayard, 1996.

HABERMAS, Jürgen. *Après l'Etat-nation. Une nouvelle constellation politique*. Paris: Fayard, 1998.

HALL, Stuart. *Identités et cultures. Politique des Cultural Studies*. Paris: Ed. Amsterdam, 2008.

HASSNER, Pierre. *La violence et la paix*. Tome 2: La terreur et l'empire. Paris: Seuil, 2006.

HAYEK, Friedrich. *Droit, législation et liberté, II*. Paris: PUF, 2001.

HAZAN, Pierre. *Juger la guerre, juger l'histoire. Du bon usage des commissions Vérité et de la justice internationale*. Paris: PUF, 2007.

HERITIER, Françoise. Les droits des femmes dans la controverse entre universalité des droits de l'homme et particularité des cultures. In: AMSELLE Jean-Loup et al. (dir.). *Diversité culturelle et universalité des droits de l'homme*. Paris: Ed. Cécile Défaut, 2010.

HERMET, Guy. *Développement et culture*. Paris: SciencesPo, 2000.

HOLSTI, Kalevi J. *The State War and the State of War*. Cambridge: UP, 1996.

HONNETH, Axel. *La lutte pour la reconnaissance*. Paris: Cerf, 1992.

HONNETH, Axel. *La société du mépris*: vers une nouvelle théorie critique. Paris: La découverte, 2006.

HORNUNG, John. Civilisés et barbares. *Revue de droit international et de législation comparée*, v. 17, 1885.

HUNTINGTON, Samuel. *Le choc des civilisations*. Paris: O. Jacob. 2000.

HUNTINGTON, Samuel. *Qui sommes-nous? Identité nationale et choc des cultures*. Paris: O. Jacob, 2004.

HUXLEY, Julian. *L'Unesco, ses buts et sa philosophie*. Commission préparatoire de l'Unesco, Londres, Frederick Printing, 1946.

JACKSON, Tim. *Prospérité sans croissance. La transition vers une économie durable*. Bruxelles: De Boeck, 2010.

JAFFRELOT, Christophe (dir.). *L'enjeu mondial. Les pays émergents*. Paris: SciencesPo, 2008.

JONES, Charles. *Global Justice. Defending Cosmopolitanism*. Oxford: UP, 2004

JOUANNET, Emmanuelle. Between Universalim and Imperialism: the True-False Paradoxe of International Law. *European Journal of International Law*, vol. 17, n°3, 2007.

JOUANNET, Emmanuelle. *Le droit international libéral-providence. Une histoire du droit international*. Bruxelles: Bruylant, 2011.

JOUVE, Edmond. *Le tiers-monde dans la vie internationale*. Paris: Berger-Levrault, 1986.

KAMTO, Maurice. Retour sur le "droit au développement" au plan international: droit au développement des Etats? *RUDH*, vol. 11, n°13, 1999.

KAUFMAN, Daniel. *Démocratie et développement économique*: le rejet des extrêmes. Texto disponível em: https://photos.state.gov/libraries/ars-paris/206200/PUB/ej1362008.pdf

KEMPF, Hervé. *La balaine qui cache la forêt. Enquêtes sur les pièges de l'écologie*. Paris: La découverte, 1994.

KEMPF, Raphaël. *L'OMC face au changement climatique*. Paris: Pedone, 2009.

KENNEDY, David. The "rule of law", Political Choices and Development Common Sense. In: TRUBEK, David. and SANTOS, Alvaro (dir.). *The New Law and Economic Development. A Critical Apraisal*. Cambridge: UP, 2008.

KENNEDY, David. *Nouvelles approches de droit international*. Paris: Pedone, 2009.

KISS, Alexandre. Emergence de principes généraux du droit international et d'une politique internationale de l'environnement. In: RENS, Ivo (dir.). *Le droit international face à l'éthique et à la politique de l'environnement*. Genève: SEBES, 1996.

KOSKENNIEMI, Martti. *La politique du droit international*. Paris: Pedone, 2007.

KOTHARI, Uma. From colonial administration to development studies: a post-colonial critique of the history of development studies. In: KOTHARI, Uma (dir.). *A Radical History of Development Studies*. New York: Anchor, 2005.

KOUBI, Geneviève; GUGLIELMI, Gilles (dir.). *L'égalité des chances. Analyse, évolutions, perspectives*. Paris: La découverte, 2000.

KYMLICKA, Will. *Les théories de la justice*. Paris: La découverte, 1990, p. 226.

LACHARRIERE, Guy Ladreit. *Commerce extérieur et sous-développement*. Paris: PUF, 1964.

LAIDI, Zaki. Le basculement du «nous» vers le «je». Réflexions sur le système social mondial. In: DAUDET, Yves (dir.). *Les Nations Unies et le développement social international*. Paris: Pedone, 1996.

LAMY, Pascal. *Comment sortir de l'injustice des rapports Nord/Sud? Qu'est-ce qu'une société juste? Semaines sociales de France*. Paris: Bayard, 2007.

LARA, Oruno-Denis. *L'histoire et l'élaboration d'une identité culturelle. Histoire et diversité des cultures*. Paris: Ed Unesco, 1984.

LAROCHE, Josépha. Internationalisation des droits de l'homme et protection des minorités. In: FENET, Alain e SOULIER Gérard (dir.). *Les minorités et leurs droits depuis 1789*. Paris: L'Harmattan, 1989.

LATOUCHE, Serge. *Survivre au développement*. Paris: Mille et une nuits, 2004.

LATOUCHE, Serge. *L'occidentalisation du monde*. Paris: La découverte, 2005.

LATOUCHE, Serge. *Le pari de la décroissance*. Paris: Fayard, 2006.

LATOUR, Sophie Guérard. *La société juste. Egalité et différence*. Paris: A. Colin, 2001.

LEE, Kuan Yew. *The Johdidi Lecutre*: Adress by Singapore's Prime Minister Mr Lee Kuan Yee at Lowell Lecture Hall. Harvard: UP, 1968.

LETTERON, Roseline. *Les droits des femmes entre l'égalité et l'"apartheid" juridique. Mélanges offerts au Professeur Hubert Thierry. L'évolution du droit international*. Paris: Pedone, 1998.

LEVI-STRAUSS, Claude. *Anthropologie structurale deux*. 2. ed. Paris: Plon, 1996.

LIAUZU, Dominique. *L'enjeu tiers-mondistes. Débats et combats*. Paris: L'Harmattan, 1987.

LIPOVETSKY, Gilles; SERROY, Jean. *La culture-monde. Réponse à une société désorientée*. Paris: O. Jacob, 2008.

LOCHAK, Danièle. *Les droits de l'homme*. 2. ed. Paris: La découverte, 2005.

LOOMBA, Ania. *Colonialism/Postcolonialism*. 2. ed. NY: Routlege, 2005.

LORIMER, James. La doctrine de la reconnaissance, fondement du droit international. *Revue de droit international et de législation comparée*, v. 16, 1884.

LORIMER James. *Principes de droit international*. Bruxelles: Muquardt; Paris: Marescq, 1885.

MAALOUF, Amin. *Les identités meurtrières*. Paris: Grasset, 1992.

MACKLEM, Patrick. Les droits des minorités en droit international. In: RUIZ-FABRI, Hélène e ROSENFELD, Michel, (dir.). *Repenser le constitutionnalisme à l'âge de la mondialisation et de la privatisation*. Paris: Société de législation comparée, 2011.

MANCHANDA, Rita. *The No Non Sense Guide to Minority Rights in South Asia*. Sage Publications India Pvt ltd, 2009.

MATANGO, R. Operation Mara: The Paradox of Democracy. *Maji*, n°20, 1975.

MATTELART, Armand. *Diversité culturelle et mondialisation*. Paris: Poche, 2006.

MARBEAU, Michel. Les femmes et la Société des Nations (1919-1945). Genève, la clé de l'égalité? In: DELAUNAY, Jean-Marc; DENECHERE, Yves (dir.). *Femmes et relations internationales au XXème siècle*. Paris: Presses Sorbonne Nouvelle, 2006.

MARCHESIN, Philippe. La revanche pour le Sud. *Le monde*, 30 octobre 2010.

MARGALIT, Avishaï. *La société décente*. Paris: Champs Flammarion, 1996.

MARKELL, Patchen. *Bound by recognition*. Princeton: UP, 2003.

MARTIN, Lisa L. L'économie politique de la coopération internationale. In: KAUL, Inge; GRUNBERG, Isabelle, e STERN, Marc (dir.). *Les biens publics mondiaux. La coopération internationale du XXIème siècle*. Paris: Economica, 2002.

MBAYE, Keba. *Les droits de l'homme en Afrique*. Paris: Pedone, 2002.

McLEOD, John. *Beginnings Postcolonialism*. Manchester: University Press, 2000.

MAZOWER, Mark. *No Enchanted Palace. The End of Empire and the Ideological Origins of the United Nations*. Princeton: UP, 2009.

MEIER, Gerald; SEER, Dudley (dir.). *Les pionniers du développement*. Paris: BM/Economica, 1984

MEMMI, Albert. Préface de l'auteur à l'édition de 1966. *Portrait du colonisé, portrait du colonisateur*. Paris: Gallimard, 1985.

MERLE, Ian. Le Mabo Case. L'Australie face à son passé colonial. *Annales HSS*, 1998, n°2.

MESTRUM, Francine. De l'utilité de la « lutte contre la pauvreté » pour le nouvel ordre mondial. In: RIST, Gilbert (dir.). *Les mots du pouvoir. Sens et non sens de la rhétorique internationale*. Cahiers de l'IUED, 2002.

MEYER-BISCH, Patrice (dir.). *Les droits culturels. Projet de déclaration*. Paris: Ed Unesco, sem data.

MEYER-BISCH, Patrice. Les violations des droits culturels, facteur d'appauvrissement durable: pour une observation des pauvretés culturelles. In: DECAUX, Emmanuel; YOTOPOULO-MARANGOPOULOS, Alice (dir.). *La pauvreté, un défi pour les droits de l'homme*. Paris: Pedone, 2009.

MESURE, Sylvie; RENAUT, Alain. Alter ego. *Les paradoxes de l'identité démocratique*. Paris: Flammarion, 1999.

MIALL, Hugh (dir.). *Les droits des minorités en Europe. Vers un régime transnational*. Paris: L'Harmattan, 1997.

MICHEL, Johann. *Gouverner les mémoires. Les politiques mémorielles en France*. Paris: PUF, 2010.

MOGGRIDGE, Donald (dir.). *The Collected Writings of John Maynard Keynes*. Vol. 26. Cambridge: UP, 1980.

MOHANTY, Carol. Under Western Eyes: Feminist Scholarship and Colonial Discourse. *Feminist Review*, v. 30, 1988.

MORIN, Edgar. *Introduction à la pensée complexe*. Paris: Ed. ESF, 1990.

MORIN, François. *Le Nouveau Mur de l'argent*: essai sur la finance globalisée. Paris: Seuil, 2006.

MORSINK, Johannes. *The Universal Déclaration of Human Rights*: Origins, Drafting, and Intent. Pensylvania: UP, 2000.

MUTUA Makau. Savages, Victims and Saviors. The Metaphor of Human Rights. *Harvard International Law Journal*, v. 42, n°1, 2001.

MUTUA, Makau. What is TWAIL? *American Society of International Law Proceeding*, v. 31, 2003.

NAGEL, Thomas. The Problem of Global Justice. *Philosophy and Public Affairs*, v. 33, 2005.

NAHAVANDI, Firouzeh. *Du développement à la globalization*: histoire d'une stigmatization. Bruxelles: Bruylant, 2009.

NEHRU, Jawaharlal. *Inis' Foreign Policy*: Selected Speeches, September 1946 – April 1961. Delhi: Publications Division, 1961.

NESIAH, Vasuki. From Berlin to Bonn to Bagdag. A Space for Infinite Justice. *Harvard Human Rights Journal*, v. 17, 2004.

NUMA, Yasuaki. When was the Law of International Society Born? An Inquiry of the History of International Law. *Journal of the History of International Law*, v. 2, 2000.

NUSSBAUM, Martha. *Femmes et développement humain. L'approche des capabilités*. Paris: A. Fourque, 2000.

NYAMU, Celestine. How Should Human Rights and Development Respond to Cultural Hierarchy in Developing Countries? *Harvard International Law Journal*, v. 41, n° 2, 2000.

OLLIER, Bruno. *Les identités collectives*: comment comprendre une question politique brûlante? Les identités collectives à l'heure de la mondialisation. Paris: CNRS Editions, 2009.

ÖZDEN, Melik. *Le droit au développement*. Collection du Programme Droits Humains du Centre Europe – Tiers Monde. Sem data. Disponível em: https://www.cetim.ch/wp-content/uploads/bro6-develop-A4-fr.pdf Acesso em: 20 set. 2020.

OSIEL, Mark. *Juger les crimes de masse. La mémoire collective et le droit*. Paris: Seuil, 2006.

PELLET, Alain. *Le droit international du développement*. 2. ed. Paris: PUF, 1987.

PELLET, Alain; SOREL, Jean-Marc (dir.). *Le droit international du développement social et culturel*. Paris: L'Hermés, 1997.

PELLET, Alain. Commentaire sur l'article 55. In: COT, Jean-Pierre; PELLET, Alain; FORTEAU, Mathias (dir.). *La Charte des Nations Unies. Commentaire article par article*. Paris: Economica, 2005.

PERRY-KESSARIS, Amanda, Introduction. In: PERRY-KESSARIS, Amanda (dir.). *Law in the Pursuit of development*. New York: Routledge, 2010.

PETTIT, Philip. Rawl's Peoples. In: MARTIN, Rex; REIDY, David, (dir.). *Rawls' Law of peoples*. Oxford: Blackwell, 2006.

PEYREFITTE, Alain. *L'empire immobile, le choc des mondes*. Paris: Fayard, 1989.

PIEDELIEVRE, Raymond. *Précis de droit international public ou Droit des gens*. Vol. 1. Paris: Cotillon, 1984.

PIERRON, Jean-Philippe. *Penser le développement durable*. Paris: Ellipses, 2009.

PILLET, Antoine. *Le droit international public. Ses éléments constitutifs, son domaine, son objet*. RGDIP, 1894.

PIQUET, Martine. *Australie plurielle. Gestion de la diversité ethnique en Australie de 1788 à nos jours*. Paris: L'Harmattan, 2004.

POGGE, Thomas (ed.). *Global Justice*. Oxford: Blackwell Publishing, 2001.

POGGE, Thomas. *World Poverty and Human Rights*: Cosmopolitan Responsabilities and Reforms. Cambridge: Polity Press, 2007.

PONCELET, Marc. *Une utopie post-tiers-mondiste. La dimension culturelle du développement*. Paris: L'Harmattan, 1994.

POSTEL-VINAY, Karoline. *L'Occident et sa bonne parole. Nos représentations du monde de l'Europe coloniale à l'Amérique hégémonique*. Paris: Flammarion, 2005.

PRASHAD, Vijay. *Les nations obscures*: une histoire populaire du tiers monde. Montréal: Ecosociété, 2009.

PREBISCH, Raul. The Economic Development of America and Its Principle Problems. *Economic Bulletin for Latin America*, vol. 7, n° 1, 1962.

PREBISCH, Raul. *Vers une nouvelle politique commerciale en vue du développement économique. Rapport du secrétaire général de la CNUCED*. Paris: Dunot, 1964.

QUEGUINER Jean-François; VILLALPANDO, Santiago. La réparation des crimes de l'histoire: Etat et perspectives du droit international public contemporain In: BOISSON DE CHAZOURNES, Laurence; QUEGUINER Jean-François; VILLALPANDO, Santiago (dir.). *Crimes de l'histoire et réparations*: les réponses du droit et de la justice. Bruxelles: Bruylant, 2004.

RAKE, Alan. Collapse of African Agriculture. *African Development*, vol. 9, 1975.

RAJAGOPAL, Balakrishnan. Locating the Third World in Cultural Geography. *The Third World Studies*, v. 1, 1998-1999.

RAJAGOPAL, Balakrishnan. From Resistance to Renewal. The Third World, Social Movements, and the Expansion of International Institutions. *Harvard International Law Journal*, v. 41, 2000.

RAJAGOPAL, Balakrishnan. *International Law From Below*: Development, Social Movements and Third World Resistance. Cambridge: UP, 2003.

RAJAGOPAL, Balakrishnan. Droit international contre-hégémonique, repenser les droits humains et le développement comme stratégie pour le Tiers Monde. In: JOUANNET, Emmanuelle; RUIZ-FABRI, Hélène; TOUFAYAN, Mark (dir.). *Le droit international et les Nouvelles approches sur le tiers monde*. Paris: Société de législation comparée, 2013.

RAZAFINDRAKOTO, Mireille; ROUBAUD, François. Les dispositifs existants de suivi de la pauvreté: les faiblesses des enquêtes classiques auprès des ménages. In: CLING, Jean-Pierre; RAZAFINDRAKOTO, Mireille; ROUBAUD, François (dir.). *Les Nouvelles Stratégies internationales de lutte contre la pauvreté*. 2. ed. Paris: Economica/IRD, 2003.

RAWLS, John. *Le droit des gens*. Paris: Poche, 1998.

REGOURD, Serge. *L'exception culturelle*. 2. ed. Paris: PUF, 2004.

REIDY, David. On Global Economic Justice in Defense of Rawls. *The Journal of Ethics*, Vol. 11, n° 2, 2007.

RENAUT, Alain. *Un humanisme de la diversité. Essai sur la décolonisation des identités*. Paris: Flammarion, 2009.

RICOEUR, Paul. *Soi-même comme un autre*. Paris: Seuil, 1990.

RICOEUR, Paul. *La mémoire, l'histoire et l'oubli*. Paris: 2000.

RICOEUR, Paul. *Parcours de la reconnaissance*. Paris: Gallimard, 2004.

RIEGELMAN, Lubin; WINSLOW, A. *Social Justice for Women. The International Labor Organization and Women*. Durham: Duke UP, 1990.

RIST, Gilbert (dir.). *La culture, otage du développement?* Paris: L'Harmattan, 1994.

RIST, Gilbert. *Le développement*: Histoire d'une croyance occidentale. 3. ed. Paris: SciencesPo, 2007.

ROSANVALLON, Pierre. *Le capitalisme utopique. Histoire de l'idée de marché*. Paris: Seuil, 1999.

ROSENFELD, Michel. *Les interprétations justes*. Paris e Bruxelles: LGDJ et Bruylant, 2000.

ROSTOW, Walt W. *Les étapes de la croissance économique*: un manifeste non communiste. Paris: Seuil, 1963.

ROUSSO-LENOIR, Fabienne. *Minorités et droits de l'homme*: l'Europe et son double. Bruxelles e Paris: Bruylant et LGDJ, 1994.

RUIZ-FABRI, Hélène. La contribution de l'organisation mondiale du commerce à la gestion de l'espace juridique mondial. In: KESSEDJIAN, Catherine; LOQUIN, Eric (dir.). *La mondialisation du droit*. Paris: Litec, 2000.

RUIZ-FABRI, Hélène (dir.). *La convention de l'Unesco sur la promotion et la protection de la diversité des expressions culturelles*. Premier bilan et défis juridiques. Paris: Société de législation comparée, 2010.

SALIN, Pascal. *Revenir au capitalisme pour éviter les crises*. Paris: O. Jacob, 2010.

SALMON, Jean. *De la thèse belge sur les peuples autochtones (1947-1960) à la Déclaration des Nations Unies sur les droits des peuples autochtones (2007)*. Mélanges en l'honneur de Madjid Benchikh. Paris: Pedone, 2011.

SAMPSON, Anthony. *Les sept sœurs*: les grandes compagnies pétrolières et le monde qu'elles ont créé. Paris: A. Moreau, 1976.

SANDEL, Michael. *Le libéralisme et les limites de la justice*. Paris: Seuil, 1999.

SAUL, John S. *Development after Globalization. Theory and Practice for the Embattled South in a New Imperial Age*. London: Zed Books, 2006.

SAUVY, Alfred. « Trois mondes, une planète », *L'Observateur*, n°118, 14 agosto de 1952.

SAVIDAN, Patrick. *Le multiculturalisme*. Paris: PUF, 2009.

SCHECH, Suzanne; HAGGIS, Jane. *Culture and Development*: A Critical Introduction, Blackwell Publishers, 2000.

SCHNAPPER, Dominique. *La démocratie providentielle. Essai sur l'égalité contemporaine*. Paris: Gallimard, 2002.

SCHUTTER, Olivier. Food crises: five priorities for the G20. *The Guardian*, 2011. Disponível em: http://www.srfood.org/en/g20-agriculture-5-priorities-to-end-food-crises

SCOTT, Joan. *La citoyenneté paradoxale. Les féministes françaises et les droits de l'homme*. Paris: Albin Michel, 1996.

SCOTT, Joan. *Théorie critique de l'histoire. Identités, expériences, politiques*. Paris: Fayard, 2009.

SELL Susan. *Private Power, Public Law*: The Globalization of Intellectual Property Rights. Cambridge: UP, 2003.

SEN, Amartya. *Poverty and Famines*: An Essay on Entitlement and Deprivation. Oxford: Clarendon Press, 1981.

SEN, Amartya. *Un nouveau modèle économique. Développement, justice et liberté.* Paris: O. Jacob, 2003.

SEN, Amartya. *L'idée de justice.* Paris: Flammarion, 2009.

SEN, Amartya. *Identité et violence.* Paris: O. Jacob, 2010.

SENGOR, Léopold Sédar. *Ce que je crois*: Négritude, francité et civilisation. Paris: Grasset, 1988.

SINDI, Abdulladh. King Faisal and Pan-Islamism. In: BELING, Willard (dir.). *King Faisal and the Modernization of Saudi Arabia.* Londres: Groom Helm, 1980.

SINGER, H-W. US Foreign Investment in Under-Developed Areas: The Distribution of Gains between Investing and Borrowing Countries. *American Economic Review*, vol. 40, 1950.

SINGH, Kishore. L'Unesco et les droits culturels. In: NIEC, Halina (dir.). *Pour ou contre les droits culturels?* Paris: Ed. de l'Unesco, 2000.

SIVANDAN, Tamara. Anticolonialisme, libération nationale et formation des nations postcoloniales. In: LAZARUS, Neil (dir.). *Penser le postcolonial.* Paris: Ed. Amsterdam, 2006.

SKOUTERIS, Thomas. *The Notion of Progress in International Law Discourse.* The Hague: T.M.C Asser Press, 2010.

SMART, Carol. *Feminism and the Power of Law.* Routledge: 1989.

SMOUTS, Marie-Claude. Le Postcoloniale pour quoi faire? In: SMOUTS, Marie-Claude (dir.). La situation postcoloniale. Paris: SciencesPo, 2007.

SPIVAK, Gayati Chakravorti; GUHA, Ranajit. Selected Subaltern Studies. Oxford: UP, 1989.

STIGLITZ, Joseph. Un autre monde est possible. Contre le fanatisme du marché. Paris: Fayard, 2006.

STIGLITZ, Joseph. Le triomphe de la cupidité. Paris: LLL, 2010.

STIGLITZ Joseph; CHARLTON, Andrew. Pour un commerce mondial plus juste. Paris: Poche, 2010.

STRANGE, Susan. The Retreat of the State: The Diffusion of Power in the World Economy. Cambridge: UP, 1996.

SUPIOT, Alain. L'esprit de Philadelphie. La justice sociale face au marché total. Paris: Seuil, 2010.

TAGUIEFF, Pierre-André. La force du préjugé. Essai sur le racisme et ses doubles. Paris: Gallimard, 1987.

TANDON, Yash. En finir avec la dépendance à l'aide. Genève: Cetim, 2009.

TAY, Simon. Les valeurs asiatiques vues sous un nouveau jour. Project Syndicate, 2002. Texto disponível em: http://www.project-syndicate.org/commentary/tay1/French

TAYLOR, Charles. Multiculturalisme. Différence et démocratie. Paris: Flammarion, 1992.

TEVOEDJRE, Albert. Vaincre l'humiliation. Rapport de la Commission indépendante sur l'Afrique et les défis du troisième millénaire. Paris: Tumde, 2002.

THEORET, Yves (dir.). David contre Goliath. La convention sur la protection et la promotion de la diversité des expressions culturelles de l'Unesco. Montréal: HMH, 2008.

THORNBERRY, Patrick. Minorities and Human Rights. Lenders: Group I, 1991.

THORNTON, Margareth. Feminism and the Contradiction of Law Reform, 19 Int'l J. Soc. & L, 1991.

THUAL, François. Les conflits identitaires. Paris: Ellipses, 1995.

TIERNEY, Stephen. Constitutional Law and National Pluralism. Oxford: UP, 2004.

TODOROV, Tzvetan. La peur des barbares. Au-delà du choc des civilisations. Paris: R. Laffont, 2008.

TOURAINE, Alain. Pourrons-nous vivre ensemble? Egaux et différents. Paris: Fayard, 1997.

TROFIMENKO, Henry. The Third World and US Soviet Competition. Foreign Affairs, Vol. 59, n°5, 1981.

UBEDA-SAILLARD, Muriel. Commentaire Article 8. In: COT, Jean-Pierre; PELLET, Alain; FORTEAU, Mathias (dir.). La Charte des Nations Unies. Commentaire article par article. Paris: Economica, 2005.

VAN DE KERCHOVE, Michel; OST, François. Le système juridique entre ordre et désordre. Paris: PUF, 1988.

VARELLA, Marcello D. La construction du « développement durable » dans le droit international. Paris: Ed. Universitaires européennes, 2010.

VERDOODT, Albert. Influence des structures ethniques et linguistiques des pays membres des Nations Unies sur la rédaction de la Déclaration universelle des droits de l'homme. In: CASSIN, René (dir.). Amicorum Discipluorumque liber (I), Problèmes de protection internationale des droits de l'homme. Paris: Pedone, 1969.

VIDCAR, Corinne. Le traitement spécial et différentiel. Plaidoyer contre le système des préférences généralisées. Journal du droit international, 2005.

VIRALLY, Michel. Vers un droit international du développement. AFDI, 1965.

VIRALLY, Michel. Le droit international en devenir. Paris: PUF, 1990.

VUCKOVIC, Nadja. Qui demande des réparations et pour quels crimes? In: FERRO, Marc (dir.). Le livre noir du colonialisme. Paris: Hachette, 2004.

WALKER, Neil. Au-delà des conflits de compétence et des structures fondamentales: cartographie du désordre global des ordres normatifs. In: RUIZ-FABRI, Hélène; ROSENFELD, Michel (dir.). Repenser le constitutionnalisme à l'âge de la mondialisation et de la privatisation. Paris: Société de législation comparée, 2011.

WARDEN-FERNANDEZ, Janeth. Indigenous Communities' Rights and Mineral Development. Journal of Energy and Natural Resources Law, vol. 23, n 4, 2005.

WARNIER, Jean-Pierre. La mondialisation de la culture. Paris: La découverte, 2008.

WENG, Vivianne Yen-Ching. Évolution de la problématique des droits des femmes dans le système de protection de l'ONU. Paris: Thèse Paris II, 2008.

WIEVIORKA, Michel. La différence. Identités culturelles: enjeux, débats et politiques. Paris: L'aube, 2005.

WORSLEY, Peter. The Three Worlds. Culture and Development. Londres: Weidenfeld and Nicholson, 1967.

WRESSINSKI, Joseph. Culture et grande pauvreté. Paris: Ed. Quart monde, 2004.

XIFARAS, Mikhaïl. Les ambivalences impériales-commentaire. In: JOUANNET, Emmanuelle; RUIZ-FABRI, Hélène (dir.). Droit international et impérialisme en Europe et aux Etats-Unis. Paris: Société de législation comparée, 2007.

YOUNG, Robert. Postcolonialism. An Historical Introduction. Oxford: Blawkwell, 2008.

ZOLO, Danilo. La justice des vainqueurs. De Nuremberg à Bagdad. Paris: Actes Sud, 2009.

Documentos e Relatórios

BANCO MUNDIAL. Relatório "Avaliando a ajuda; o que funciona, o que não funciona, e porque" (1998). Disponível em: http://documents.worldbank.org/curated/en/612481468764422935/pdf/multi-page.pdf

BANCO MUNDIAL. Relatório sobre o desenvolvimento mundial: "Combatendo a Pobreza" (2000-2001). Disponível em: http://documents.banquemondiale.org/curated/fr/230351468332946759/pdf/226840WDR00PUB0ng0poverty0200002001.pdf

BANCO MUNDIAL. Relatório Globalização, Desenvolvimento e Pobreza (2002). Disponível em: http://documents.banquemondiale.org/curated/fr/694001468762015646/Globalizacao-crescimento-e-pobreza-a-nova-onda-da-globalizacao-e-seus-efeitos-economicos-sumario

BANCO MUNDIAL. Relatório sobre o Desenvolvimento Mundial: "Equidade e Desenvolvimento" (2006). Disponível em: http://documents.worldbank.org/curated/en/435331468127174418/World-development-report-2006-equity-and-development

COMISSÃO AFRICANA DE DIREITOS HUMANOS E POVOS. Relatório do Grupo de Trabalho de especialistas sobre as populações e povos autóctones (2005). Disponível em: https://www.iwgia.org/images/publications//African_Commission_book_French.pdf

COMISSÃO DE DIREITO INTERNACIONAL DAS NAÇÕES UNIDAS (CDI). Projeto de Artigos sobre a responsabilidade dos Estados por atos internacionalmente ilícitos e seus comentários (2001). Texto disponível em: http://hrlibrary.umn.edu/instree/Fwrongfulacts.pdf

CONFERÊNCIA DAS NAÇÕES UNIDAS PARA O COMÉRCIO E DESENVOLVIMENTO (UNCTAD). Consenso de São Paulo (2004). Disponível em: https://unctad.org/system/files/official-document/tdl380_en.pdf

CONFERÊNCIA DAS NAÇÕES UNIDAS PARA O COMÉRCIO E DESENVOLVIMENTO (UNCTAD). Relatório sobre os Países Menos Avançados: "Rumo a uma Nova Arquitetura Internacional do Desenvolvimento em Favor dos PMA" (2010). Disponível em: https://unctad.org/sections/press/docs/pr10047_pt.pdf

CONSELHO DA EUROPA. Carta Europeia das Línguas Regionais (1992). Disponível em: http://conventions.coe.int/treaty/fr/Treaties/Html/148.htm

GRUPO DE FRIBURGO. Declaração de Direitos Culturais (2007). Disponível em: https://droitsculturels.org/observatoire/wp-content/uploads/sites/6/2017/05/port-declaration2.pdf

ORGANIZAÇÃO DA UNIDADE AFRICANA. Declaração de Abuja (1993). Disponível em: https://www.ncobraonline.org/wp-content/uploads/2016/02/TheAbujaProclamation.pdf

ORGANIZAÇÃO AFRICANA. Nova Parceria para o Desenvolvimento da África (2001). Disponível em: https://www.un.org/fr/africa/osaa/pdf/nepad/nepad_frameworkf.pdf

ORGANIZAÇÃO DAS NAÇÕES UNIDAS (ONU). Declaração Universal dos Direitos Humanos (1948). Disponível em: https://www.ohchr.org/EN/UDHR/Documents/UDHR_Translations/por.pdf

ORGANIZAÇÃO DAS NAÇÕES UNIDAS (ONU). Resolução Final da Conferência de Bandung (1955). Disponível em: https://ecf.org.il/media_items/1128

ORGANIZAÇÃO DAS NAÇÕES UNIDAS (ONU). Comissão Mundial sobre o Meio Ambiente e o Desenvolvimento Relatório Brundtland: "Nosso Futuro em Comum" (1987). Disponível em: https://sustainabledevelopment.un.org/content/documents/5987our-common-future.pdf

ORGANIZAÇÃO DAS NAÇÕES UNIDAS (ONU). Declaração sobre os direitos das pessoas pertencentes a minorias nacionais ou étnicas, religiosas e linguísticas (1992). Disponível em: https://www.ohchr.org/EN/ProfessionalInterest/Pages/Minorities.aspx

ORGANIZAÇÃO DAS NAÇÕES UNIDAS (ONU). Declaração de Túnis (1992). Disponível em: https://digitallibrary.un.org/record/168664?ln=en#record-files-collapse-header

ORGANIZAÇÃO DAS NAÇÕES UNIDAS (ONU). Declaração e Programa de Ação de Viena (1993). Disponível em: https://www.ohchr.org/en/professionalinterest/pages/vienna.aspx

ORGANIZAÇÃO DAS NAÇÕES UNIDAS (ONU). Declaração de Pequim sobre a Quarta Conferência Mundial sobre Mulheres (1995). Disponível em: https://www.un.org/womenwatch/daw/beijing/pdf/Beijing%20full%20report%20E.pdf

ORGANIZAÇÃO DAS NAÇÕES UNIDAS (ONU). Relatório do Comitê de Direitos Humanos (1997). Disponível em: https://research.un.org/en/docs/ga/quick/regular/52

ORGANIZAÇÃO DAS NAÇÕES UNIDAS (ONU). Consenso de Monterrey sobre financiamento para o desenvolvimento (2002). Disponível em: https://www.un.org/en/development/desa/population/migration/generalassembly/docs/globalcompact/A_CONF.198_11.pdf

ORGANIZAÇÃO DAS NAÇÕES UNIDAS (ONU). Plano de Ação da Cúpula Mundial para o Desenvolvimento Sustentável, realizada em Johanesburgo (2002). Disponível em: https://undocs.org/pdf?symbol=fr/A/CONF.199/20

ORGANIZAÇÃO DAS NAÇÕES UNIDAS (ONU). Subcomissão de Proteção e Promoção dos Direitos Humanos. Resolução 2002/5 sobre o Reconhecimento de responsabilidade e reparação por massiva e flagrantes violações dos direitos humanos que constituem crimes contra a humanidade ocorridos durante o período de escravidão, colonialismo e guerras de conquista (2002). Disponível em: https://www.refworld.org/pdfid/3f4f6c2b4.pdf

ORGANIZAÇÃO DAS NAÇÕES UNIDAS (ONU). Declaração das Nações Unidas sobre os Direitos dos Povos Indígenas (2007). Disponível em: https://www.un.org/esa/socdev/unpfii/documents/DRIPS_pt.pdf

ORGANIZAÇÃO DAS NAÇÕES UNIDAS (ONU). Relatório sobre os Objetivos de Desenvolvimento do Milênio (2010). Disponível em: https://www.un.org/en/development/desa/publications/millennium-development-goals-report-2010.html

ORGANIZAÇÃO DAS NAÇÕES UNIDAS (ONU). Departamento de assuntos econômicos e sociais. Report on the World Social Situation (2010). Disponível em: https://www.un.org/development/desa/dspd/world-social-report/2010-2.html

ORGANIZAÇÃO DAS NAÇÕES UNIDAS (ONU). Declaração final da Conferência das Nações Unidas sobre Desenvolvimento Sustentável (Rio + 20): "O futuro que queremos" (2012). Disponível em: https://undocs.org/A/RES/66/288

ORGANIZAÇÃO DAS NAÇÕES UNIDAS (ONU). Acordo do Clima de Paris (2015). Disponível em: https://unfccc.int/files/essential_background/convention/application/pdf/english_paris_agreement.pdf

ORGANIZAÇÃO DAS NAÇÕES UNIDAS PARA A ALIMENTAÇÃO E AGRICULTURA (FAO). Reunião de Roma sobre Regimes Florestais (2011). Disponível em: http://www.fao.org/news/story/fr/item/81870/icode/

ORGANIZAÇÃO DAS NAÇÕES UNIDAS PARA A EDUCAÇÃO, CIÊNCIA E CULTURA (Unesco). Relatório do Diretor-Geral sobre a Conferência Intergovernamental sobre Políticas Culturais na América Latina e no Caribe, de Bogotá (1978). Disponível em: https://unesdoc.unesco.org/ark:/48223/pf0000028423_spa

ORGANIZAÇÃO DAS NAÇÕES UNIDAS PARA A EDUCAÇÃO, CIÊNCIA E CULTURA (Unesco). Relatório da Comissão Mundial de Cultura e Desenvolvimento: Nossa Diversidade Criativa (1996). Disponível em: https://unesdoc.unesco.org/ark:/48223/pf0000105586_fre

ORGANIZAÇÃO INTERNACIONAL DO TRABALHO (OIT). World Social Security Report, Providing Coverage in Times of Crisis and Beyond (2010/2011). Disponível em: https://www.ilo.org/global/publications/ilo-bookstore/order-online/books/WCMS_142209/lang--en/index.htm

ORGANIZAÇÃO INTERNACIONAL DO TRABALHO (OIT). Relatório da Comissão Mundial da OIT "Uma globalização justa: criar oportunidades para todos" (2004). Disponível em: https://www.ilo.org/public/french/wcsdg/docs/report.pdf

ORGANIZAÇÃO INTERNACIONAL DO TRABALHO (OIT). Relatório do Fórum da OIT sobre Trabalho Decente para uma Globalização Justa (2007). Disponível em: https://www.ilo.org/global/meetings-and-events/WCMS_094094/lang--fr/index.htm

ORGANIZAÇÃO MUNDIAL DO COMÉRCIO (OMC). Declaração Ministerial de Doha (2001). Disponível em: https://www.wto.org/french/thewto_f/minist_f/min01_f/mindecl_f.htm

ORGANIZAÇÃO PARA A COOPERAÇÃO E DESENVOLVIMENTO ECONÔMICO (OCDE). Relatório Anual 2008. Disponível em: https://www.oecd.org/fr/presse/40556232.pdf

ORGANIZAÇÃO PARA A COOPERAÇÃO E DESENVOLVIMENTO ECONÔMICO (OCDE). *Rapport Perspectives du développement mondial: le basculement de la richesse*, Vol. 1 (2010). Disponível em: https://www.oecd.org/development/pgd/45452493.pdf

ORGANIZAÇÃO PARA A COOPERAÇÃO E SEGURANÇA NA EUROPA. Documento de Copenhague da conferência sobre a dimensão humana da CSCE (1990). Disponível em: https://www.osce.org/fr/odihr/elections/14304

ORGANIZAÇÃO PARA A COOPERAÇÃO ISLÂMICA. Declaração do Cairo sobre Direitos Humanos no Islã (1990). Disponível em: http://hrlibrary.umn.edu/instree/cairodeclaration.html

PROGRAMA DAS NAÇÕES UNIDAS PARA O DESENVOLVIMENTI (PNUD). Relatório sobre o Desenvolvimento Humano: "Liberdade cultural em um mundo diverso" (2004). Disponível em: http://hdr.undp.org/sites/default/files/hdr_2004_fr.pdf

PROGRAMA DAS NAÇÕES UNIDAS PARA O DESENVOLVIMENTI (PNUD). Relatório sobre o Desenvolvimento Humano: "Globalização com uma face Humana" (1999). Disponível em: http://hdr.undp.org/en/content/human-development-report-1999

Este livro foi confeccionado especialmente
para a Editora Meridional Ltda., em Calluna,
11,5/15 e impresso na Gráfica Odisséia.